「満洲」
在地社会と植民者

上田貴子・西澤泰彦 編
Takako Ueda　Yasuhiko Nishizawa

京都大学学術出版会

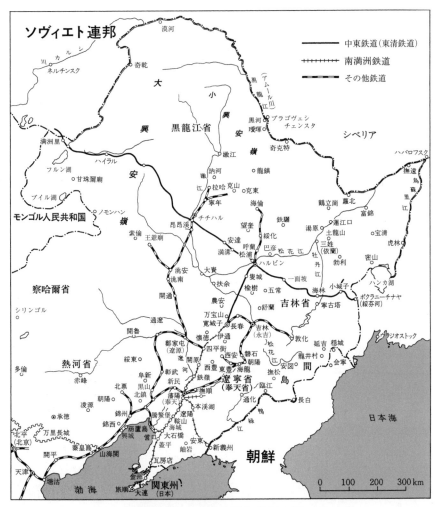

巻頭地図　中国東北地図（1931年）

(『張学良――日中の覇権と「満洲」』(西村成雄, 岩波書店, 1996) より改変のうえ転載)

凡例

・「満洲」、「満洲国」には括弧を付すべきであるが、煩雑さを避けるために省略する。そのほか、満洲国固有の地名・機関名についても同様に括弧を省略する。

・南満洲鉄道株式会社については、行論中では満鉄と略称を使用する。資料名等においてはその限りではない。

・引用では、旧字体を新字体に書き改めた。また一部で片仮名書きを平仮名書きに改めた。不適切な表現が含まれる場合は、ママとして原文のまま引用した。

目次

序章　在地社会と植民者の出会い　　　　　　　　西澤泰彦・上田貴子　　*1*

1　「満洲」の近代　*1*

2　技術の導入・普及あるいは淘汰・継承と地域社会　*5*

3　本研究の視点と構成　*8*

第**1**部　　人流から都市を衞る

第**1**章　移動する人間を管理する技術
　　　　　──清朝期、民国期、「満洲国」期　　　　　　　　　上田貴子　　*17*

はじめに　*17*

　(1)　人の移動へのといかけ　*17*

　(2)　満洲をめぐる人口移動への日本人のまなざし　　*19*

1　1911 年 1 〜 3 月ペスト流行をめぐって　　*21*

　(1)　第三次パンデミックの満洲での展開　*21*

　(2)　出稼ぎ労働者をめぐる植民者と錫良　*22*

2　日本側の知見の深まりと労働者対策の変化　*25*

　(1)　満鉄および碧山荘の対応　*25*

　(2)　満洲国の対応　*26*

3　移動する人々を内包する社会　*29*

　(1)　満洲国における住民観──中華民国籍者の扱いをめぐって　*29*

　(2)　中華民国期の住民観──保甲制をめぐって　*31*

　(3)　満洲国への継承　*36*

おわりに──移動する人々の捉えどころ　*38*

第2章　満鉄大連医院本館が持つ社会的意味　　　西澤泰彦　41

はじめに──満鉄大連医院本館を問い直す　41

　（1）目的と位置づけ　41

　（2）大連医院という名称　42

1　満鉄創業期の防疫と碧山荘　44

　（1）満鉄創業期の防疫　44

　（2）ペスト対策としての碧山荘　50

2　最初の満鉄大連医院新築計画　55

　（1）大連と満鉄沿線の医療体制の確立　55

　（2）大連医院長の要求　56

　（3）新築設計案　58

3　1921年の新築計画　61

　（1）小野木孝治の視察　61

　（2）新たな設計案　62

4　満鉄大連医院本館新築　66

　（1）巨大な総合病院を目指した設計　66

　（2）建設工事とその影響　68

おわりに──満鉄大連医院本館が持つ社会的意味　70

　（1）医療施設としての意味　70

　（2）在地社会への宣伝　71

　（3）満鉄建築組織の混乱　72

　（4）建設工事が示した意味　73

第2部　草原・森林への挑戦

第3章　内モンゴル東部地域における巡廻診療　　　財吉拉胡　81

はじめに　81

1　「満洲国」建国前の内モンゴル東部地域における日本の巡廻診療　83

　（1）内モンゴル東部地域における満鉄の調査内容　84

　（2）内モンゴル東部地域における満洲医科大学の巡廻診療　88

2 「満洲国」建国後の内モンゴル東部地域における日本の巡廻診療　*96*

　(1) 内モンゴル東部地域における満洲医科大学の巡廻診療　*98*

　(2) 満洲医科大学による医療衛生の調査研究　*98*

おわりに　*102*

第4章　綿羊改良事業における預託制度　　　　靳巍　*107*

はじめに　*107*

1　預託制度とは?　*109*

2　一般預託における預託条件及び種類　*111*

　(1) 一般預託の預託条件　*111*

　(2) 一般預託の種類　*113*

3　預託制度の変容及び満鉄預託　*118*

　(1) 預託制度の導入検討　*118*

　(2) 種羊配布法としての満鉄預託制度　*121*

　(3) 満鉄預託がモンゴル牧羊者に与えた影響　*124*

おわりに――預託制度の展開　*131*

第5章　「満洲国」の畜産政策と獣疫　　　　小都晶子　*137*

はじめに　*137*

1　関東州・満鉄附属地時代　*138*

2　畜産政策の展開　*141*

　(1) 初期の対応（1932～1936年）　*141*

　(2) 本格的展開（1937～1941年）　*146*

　(3) 統制の強化（1942～1945年）　*149*

3　獣疫への対応　*151*

　(1) 関東軍・満鉄の獣疫防遏計画　*151*

　(2) 満洲国の家畜防疫　*152*

　(3) 獣疫の発生状況　*155*

4　満洲国の崩壊と畜産政策　*159*

むすび　*161*

第6章　鴨緑江における日本式筏の導入と普及　　　　永井リサ　*165*

はじめに　*165*

1　鴨緑江森林開発の経緯　*167*

  (1)　沿革　*167*

  (2)　鴨緑江伐木業　*170*

2　戦前の中国東北地域における日本式筏導入経緯について　*172*

  (1)　日本式筏導入経緯　*172*

  (2)　日本式筏　*176*

3　鴨緑江流域における日本式筏導入後　*178*

  (1)　日中折衷式筏の普及について　*178*

  (2)　鴨緑江流域における日本式筏導入後　*180*

  (3)　各地における筏の展開　*182*

おわりに　*184*

第3部　　　近代満洲経験の意味

第7章　戦後中国における工学知の継承と再編　　　　佐藤量　*189*

はじめに　*189*

1　満洲の工学教育　*190*

  (1)　満鉄による教育　*190*

  (2)　満洲の工業化と人材育成　*191*

  (3)　旅順工科大学と卒業生　*193*

2　戦後に継承される工学技術　*195*

  (1)　中国人卒業生による技術継承　*195*

  (2)　関東工業専門学校　*197*

  (3)　関東電気工学専門学校　*198*

3　旅順工科大学の人脈と交流　*199*

  (1)　戦後中国の近代化　*199*

  (2)　相田秀方と張有萱　*200*

  (3)　旅順工科大学の同窓会　*202*

（4）日中間の往復書簡　*203*

（5）相田秀方の訪中　*205*

（6）日中技術交流の模索　*207*

おわりに──主体的な技術継承　*209*

第8章　帝国のはざまにおける少数民族地域の記憶の地層
──フルンボイルの近代再考　　　　坂部晶子　*213*

はじめに　*213*

1　帝国主義期の調査報告──鉄道建設と民族調査　*219*

（1）ロシアの研究者による民族調査（1910年代）　*220*

（2）満鉄資料（1920年代）　*224*

（3）日本人の研究者による報告書（1930〜40年代）　*226*

2　新中国成立以降のオロチョン族、エヴェンキ族の民族認定から現在　*229*

（1）民族認定のための社会歴史調査（1950年代）　*229*

（2）社会主義国家の民族政策と現状　*231*

（3）民族的伝統の復活、継承、消滅への危惧、伝統の再形成　*233*

3　過去の語り　*234*

（1）フルンボイル地域に対する過去の歴史記述、記念化　*234*

（2）個別の記憶の語り　*236*

おわりに──折り重ねられた歴史の地層と民族間関係　*239*

終章　在地社会と植民者のその後　　　　上田貴子　*243*

1　「満洲」における在地社会と植民者　*243*

（1）「満洲」とは　*243*

（2）相互作用　*245*

2　学知と現場　*247*

（1）学知研究の到達点と残された課題　*247*

（2）周縁部の調査員の現場　徳武三朗　*249*

（3）方策作成メンバーの現場　*251*

3　おわりに　*253*

v

あとがき　　西澤 泰彦　　257

索引　261
執筆者一覧　266

序章　在地社会と植民者の出会い

西澤泰彦・上田貴子

▮ 「満洲」の近代

　「満洲」ということばは大いに読み手を惑わす。「満洲国」に通じるのか、清朝をたてた満洲族にさかのぼって行く議論なのか。

　本書では外来勢力が Manchuria と呼んで関心をもち、関わったことで植民者と在地社会がせめぎ合う場となった空間を指す語として「満洲」を選択している[1]。その点で極めて近代的な概念上の地名として使用している。現在はこの空間は中国東北地域の 3 つの省と内モンゴル自治区の東部である。現代中国のこの地域を歩き回りながら筆者達が身をもって認識したものが在地社会の存在感である。「満洲」という語の使用によって、せめぎ合いの場に焦点をあてることで、中国・日本の歴史という枠組みでは後景に退いてしまうこの在地社会への接近を試みたい。なお、ここで使っている「空間」という語句の説明はのちほどおこなうこととする。

　在地社会と植民者がせめぎ合う「満洲」の近代をどうとらえるか整理しておく。「満洲」を近代的な概念としてとらえた先駆的研究が『「満洲」の成立』[安冨・深尾 2009] である。この研究は、社会生態史的視点に依拠し、交通・

---

1)　行政区分や都市ではなくある程度のひろがりのある地域に名称をつけ、対象とする地域を満洲 = Manchuria と呼ぶことが西洋近代の価値観の受容からくることは、つとに中見立夫が明らかにしてきたことである。この点でも地域としての満洲という名称は極めて近代的な存在である [中見 2013]。

I

運輸・金融・移民という諸分野における競合・交わりがもたらしたポジティブフィードバックによって森林が消尽し、未開の荒野が開発されていくことで「満洲」が成立したとする。これらのポジティブフィードバックの推進力の一つが「技術」といえる。(以下、行論の中では、「満洲」と「満洲国」の括弧は煩雑さを避けるために省略する。)

　植民地を対象とした研究では、植民地権力の形成が第一に分析されてきた。植民地は権力や機構だけで成り立つものではなく、支配を支えた要素として、近代的な技術とそれを活かす社会システムの存在も重要である。そして、後世、その技術だけを切り取って、植民地支配がその地の近代化に寄与したと指摘されることも多い。だが、それは結果論であって、技術の本質を見誤ることにもなりかねない。技術は基本的に目的をもって開発され、それを活かすシステムが併存することで、社会に実装化される。ところが、導入されても予想した成果があがらない技術、普及しない技術も存在すると同時に、開発者の意に反した転用、移転がおこなわれるリスクも存在する。さらに、開発された条件下では効率的で優れた技術も、違う条件下では機能しないこともあり得る。その地域の環境をよく理解する在地社会の人々のほうが、外来者よりも合理的な技術を選択できる、つまり、よそ者より現地人のほうがわかっているという事態も存在することは想像に難くない。本書ではすべての技術を俎上にあげることはできなかったが、人口管理・医療・牧畜・林業・工学にまつわる技術とシステムをもとに、近代化が進むなかで導入された技術は後戻りのない単線的な発展を示したわけではなかったことがわかる事象をとりあげた。

　本書では在地社会のもつ経験知と、外来者がもたらす知見との相互作用のなかで、紆余曲折を経て技術の導入が試みられ、変化し、その過程で在地・外来双方のエージェンシー自体も変化していく過程を分析している。

　在地・外来両者の存在を常に意識しながら議論しようとするのは、すでに述べたように近代化を一次関数のような単線的に理解するものとは考えていないことに加え、満洲の近代経験を「植民地近代(colonial modernity)」、つまり西洋型の近代が扶植される過程としての近代経験としてとらえることに懐疑的であることも理由の一つである。

　近代の満洲はロシア・日本からは植民の対象とみなされていた。しかしそれ

以前には長城の内側から漢人の断続的な流入があり、漢人による植民がなされていたともいえ、これが原動力となって地域社会の変化が生じていた（図序-1参照）。また、草原・森林地帯においては、遊牧・狩猟・焼畑などの移動を組み込んだ生活様式をもつ集団が散在していた。ここに展開する植民は西洋近代が在地社会を圧倒する植民だけではなかった。外来の要因が混ざり合うことで地域社会が変容することが、何度もくりかえされている。ゆえに「植民地近代」という西洋近代の価値が扶植される点を強調する枠組みに

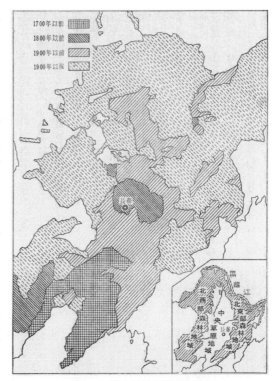

図序-1　漢人植民年代別地域図
[石田 1964：33]

よって一時期だけを切り取ることは、この地域社会がもつ社会資源を過小評価することになると考えている。近代満洲の前にあった時間、17世紀～18世紀には女真が満洲と名乗って中華世界でヘゲモニーを獲得する国家形成を行ったところにあり、満洲が清をたてる過程で地域社会を再編したことが、近代満洲の地層の下に存在している[2]。そして、在地・外来諸勢力が競合する情況が生じ、近代満洲の地層の上には社会主義現代化が推し進められた中華人民共和国の東北地域の modernity が存在しているのである。実際、いまや社会主義現代化と

---

2) 満族研究の領域では清朝下での旗人の再構成についての議論が多数ある。さしあたっては柳澤明による『二〇世紀満洲歴史事典』（吉川弘文館、2012）「総説三、民族　1 先住民族」（9-11頁）の整理が簡潔にまとまっている。

いう「中国独自」の経験のうえに、現在の中国は世界規模での「中国夢」の旗印をはためかせている。このような現在にいたる近代化過程を「植民地近代」として切り取ることは、在地社会や中国を受け身の存在として誤解することに通じるのではないだろうか。むしろ本書ではグローバルに進行している人類の近代の一つとして検討したいと考えている。

　また「植民地近代」は modernity の物質的側面だけが強調されている点にも注意が必要である。近代産業社会の形成に象徴される熱エネルギーによる動力を用いた機械化、その圧倒的な物質量は、機械化を経ていない社会に対して目の眩むような衝撃を与えた。均質に大量に物質を加工し生産するしくみは、効率を重視し、人間さえも生産に投入する労働力という数値や市場という数値に換算した。しかし、近代という時代には、あらゆる人間には生きる権利があるという、人間存在の価値を最大限に認めようとする精神的側面も存在する。この humanity への気づきは身分差から性差、さらには身体的特徴や文化的背景の違いへと、包摂する対象を拡げつづけ、周縁化される存在を掬い上げ続けようとしている。誰一人として取り残さないという理想を求め続ける展開でもある。近代にはこのように効率を重視して人の存在を周縁化してしまいがちな物質面のエンジンと、そこで生まれる問題を掬い上げようとする精神面の舵がついている。近代満洲における「植民地近代」に注目すると、この物質面ばかりが注目される。植民者にとって入植先は他者であり、そこにいかに効率的に勢力を扶植していくかを考えるために、物質的な利益の追求が優先される。これに対して、在地社会は自分たちの主体性をいかにハンドリングし、多様な文化背景をもつ人々や末端にいる流れ者をいかに包摂するかを課題としながら時代の変わり目に直面しているのである。このような理解に基づき、本書では在地のあゆみを「頑迷な」「遅れた」ものではなく、在地にとって「妥当な」「変容」として評価し分析対象としている。

2 技術の導入・普及あるいは淘汰・継承と地域社会

　本書において技術を軸に近代満洲の地域社会を検討する意義を整理しておこう。図序-2 は、既存の在地社会と植民地支配で生まれた植民社会との相互関係を論じる際に考えるべき視点として、技術の導入とそれが引き起こす社会変化・自然環境の変化があることを示したものである。おおよそ 16 世紀から始まった欧州諸国によるアフリカ、アメリカ、アジアの支配は、最初に欧州諸国による資源収奪がおこなわれ、次に宗主国の製品の販路として植民地を市場とみなし、最後に植民地に対しても都市化と産業化を進めるという 3 段階を経て、20 世紀初頭の植民地支配が成立していた。欧州諸国はこの過程を 150 年から 200 年かけておこなっていたのに対し、日本の支配は、これらをわずか 50 年程度で、かつ、段階を踏まず、支配地からの収奪、支配地の市場化、支配地での都市化と産業化を同時進行で進めたことが、欧州諸国のアジア支配と異なっていた。

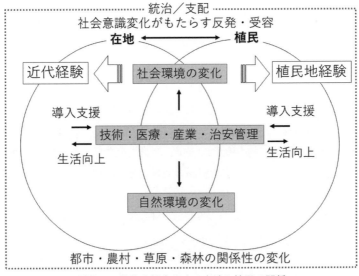

図序-2 技術を接点とする在地と植民の関係

その中で、在地社会と植民者の相互関係を考えるために、技術に着目したのは次の理由による。20世紀初頭、中国では清末と呼ばれた時期に、奉天（瀋陽）をはじめとした都市では、中国人商工業者による商工業の勃興が始まり、同時にロシア、日本の支配地でも外国人による商工業部門の展開が始まった。そして、1910年代、20年代を通じて、在地社会と植民社会ではそれぞれ企業活動が活発化し、それに応じて都市建設、都市改造が進むという共通の現象が起きた。外国資本による京奉鉄路や東清鉄道の建設、営口港や大連港の建設はその契機を与えたものだが、ハルビンにおける傅家甸の市街地形成、長春城内や奉天城内の都市改造、奉天や長春での商埠地建設は、在地社会が主体的におこなった近代化政策の一つであった。

同じ時期、さまざまな感染症が世界を席巻し、医療水準の向上が求められた。特に1910年から1911年にかけて中国東北で大流行したペストは、21世紀になって直面した新型コロナウィルス感染と同様に社会そのものの変革を促した。満鉄が当初は社員とその家族向けに開設した満鉄沿線の病院を中国語に馴染む「医院」と改称したのは、植民社会での感染症対策の一環と位置付けることができるが、同時に在地社会と植民社会に境界を引くことができない現実を示しているともいえる。

そして、同時に自然環境由来の生産物を扱う畜産業や林業の位置づけは、単なる食糧確保や生業から、それらの産品の国際商品化と産品の軍需利用により経済的軍事的戦略物資の生産に変化し、在地社会にとっても植民地機構にとっても生産量の拡大も目指した技術導入が必須となった。一方、在地社会と植民者の軋轢は、当然ながら軍事的緊張と衝突を誘引し、軍需産業の勃興を促すことになる。張作霖・張学良政権による軍需構造の建設はその典型例である。

以上のような社会環境の変化に加えて、産業化の進展と都市の拡大は、自然環境の変化を起こした。特に森林資源の開発による森林の変化は、『「満洲」の成立』［安冨・深尾 2009］でもすでに論じられている。このような自然環境・生活環境の変化はいやおうなく、都市と農村そして、それらと草原地帯や森林地帯の関係性を変化させることになる。

ここで改めて、技術という概念について考えてみたい。産業の進展、都市改造や都市建設、医療、それぞれに必要な技術が存在し、技術に裏打ちされた人

序章　在地社会と植民者の出会い（西澤泰彦・上田貴子）

間の活動が進行した。従来の歴史研究は、多くの場合、文献に依拠しながら、人間の活動によって生じた事象を対象としていた。それに対して、本書では、人間の活動を支える基盤となっている技術に着目することで、さまざまな事象の成立背景や成立過程を明らかにする試みである。しかも、技術は、目的を以て創り出されるものである。したがって、技術を把握することで、研究対象とする事象に対する人間の意図を読み取ることが可能である。すなわち、技術とはさまざまな事象を成立させるための基盤であり、かつ、事象に関わる人間の意図を示す存在である。

　さて、技術の普及という現象にも着目したい。さまざまな目的でおこなわれる技術開発において、最先端技術がすぐに普及するのではない、というのも過去の歴史が示している。同時に域外から導入された技術がそのまま普及するわけではないことも、また、過去の事例が示している。

　例えば、1920年代、30年代、奉天などの都市で都市改造が進んだ際、新しい技術として鉄筋コンクリートを使った建物が建てられていく。ところが、それらの建物は柱と梁、桁、床を鉄筋コンクリートでつくりながら、壁には中国の伝統的な磚と呼ばれる煉瓦を積み上げ、屋根を木造とする建築形式が成立した。この形式はその後、屋根は鉄筋コンクリートでつくられるようになるものの、壁を煉瓦造とする方法は残り、今でも中国では一般的に使われている。最先端の技術が普及するなら、壁も含めたすべての躯体が鉄筋コンクリートでつくられるはずであった。しかし、伝統的な煉瓦技術が発達していた中国では、構造体にはならない壁に費用のかかる鉄筋コンクリートを使うより、安価で技術が確立された煉瓦造の技術を応用することは、当然であったといえる。

　技術が普及するには、技術を受け入れる側がその技術を理解し、修得し、利用していく素地、すなわち、技術を使うことができる人材が必要であり、かつ、その地で使える技術として確立する必要があった。そこでは、在来の技術が活かされることが多く、導入された新たな技術と在来の技術が融合した独自の技術が成立していく。見方を変えれば、一つの地域で確立された技術には、その地の特徴が組み込まれているといえる。

3 本研究の視点と構成

　このような理解にたったとき、本書が対象とする技術を議論するなかで、執筆陣が共有している研究手法に対する認識を整理しておく。執筆陣は歴史的な視点を共有しつつも、拠って立つディシプリンが違い、本書は人類学、社会学、建築史、文献史学からなる共同研究である。その一方で、地を這うような視点で対象をとらえようとする研究姿勢は共有している。技術の導入においては、理屈と実際の使用に乖離があることはすでに述べた通りだが、この現実に対する感性は、現地経験に基づく研究姿勢に培われたといえる。

　それゆえに、満洲を扱うにあたっては、どの分野であっても文献なしには研究は進まないものの、その重要性とともに、限界も了解している。文献史学を主たる方法とする者であっても限界を痛感しているのは、留学をはじめとした長期滞在で現地を体感してきたことによる。また、より文献を相対化してきた人類学や社会学を方法とする者も、聞き取り調査による知見を得ていても、それをそのまま叙述するわけにはいかない縛りのなかで、現地に密着した調査の過程で代弁しうる文献を得て、それを用いている。文献が必ずしも絶対ではないこと、文献に残らないものが大量にあることを自覚しながら、残っていないものを浮き彫りにすることも試みてもいる。

　ところで、ここで、冒頭に出てきた空間という語句の説明を改めてしておく。空間という語句は実に難解である。研究者の間で、専門領域の違いから、その概念が異なるのも事実である。歴史学や政治学、国際関係などでは、人々の活動が展開される「場」を意味する語句として使われることが多い。他方、建築や都市、さらに自然環境、生態系を対象とした研究では多くの場合、間口・奥行・高さという3次元的な広がりを前提とした語句として使われることが多い。本書の執筆者は、既述の如く多様な専門分野の研究者であるが、その共通事項のひとつに、「満洲」を空間として体験していることが挙げられる。

　以上のような問題意識から、本書では清朝期から現在までも視野にいれ、在地社会に到来する植民者と、そこに介在する「技術」をめぐる人々の模索を分析対象とする。

第1部では「人流から都市を衛る」と題して人を管理する技術に焦点をあてた。長城以南からの漢人の往来が近代到来以前から常態であったこの地域において、人間への対応は在地社会に一定の蓄積が存在する。しかしながら、鉄道の敷設を契機として往来が増加したとき、駅ができ人の集まる都市はそれ以前と同じ対応ではいられなくなった。この人流がもたらす混沌から都市をどうまもるのかは大きな課題であった。それは秩序の問題であり、衛生の問題でもあった。

　第1章「移動する人間を管理する技術──清朝期、民国期、「満洲国」期」（上田貴子）では、人間の移動を管理する技術について論じる。清朝末期1910年から1911年の満洲におけるペスト大流行に際し、1898年の流行を経験している中国側と初めての事態に直面する満鉄との間の中国人出稼ぎ労働者に対する認識の違いから書き起こし、民国期、満洲国期を通じた人間の移動を管理する技術について論じる。従来、日本の植民地間比較でのみ議論されてきた満洲国における人間管理の方法は、民国期の中国側が行っていたことの踏襲であることを明らかにした。移動する人間の管理において、日本は在地社会のもつノウハウに依拠しなければ統治できなかった。また出稼ぎ労働者に対して、労働現場の管理者と満洲国の国籍付与を検討する政策立案者の認識のずれから、植民者である日本人においても階層による違いを指摘する。

　第2章「満鉄大連医院本館が持つ社会的意味」（西澤泰彦）では1章同様に1910-11年のペストの流行を目の当たりにしたことで、満鉄が植民地における健康・衛生の管理にどのように向き合ったかを取り上げる。植民都市大連における近代医療の象徴として位置づけられた満鉄大連医院本館は在地社会をも受益者として考え、植民地支配の正当性を担保するための最新の病院建築の導入が考えられた。その結果、大規模な病院建築の設計がアメリカのフラー社のアジア法人フラー・オリエント社に発注された。現場ではアメリカ人の設計者の意図を日本人の技術者が日本人、中国人、朝鮮人の職人や労働者に伝えるという多国籍な工事現場が出現した。この教訓によって植民者である満鉄はより現実的に在地社会を植民社会に引き付けることを考えるようになっていった。

　第2部では「草原・森林への挑戦」と題し、視点を都市から草原地帯さらには森林地帯へと向ける。満洲は漢人入植によって農地が広がるようになった。

その変容にさらされながらもそれ以前の牧畜や林業が生業の中心にある草原地帯・森林地帯には豊かな牧畜資源・森林資源が存在した。森林は木材をとるだけではなく、山貨といわれる漢方薬材や獣皮など多様な産物を生む空間であった。草原における畜産も牧民の生活全般にかかわる財であった。しかし植民者にとって森林は木材を供給する場であり、草原は軍馬や軍需品としての羊毛などの供給地という、在地の生活とは切り離した物資の生産地として関心がむけられる空間であった。植民者の関心がこれらの富に向けられた時、植民者は漢人地域とは違う在地社会と出会う。ここでの接触・反発・受容は何をもたらしたのか、この地域に対する、植民者の技術導入の挑戦を検証する。

　２章でとりあげたように満鉄は医療によって支配の正当性を担保しようとしたが、移動する人間によって形成される満洲において都市の医療機関だけではその役割を果たすことができない。その補完として行われたのが巡回診療である。第３章「内モンゴル東部地域における巡廻診療」（財吉拉胡）では満洲医科大学を中心に鉄道沿線から奥地へと行われた巡回診療をとりあげる。巡廻する医療者はモンゴル文化圏には近代以前からあり、その社会に適合した診療行為ではあった。提供された近代医療技術は一定の受容があり、それによって救われ治療された疾病もあった。その一方で、植民者の行ったそれは草原地帯のモンゴル人社会を理解するためのフィールドワークと、在地社会を取り込む役割をも担っていた。

　第４章「綿羊改良事業における預託制度」（靳巍）は満鉄の草原での試みのうち、綿羊改良事業をとりあげる。軍隊の近代的装備には羊毛製品が不可欠である。日本は近代的羊毛産業を満洲に確立することを計画し、羊毛生産地として草原に期待した。羊毛産業に必要な綿羊を獲得するために、満鉄は毛質を改良した綿羊の開発とともに、改良綿羊を牧民に普及させる必要があった。さまざまな調査や試験事業の試みの過程でたどりついた普及方法のひとつが牧畜預託制度である。伝統的なモンゴル社会において王侯やラマ廟といった地域社会の実力者から牧民に羊が預けられ、畜産物の一部を自己のものとすることができた。しかし伝統社会においては牧民にとって羊の死亡リスクなど負担も多かった。満鉄は改良綿羊の普及が進まないなか、モンゴル人に対して伝統的な預託よりも牧民にとって割のいい預託制度を用いることで羊の飼育に効果をあ

げることに成功している。

　入植当初、日本は部分的に満洲において畜産業に関与するだけでよかったが、満洲国建国後は国単位の畜産行政を構築する必要に迫られた。第5章「「満洲国」の畜産政策と獣疫」（小都晶子）では、畜産については経験の浅い植民者が中心にいる満洲国の組織がこの課題にどのように対応したのかをとりあげる。満洲国初期の畜産政策の目標は「防疫」「改良」次いで「統制」の順であった。他の産業のように増産や統制を議論するまでに、獣疫への対策に直面したのである。4章でもみたように牧畜業の振興の可能性が期待されてはいたが、同時に、加工場所である都市において獣疫を持ち込まない管理にとりくむことになった。しかし畜産については経験の浅い外来植民者であるため、現状把握から始めねばならなかった。その調査・研究を経て獣疫の発生数を抑えることに成功したが、この牧畜地域と都市の関係の調整という課題は、満洲国崩壊後の在地社会にも引き継がれる問題であった。

　近代満洲において、森林の消尽は大きな問題である。植民者が森林を木材資源を得る場に変えていったことは、林業技術の転換がおこり、森林にかかわる人々の森林資源への考え方に転換をもたらした。第6章「鴨緑江における日本式筏の導入と普及」（永井リサ）では、伐採した木材の輸送技術である「筏流し」に注目した。中国式筏は規模が大きく、流すにも3か月から半年かけた。これに対して、日露戦争時に日本人が軍需木材の需要から入ったことで日本式筏が導入されたが、川幅の広い鴨緑江では日本と中国の筏の長所を組み合わせた折衷型が導入され東北地域に普及した。折衷型は日本式よりも多くの木材を運べ、中国式よりも短期間で流すことができたため、満洲の急激な森林資源の枯渇をまねくことになった。

　第3部では「近代満洲経験の意味」と題して、在地社会と植民者の出会いが双方に与えた影響を、中華人民共和国時期も含めて、経験という観点から検討していく。図序-2に示したように、両者の接触は、戦後に経験として認識されていく。その解釈や意味づけは戦後のそれぞれの取り巻く環境によって変わっていく。この点も注目して日本からの視点と在地社会からの視点をとりあげた。

　人間や自然という在地由来のものを相手とした技術導入と比べ、工業技術は

植民者が圧倒的に優位にあった。第7章「戦後中国における工学知の継承と再編」（佐藤量）では、大連工業界における技術の導入・普及過程における接触過程、さらにそれが経験として戦後にどのようにつながるかを検討する。植民都市大連およびそこを起点とする満鉄の拡大再生産のための人材育成も担っていた。この過程で在地出身者を対象とした技術者教育は必須である。日本の敗戦後もとどまり技術移転に務めた日本人の存在、日中交回復による両者の連帯の存在は、在地社会と植民者の接触経験を戦後に位置づけ直す試みでもある。

　第8章「帝国のはざまにおける少数民族地域の記憶の地層──フルンボイルの近代再考」（坂部晶子）では、伝統的にはモンゴル世界と中華世界の境界であり、近代の列強の進出においては、ロシアと中国が接触する帝国主義の境界であるフルンボイル地域を対象に、植民者と在地社会の出会いをとりあげる。そこに暮らす人々には「民族」という概念がないなか、植民者は中国というNationが占有していない空間に様々な民族の存在を発見していった。ロシアの後を追った日本もそこにいる人々を少数民族としてとらえ、さらには社会主義中国の時代には、在地社会側に民族を申請させ、認定していく作業がなされた。これは変容する時代のなかで、非農耕民を満洲にそして中華人民共和国に包摂する過程ともいえる。

　以上の各論をふまえて、終章「在地社会と植民者のその後」では植民者と在地社会の出会いのその後について考察した。在地社会と植民者の相互受容は、日本人の引揚によっていったん途切れるが、戦後の国交回復後に日中交流として復活する。そこでは植民者としてではない技術の導入も生じる。日本社会にとっても、在地社会と直接かかわった植民者の本国への帰還は、日本における中国研究の底上げを可能にした。戦後の学術への継承はすでに言われているが、アカデミズムに籍を置かなかった人々の貢献についてはその名が忘れ去られつつある。戦後の日本において、外地経験は時間と共に目につかなくなってはいるが、伏流水のように存在しているはずである。第二次世界大戦後の復興期にあった当時の日本において、引き揚げてきた人々が復興事業に関与した話は多々ある。特に異文化のなかで近代的であろうとした産業に従事した技術者たちはこの経験を当時どのようにとらえ、戦後に再度捉えなおしたのか。この過

程を検討することは、現代日本において目につかなくなってしまっている外地
経験の水脈をほりあてることになろう。

【参考文献】

石田興平（1964）『満洲における植民地経済の史的展開』ミネルヴァ書房。

貴志俊彦・松重充浩・松村史紀編（2012）『二〇世紀満洲歴史事典』吉川弘文館。

中見立夫（2013）『「満蒙問題」の歴史的構図』東京大学出版会。

安冨歩・深尾葉子編（2009）『「満洲」の成立——森林の消尽と近代空間の形成』名古屋
　　大学出版会。

碧山荘と華工
(改造社編『日本地理大系
満洲及南洋編』1930年)

第 1 部

人流から都市を衛る

第 **1** 章

移動する人間を管理する技術
——清朝期、民国期、「満洲国」期

上田貴子

はじめに

(1) 人の移動へのといかけ

　人が移動することは定住者の視点からみれば、「逸脱」としてとらえられ、定住者の社会をゆさぶるもののように認識される［山田 1995：1-2］。近代日本においては特にその「逸脱」に対する不安感は大きく、新たな住民となりうる外来者に対して冷淡でさえある。中国大陸からの流入者を例にとってみると、近代的な国際法による諸外国との交流が始まった明治期、1899 年に発令された勅令 352 号によって、単純労働者の流入を禁じ、貿易商を主とした商人と特定雑業者のみ日本での経済活動を認めた[1]。

　国家権力が人の移動を管理しようとすることは、近代国民国家の特性としてこれまで十分に説明されてきた。西欧諸国が領域を明確にさだめ、国境に区切られた範囲に主権がおよぶものとする国民国家からなる国際秩序ができあがるなかで、国境を越えてくるモノに対する管理が制度化されていった。とりわけ人間に対しては、パスポートやビザといった書類によってその管理がされてきた。

---

1)　勅令 352 号は中国人を対象として成立したが、「条約若ハ慣行ニ依リ居住ノ自由ヲ有セサル外国人ノ居住及営業等ニ関スル件」と題され、当時の日本社会にとって不安の対象となる外来者とは何かが示されているともいえる。詳しくは、許（1990）を参照のこと。

第1部　人流から都市を衛る

　このような国民国家としての形を整えていく過程で、移動する人間に対する
警戒や管理が高まるというだけでない。日本の場合は、江戸時代の海外渡航の
禁止、外国人来日の制限が実施されており、近代以前から人の移動を管理する
ことに積極的であった。また中国も近代国際秩序に組み込まれる以前は、海禁
政策によって、人口の国外流出・外国人の流入を制限していた。このように見
てくると、東アジアのこの隣り合う文化圏は、西洋式の近代的な「人間の管
理」を導入するまえから、人の移動に対してある程度の共通点をもっている。
　その一方で違いも存在する。寺社と村落が結びつき、宗門人別改帳で管理さ
れ、よそ者が入りにくい日本の基層社会の流動性の低さと、異民族流入や王朝
交代および自然災害によって、大規模に人が移動する中国における基層社会の
流動性の高さである。この基層社会の流動性の違いを日本人が認識したのは、
植民者として中国社会と接する過程での試行錯誤の結果であった。当初は、日
本人が中国社会を見るうえでの「まなざし」は日本の基層社会像に影響されて
いたと考えられる。1943 年、華北農村慣行調査（当時は北支農村慣行調査と
言った）をもとに中国の農村の特徴をめぐって、日本と類似した共同体が存在
するか否かという論争が生じた。いわゆる平野・戒能論争である。平野義太郎
は日本と類似した共同体の存在を主張した。これに対し、戒能通孝は中国の農
村は境界を持たず、固定的定着的な地域団体としての村は成立していないとし
た。平野は論争当時、大東亜共栄体を構想するなかで日本との類似点を見出そ
うとしたと旗田巍は考察している[2]。平野に限らず、帝国日本の拡大構想にひ
きずられ、日本に似たものを期待する「まなざし」で中国社会をみた植民者日
本人は少なからずいたのではないだろうか。
　そこで本章では、植民者日本人と在地社会の人の移動に対するまなざしに注
目し、移動する人間を管理するにあたって、日本側の事業立案者の判断と中国
側統治者の判断との違いを検討する。

---

　2)　平野・戒能論争については、旗田（1973）第 3 章を参照のこと。

18

（2）満洲をめぐる人口移動への日本人のまなざし

　比較を始めるまえに、移動する中国人たちに対する日本人のまなざしを見ておこう。

　中国東北地域へは、華北から漢人の常態化した流入があった。当事者つまり華北・東北の地域社会では「闖関東」といい、華北から山海関をこえて東北地域に一旗揚げに行くことは、あたりまえのことであった［上田2008］。しかし、満洲で経済活動をおこなう日本人にとっては、とらえどころない移動する人の波は異質なものであった。図1-1は朝日新聞の歴史写真アーカイブからの1枚だが「満洲風俗　苦力のシーズンに入った奉天駅」と裏書がされ、1934年3月28日受入のスタンプがおされている。この他にも多くの苦力をとらえた写真や絵葉書が現在に残されている点からも、出稼ぎ労働者は好奇の対象とされていたことがわかる。

　1928年初夏に満鉄の招待で満洲旅行をした与謝野鉄幹の記すところも参考にしてみよう[3]。満鉄は大連滞在中の与謝野夫妻を系列の福昌華工公司が運営

図1-1　苦力のシーズンに入った奉天駅（朝日新聞社、1934年）

---

3)　与謝野寛・与謝野晶子（1930）『満蒙遊記』による。引用にあたっては『鉄幹晶子 全集26』（勉誠社、2008）による。なお往路での大連滞在部分は鉄幹の手によるものである。

第1部　人流から都市を衞る

する中国人労働者の宿舎である碧山荘へ案内している。鉄幹は碧山荘の宿舎を
「日本人の監督の下に概して清潔である」と評価し、これを案内する満鉄社員
は「此の宿舎に慣れると、華工は余所へは行きたがらない。支那の下層民が不
潔に甘んじるのは決して天性では無い」と説明している［与謝野 2008：17］。
その一方で同じ丘陵の続きにある寺児溝の中国人居住地区は「貧民窟」として
紹介されている。碧山荘の宿舎街に比べ粗末で不潔な印象を受けている点を述
べつつ「入口から一つの半穴居を覗くと、（中略）今見てきた華工の寄宿舎を
極端に小さくしたに過ぎなかつた。」として、鉄幹は様式が基本的に同じであ
るという発見を述べ、これを「支那の下層民の生活に近代の文化が加はると否
とは、纔に入れ物の外見を形づくる堅固な煉瓦壁と粗末な板囲ひとの相違では
ないか。」と見ている。そのあとに続いて、「華工にも此貧民にも全く背景と
なつてゐる精神的な何物も想像されない。」という突き放した表現がされてい
る。また同じ満鉄社員は日本の警察はここに住むことを禁じているが、「何処
からとも無く来て、一夜の中に土壁を繞らし小屋掛を造つて居著いてしまふ」
「男子は苦力にもなり、盗人にもなり、一定の職は無い」と述べている［与謝
野 2008：18-19］。それでも「何処からとも無く」やってくるこれらの人々を
見た日本からの見学者の感想群のうち、鉄幹の表現は他の見学記と比べて比較
的フラットな表現で書かれた印象をうける[4]。

　案内する満鉄社員や碧山荘を経営する福昌華工公司の社員は、彼らが業務上
関わるなかで理解した中国人労働者のありようを語り、寺児溝と比較すること
で、労働者管理の成果を目に見える形で客人に見せている。与謝野夫妻が訪問
した 1928 年には満鉄はこのような余裕を見せているが、この碧山荘が大連郊
外に設立された 1911 年当時は、沿線でのペストの流行にみまわれ満鉄はかな
り切羽詰まった状況にあった。第1節でペスト対策に注目して日本人植民者
と在地の違いを比較していく。

---

　4)　満洲に暮らした日本人の中国人へのまなざしは、与謝野夫妻に比べると、辛辣なもの
　　　が多い［塚瀬 2004：190-194］。このほかにも当時の雑誌などに掲載される旅行記などが
　　　参考になる。

20

1 1911 年 1 ～ 3 月ペスト流行をめぐって

(1) 第三次パンデミックの満洲での展開

　ペストの世界的な流行は 3 回をかぞえるが、東アジアがその渦中にまきこまれたのが、第 3 回目のパンデミックである。ここでは、飯島（2000）に依拠しながら経過を確認する。

　はじまりは 1894 年 5 月香港を起点に海運網を通じて、アジアを中心に各地に感染が広まったことによる。中国東北においては、1899 年夏に牛荘（営口）で腺ペスト患者が発見された。営口ではそれまで検疫が実施されておらず、感染経路の確認も困難だった［飯島 2000：57-58］。海関の医療報告を作成したイギリス人医師の警告や外国領事の要請から、中国官憲は対策を講じるようになり、営口およびその周辺で約 3000 人の死者を数えたが年内には終息をみた［飯島 2000：60-61］。パンデミック自体は患者数が計上されなくなっても完全に収束するわけではない。1910 年、東北は次の流行に見舞われることになった。9 月 16 日シベリア鉄道沿線のダウーリャで肺ペスト患者が発見されると、満洲里を経由して東清鉄道沿線に感染者は増え、10 月 27 日にはハルビンで患者がみつかった。ハルビンでは 3 か月のうちに 5000 人の死者をかぞえた［飯島 2000：138-139］。その後も感染は拡大し、東北全域では 5 万人近くの犠牲者があったとされる［飯島 2000：141］。

　この時の清朝は天津軍医学堂の医官であった伍連徳をハルビンに派遣して、ロシア側とともに防疫にあたらせた。伍は 1879 年英領マラヤのペナンに生まれ、イギリスで医学を修めた［李 2019：1-3］。さらに東三省総督の錫良は奉天全省防疫総局を設置し対応にあたった［飯島 2000：147］。日本側は満鉄が中心となって車中検疫などの対策を実施した。大連でも患者が発生すると、停車場での検疫や隔離施設の設置などより積極的な対応を行うようになった［飯島 2000：187-188］。関東都督府は 1 月 25 日に奉天に臨時防疫部を設置し、さらに日清共同の防疫機関の設置を構想したが、錫良は日本側の内政干渉を警戒し、これは実現に至らなかった［飯島 2000：192-193］。また、錫良は日本

第 1 部　人流から都市を衛る

やロシアの影響力を他の外国勢力を巻き込んで相対的に弱めることを図り、国際ペスト会議の開催を提唱した。この会議は 4 月 3 日奉天で日本・ロシア・イギリス・アメリカ・ドイツ・フランス・オランダ・オーストリア＝ハンガリー・イタリア・メキシコの代表を招いて実施された［飯島 2000：193–194］。なおこのころにはペストの流行は鎮静化している。

(2)　出稼ぎ労働者をめぐる植民者と錫良

　当時、ペスト患者の拡大を促進するものが鉄道であることは、大いに自覚されており、東清鉄道も満鉄も拡大を抑制するために、乗客に対する検疫や規制に懸命であった。東清鉄道は、中国へとペストを運んだ交通機関ではあったが、いったん中国領内の流行が広がると、ロシア領内への中国人労働者の移動を制限するようになった[5]。日本側も輸送を制限するだけではなく、東清鉄道との接点である長春に 1 か所当たり 500 人を収容できる大規模な隔離所を 7 つ用意し、7 日間隔離ののちに満鉄線での南下をみとめるという対策もなされている[6]。また長春で隔離されなかった者については、関東州内の大身房に兵舎を借りて 4000 人収容の隔離設備をつくり、10 日間の隔離をするとしている。列車内では大石橋と奉天の隔離所にいれること、公主嶺・鉄嶺・奉天・遼陽・大石橋・瓦房店の健康診断所の拡充および他の地域でも健康診断を受けられるようにするとしている[7]。

　しかし実際には、その防疫措置には問題もあったことが指摘されていた。1911 年 1 月 23 日に奉天の小池総領事から東京の小村外相にあてた電報には、「防疫に関する南満洲鉄道株式会社の措置、緩慢不統一にして誠実ならざることに付ては、本官屢〻都督府に注意を喚起したる次第なる處、都督府は又無能無力にして、本官の所言一々同意しながら、南満洲鉄道株式会社をして実行せしむるを得ず。（中略）南満洲鉄道株式会社の措置は今や清國側並に外國官民

---

　5)　「限制華工坐車章程之新編製」『盛京時報』1910 年 12 月 6 日、「東三省華工乗車之制限」『大公報』1910 年 12 月 18 日。

　6)　「大隔離所之行将竣工」『盛京時報』1911 年 1 月 25 日。

　7)　「満鉄の大防疫」『朝日新聞』1911 年 1 月 13 日。

の非難を招致するに至れり。（筆者打点）」と、その不満が述べられている。満鉄の誠実ではない点として、中国人を乗車させないことが原則であるのに、賞与金の配当のために輸送をとめない駅や職員がいるとしている。つまり、満鉄の現場職員は収益のために乗客を乗せてしまっている者がいると小池総領事は指摘している。さらに先にあげた長春の隔離所も「極めて不整頓にして、病毒の養成所に異ならず」といい、列車検疫も「有名無実」だとしている[8]。

　小池総領事は満鉄に対して厳しい発言をしているが、植民地官僚のなかには、満鉄の要望を代弁する者もいた。大島関東都督は 3 月 2 日付の桂総理宛の電報で、北京政府が防疫のために出稼ぎ労働者の移動を止めていることに対して、外交的働きかけで緩和を申し出てほしいという要望をしてきている。この電報の文脈によれば、労働者が来ないことは、満洲の産業諸工事に非常に打撃を与えるもので、その害がペストそのものによる被害以上となる。特に満鉄の場合は、安奉線の改築のための労働力が不足することが懸念され損害を蒙るとしている[9]。また営口の太田領事も、毎年 20 万人程度いる山東省からの労働者が来なければ経済上大きな影響があることを理由にし、さらには輸送に従事する船舶業者が事業の運営を懸念して解決を望んでいることを代弁している[10]。

　ここにあげた、領事や関東都督が代弁する満鉄や船舶会社の声に耳を傾けると、ペストに対する恐怖が全くないかのようにも聞こえる。しかし、当時の新聞には日本で発行されていたものにも、満洲におけるペストの流行が恐るべきものとして報道されていた。大連には日本人も含めた出入りをする人間を対象としたフェノールによるトンネル型の消毒施設まで設置されている[11]。新聞に見られるペストへの恐怖感と現場で経済活動に従事する者の楽観的な視点の差は注目に値する。満鉄は被害を騒いではいるものの、1911 年 3 月までの営業成績は、旅客数は 115 万人から 102 万人に減少し 27 万円の減収だったが、貨物輸送はペストの影響を受けず前年比 120 万円の増収となっていた[12]。

---

8)　1911 年 1 月 23 日付電報、小池総領事より小村外務大臣、JACAR Ref.B12082376000

9)　1911 年 3 月 2 日付電報、関東都督大島義昌より桂太郎総理大臣、JACAR Ref.B12082418400

10)　1911 年 2 月 27 日付電報、営口太田領事より小村外務大臣、JACAR Ref.B12082418400

11)　「石炭酸消毒隧道」『朝日新聞』1911 年 2 月 11 日。

12)　関東都督府「諸般政務報告〔明治 43 年度下半期〕鉄道ニ関スル状況ノ概要及其ノ営業

第 1 部　人流から都市を衛る

　また新聞や小池総領事が警戒しすぎているのかといえば、そうではない。中国側の動きは日本の動き以上の慎重さがあった。大島関東都督の電報だけではなく、1911 年 2 月 21 日付の奉天小池総領事から小村外相あての電報でも「ジャンク船に依りて、金州大孤山復州安東縣等に来る苦力等の上陸を禁止ずる様、錫総督より関係官憲に電命したる旨交渉使本官に語れり（筆者打点）」と報告がされており、錫良自身がペスト対策に積極的であり、かつ厳格に実行しようとしている姿が垣間見られる[13]。小池総領事がペストの発生した家屋の焼き払いを求めた折にもこれを快諾するだけでなく、錫良は小池と会談して日本の事務官派遣を依頼している[14]。また、北京の清朝政府も日本よりも慎重な姿勢を取っていた。北京の本多代理公使によれば、大連をはじめ満洲の港より着く船に対しては海港検疫を実施することを各国外交団の同意を得て行うことが伝えられている[15]。

　ここに見られた差は 2 度目のペスト流行にあたり、方針が明確な中国側に対し、日本側は植民者として初めて対応するペスト流行において、鉄道事業など経済利益を重視するなかで対応方針にぶれのあることは否めない。例えば、出稼ぎ労働者が春節をすごすために帰郷させてやらなければ可哀そうであるという表面的な感情論を理由に、中国側に対して出稼ぎ労働者の移動を認めるよう日本側は訴える場面もあった[16]。しかし、出稼ぎ労働者たちは実際には毎年帰郷するとは限らない。旅費の節約のために帰らない年も多く、その現実と日本側の認識にずれがあるといえる。

　　成績」JACAR Ref.B03041543700
13)　1911 年 2 月 21 日付電報、小池総領事より小村外務大臣、JACAR Ref.B12082418400
14)　「支那官憲覚醒」『朝日新聞』1911 年 1 月 20 日。
15)　「清国船舶検疫」『東京日日新聞』1911 年 1 月 20 日、「清国の船舶検疫開始」『大阪毎日新聞』1911 年 1 月 20 日。
16)　1911 年 3 月 2 日付電報、関東都督大島義昌より桂太郎総理大臣、JACAR Ref.B12082418400

2 日本側の知見の深まりと労働者対策の変化

(1) 満鉄および碧山荘の対応

　1910 年から 11 年にかけてのペスト流行という予想外の事態への対応は、満鉄および日本人植民者の意識を変えることになったと考えられる。その転換を象徴するものが、冒頭にとりあげた碧山荘である。設立の経緯は本書第 2 章で詳述されるが、ここでは運営を担った福昌公司の出稼ぎ労働者への対応をみる。

　福昌公司は、満鉄港湾の埠頭事務所長であった相生由太郎が、1909 年に独立してたちあげた埠頭荷役労働請負業者である [篠崎 1932：189][17]。相生の満鉄における仕事は満鉄の拠点としての大連が形作られる過程で大連港の港湾業務の整理をすることであった。日露戦争中に日本の統治が進むなかで、必要に応じて増えた仲仕たちが錯綜しており、これを満鉄の下に統一していった。相生は三井物産門司支店にいたころに、門司港での仲仕の争議を納めているが、そこでは労働者たちをまとめる強力な親分的存在の排除を行った。しかし、まとめ役すべてを排除したわけではない。大連港における港湾労働者の整理についても規模の違いはあれ、基本的には同じ手法をとったことが評伝のなかで言われている [篠崎 1932：955-961]。中国人労働者についてはこのような親分的存在を苦力頭あるいは把頭と呼ぶ。福昌公司の立ち上げ後は、抱える労働者に対して、中国人社会の慣習を尊重しながら、中間搾取を行い贅沢な暮らしをする元締め的存在を取り除くことで合理化を図った [篠崎 1932：190-191]。

　福昌公司では設立当初その管理下には約 8000 人の労働者がおり、満洲事変前夜には約 1 万 6000 人を雇用していた [篠崎 1932：194]。1910 年からのペストの流行にともない、大連市内に散居していた労働者たちを一般住民の居住区域から隔離するために、満鉄の支援をうけて碧山荘が建設された。労働者管理の方針は碧山荘にも生かされている [篠崎 1932：196-197]。同時に、碧

---

17)　相生は三井物産門司支店での荷役労働者対応の経験をつみ、満鉄の立ち上げにあたって抜擢され大連の港湾事業の整理にあたった [篠崎 1932：955-958]。

第1部　人流から都市を衛る

山荘はペスト対策から生まれた施設として衛生面での配慮がされていた。傾斜を利用した排水、南向きの日当たりとオンドル設備が整えられており、定期的な消毒も行われた。それまでが掘立小屋やアンペラ葺きであった点からすると格段の違いである［篠崎 1932：197-199］。ペスト禍の克服の過程で生まれた碧山荘は、与謝野夫妻が訪問するころには満鉄を中心とした植民者にとっては自慢の成果であったことはすでにみた。碧山荘は大連という租借地で、日本人がプランニングをすることができた都市における、移動する労働者を包摂するための施設といえる。

　華北から東北への人の移動は碧山荘に滞在するような労働者のものだけではない。農村にすみ込む農業従事者、商業に携わる人々、木幇とよばれる伐木業者、妓楼で働く女性たち、数の上では労働者に比べて少数ではあるが、官吏や軍人としての赴任や就学のためなど、実際にはさまざまな移動する存在があった[18]。しかし満鉄をはじめとした植民地経営をする側が注目したのは、鉄道・港湾設備、工場、鉱山、建設現場で働くであろう出稼ぎ労働者で、特に華北からやってくる者たちである。その視野が特定のものに限られている点は留意する必要がある。それでも、1931 年段階では出稼ぎ労働者の状況については一定の理解をするようになっていた。その過程で満鉄は『民国十六年の満洲出稼労働者』(1927)、『民国十七年の満洲出稼労働者』(1928)、『民国拾八年満洲出稼移民移動状況』(1930)、『満洲出稼移住漢民の数的考察』(1931) と移動についての調査報告書、『満鉄各箇所使役華工調査報告』(1928) と労働状況についての報告書を出している。この観察の成果は、やがて労働者管理と満洲国への入境管理への模索につながっていった。

(2) 満洲国の対応

　1932 年に満洲国が成立すると、関東軍・満洲国・関東庁・朝鮮総督府・大使館・満鉄からの委員による労働統制委員会が 1934 年に関東軍特務部内に設

---

18)　東北への出稼ぎについては上田（2008）、女性の移動については上田（2022）参照のこと。

置された［経済調査会第一部：5］[19]。この委員会の議論からは、統制の方針と
出稼ぎ労働者観を見ることができる。

　委員会での方針決定の結果、華北からの入境は植民地統治機関が行うことに
なった。出入りには査証の発給が必要となり、これを行う機関として華北に大
東公司が設立された。本部は天津の満洲国特務機関内に置かれて、1934年4
月から業務を行っている。さらに山海関の陸境や青島・芝罘・威海衛・龍口と
いう海路の境界となる港に事務所が置かれている［経済調査会第一部：9-10］。
大東公司に実施させる統制方針については、関東軍参謀本部は「国際関係を考
慮し華僑の入国制限は表面飽くまで満洲国治安維持上の必要に基く」と4月4
日に通達している［経済調査会第一部：12］。5月には関係者協議により大東
公司の業務は「満洲国の治安維持の見地より入国證明書を発給するものなるも、
中国官辺の関係を考慮し表明上は苦力供給を業務とする」としている［経済調
査会第一部：13］。

　労働者の入境統制が行われることを大東公司の活動開始に先立って汽船会社
に伝えると、死活問題であるとの議論が起こった［経済調査会第一部：6-7］。
実際に入国制限によって出稼ぎ乗客による収入の減少は3分の1から2分の1
にまでなったと報告されている［経済調査会第一部：30-31］。

　また、中華民国側は、「国民の満洲に至り労働に従事するは、民族精神並国
家の実力に影響する所甚だ大なり」と現地に通達し、浙江省での土木工事など
に華北の労働者を募集して対応するなどし、日本側が満洲国に労働者を集める
ことを妨害していることが報告されている［経済調査会第一部：23-24］。大
東公司支店のある各地の市政府や公安局も国権の侵害として大東公司が査証に
より入境管理をおこなうことに反対していた［経済調査会第一部：25］。

　労働統制委員会は「治安維持並労働者の品質向上の目的の為不良労働者の入
国を阻止する之が為に特に山東方面よりの入国労働者を制限する」とし、労働

19）　以下は国会図書館所蔵の経済調査会第一部『大東公司ノ設置、組織並活動状況』（タイ
　　プ版）による。この資料については、国会図書館デジタルコレクションの書誌情報によ
　　れば1930年代のいつかは不明としているが、資料本文の行論からすると1934年と考え
　　られる。ページ番号が不明瞭のため、この資料については、デジタルコレクションの画
　　像コマ番号で出典を明記する。

第1部　人流から都市を衛る

力の不足した場合は、満洲国内での労働需給調節や裁兵や帰順匪賊を労働者として充足すればよいと考えていた。その一方で、朝鮮人については許可制としながらも入国を奨励するとしている［経済調査会第一部：5-6］。

　以上の委員会での議論をふまえて、満洲国の労働統制の青写真『満洲労働統制方策』（以下、労働方策と略す）が 1935 年に発表された。労働方策の段階では、満洲国における労働者およびその経済活動に対する認識は、満洲国あるいはそれも含めた日本帝国圏において完結したものを理想としていた。華北からの出稼ぎ労働者は貯めた賃金を故郷に持って帰ってしまう。これに対して「労銀の逃避することを極力防止」し、出稼ぎ労働者なしでは満洲国が立ち行かないことは理解しつつも、収支の観点から制限を希望していた［南満洲鉄道経済調査会 1935a：2］。また、日満ブロック内に含まれる範囲で労働者の需給が完結することは、境域内での労働者の質がある程度担保されるという視点も見え隠れする。朝鮮人労働者の入国を奨励する点だけでなく、労働者の質があがり労賃が安定することで、内地からの労働者も来やすくなるという判断もされている［南満洲鉄道経済調査会 1935a：3-5］。

　同時に、優良な労働者のみ華北から入境を認めることは、管理できる範囲での出稼ぎ労働者の存在は労働者供給の観点から欠くことはできないという認識もしている［経済調査会第一部：19-21］。実際に 1937 年以降は、満洲国での五箇年計画の開始以降、労働力の需要が高まり、出稼ぎ移民を求めるようにもなるが、同時に華北が日本の勢力下におかれ、こちらでも労働需要が高まる。この段階で大東公司は改組され、満洲労工協会に吸収され、労働者統制は入境を抑えるのではなく、効率的で管理された労働者の調達の方向に舵をきった［上田 2008：334-335］。

　植民者日本はこのように、1920 年代の出稼ぎ労働者の調査観察をへて獲得した理解に基づいて、満洲国の下での行政権を行使する段階において、より緻密な管理を志向するようになっていった[20]。

---

20)　高野（2016）は指紋による人間の管理を分析したものだが、その第 3 章、第 4 章、第 5 章において、満洲国における指紋による人の管理が考察されている。この緻密化する管理計画については高野の研究を参照のこと。

3 移動する人々を内包する社会

（1）満洲国における住民観——中華民国籍者の扱いをめぐって

　満洲国において国籍法の必要が言われながら、最終的には制定されないまま
1945 年 8 月を迎えたことは、浅野（2008）、遠藤（2010）をはじめとして議
論され、研究者の間では周知である。満洲国成立以前のロシアや日本といった
植民者はあくまで中国主権下の東北地域における経済活動であったために、住
民を把握することに腐心する必要はなかった。自分たちの居住圏外に排除する
か、圏内に入ってきたものだけを認識すればよかった。しかし、満洲国の体裁
を整えるためには、そこに所属する人間を規定しなくてはならない。国籍法が
議論されるのは当然のことであった。その複雑さゆえに当時、様々な議論がさ
れたが、先行研究でとりあげられているのは、日本人の国籍の問題が中心であ
る。

　ここではむしろ、出稼ぎ労働者をどう扱おうとしていたのかをとりあげて考
えたい。議論をある程度総括したものとして、『満洲国国籍並会社国籍及資本
方策』（以下、国籍方策と略す）をもとに整理する。1932 年 7 月の経済調査会
第五部会の立案内容は、もともと住んでいる中国系住民に対しては、国際法上
の一般的原則で対応し、「割譲地若しくは分離地の人民」と考えて、「旧国籍を
喪失して新国籍を取得する」とみなしている［南満洲鉄道経済調査会 1935b：
6-7］。つまりほぼ満洲国の国籍法によって自動的に満洲国国籍を付与するも
のと考えられている。

　その一方で、出稼ぎ労働者については、「其の数並に其の質より之を観ると
き、之が入国を無制限に放任して総て満洲国国籍を取得せしめんか、重大なる
結果を招来し満洲国の成育発展上の一大障害ならざるなきを保せず、従て之が
入国に対しては相当の制限を加ふべきに非ざるか。その制限の方法に至ては
「見せ金」「査証」等種々考慮せらるべし」としている［南満洲鉄道経済調査会
1935b：13-14］。また、資料として掲載されている経済調査会第五部法制班の
平井庄壹による報告にも、立案内容と同様に、出稼ぎ労働者の問題は、治安、

第1部　人流から都市を衛る

労働政策、人口政策上、検討が必要であるという認識が示されている。彼らは
国籍は中華民国人であり、満洲国にとって外国人としている。しかし、同時に
もとからいる漢人と同郷であり、満洲国の「独立後に渡来するが故に外国人と
して取扱はれるに過ぎない」と理解し、国籍について議論が必要であるとして
いる。とはいえ出稼ぎ目的の者は国籍を付与する対象とする必要がなく、移住
を考えているものについて考えればよいという線引きがなされている［南満洲
鉄道経済調査会 1935b：66-67］。

　国籍方策においては、華北から東北に来て定住するものは、中華民国から満
洲国への移民という扱いであり、帰化の対象としている。帰化の条件は日本と
中国の国籍法に依拠して「引続き5年以上満洲国国内に住所を有すること」
「独立の生計を営むに足るべき資産又は技能を有すること」が妥当であると考
えている［南満洲鉄道経済調査会 1935b：10］。

　平井の認識のように、現地に住む多くの漢人は華北にルーツがあり、華北か
らの移民がありうることを想定しなければならないことには満洲国の国籍を検
討する人々にも理解されていたと考えられる。しかし漢人のルーツに対する意
識は日本人に十分に理解できていただろうか。東北において漢人は柔軟に移動
すると同時に出身地を明示することに拘る。その象徴的なものが籍貫である。
満洲国期の調査であっても中国語で編纂された調査においては漢人の名簿には
大抵籍貫が記載されている。籍貫とはつまり自分がどこの地域に属すかを示す
ものであり、そこに示される同郷集団への帰属や、その地域とのつながりがあ
ることを示している。農村地帯で土地所有をするような農民は籍貫と居住地を
一致させている例が多いが、都市では一致しないことの方が多い。そこで生ま
れたもの、その地域社会の有力者となっているものでも籍貫は華北に置く例は
多い[21]。

　諸外国の法制度も参照しつつ議論する国籍方策の行論からは、1930年代の
国際社会に認められるような国家として妥当な国籍観と、傀儡として動かす上
で都合のよい国籍観、両者のおりあいをつけることは満洲国にとっては簡単な
ものではなかったことが滲み出ている。同時に、植民者が国際法を参照しなが

21）満洲国期に編纂された『本邦農工商会調査』記載の満洲国全域の農会と商会を比べる
　とその役員の籍貫において顕著な違いがみられた。詳しくは、拙稿（2005）参照のこと。

ら検討したルールでは、本来一国内の往来で、地域の慣習として行われていた「闖関東」を国家間移動ととらえるには無理があった。このほかにも、満洲国内には8章でとりあげるエヴェンギやオロチョンそしてブリヤートといった森林や草原を生活空間とし、近代国家の国境を越えた移動を行う住民さえいた。1935年時点での植民者日本人には、満洲国の領域にすむ人々をその特性を理解して「満洲国国民」はどのようなものかという課題は手に余るものであった。

(2) 中華民国期の住民観——保甲制をめぐって

中華民国から分離させた新国家において域内の人間とそれ以外をどう分けるかという議論において、植民者の視点では、先にみた矛盾が生じたわけだが、中華民国期には、在地社会の統治者はどのように人間を把握しようとしていたのだろうか。張氏政権下での状況をここではとりあげる。1920年代奉天省において行われていたのは保甲制であった。満洲国における保甲制度の導入は、国籍法が成立しないなかでの住民統治の試みとして先行研究でもとりあげられている［遠藤 2010、2013］。先行研究ではあまり指摘されていないが、満洲国が導入した保甲制は張氏政権下の政策に倣ったものであった。ここでは保甲制に注目して、民国期と満洲国期を比較することで、そこから植民者には見えていなかった中国側統治者の認識する社会観を考える。

① 保甲制

保甲制自体は清朝期に明の里甲制をもとに実施された戸籍管理とともに治安維持を行う、基層社会の管理制度である。地域の戸を編成して甲とし、複数の甲をまとめて保（明代の里）とすることが基本形ではあるが、これらにどのような機能を持たせるか、また長がどういうものか、という点は時代や地域によって違っている。清末には太平天国の乱以降に自警のために団練が組織されていったが、この編成は保甲を基礎とした［冉・李 2005：57］。光緒新政期には戸籍管理制度と警察制度が導入され、保甲制が担っていた機能は戸籍制度と警察制度にとってかわられたとされる［肖等 2017：79］［楊 2013：54］[22]。辛亥革命直後は保甲制は保守的なものとされ、孫文が掲げた理念のものとでいっ

第1部　人流から都市を衛る

たんは廃棄されたとする［冉・李 2005：58-60］。ただし、袁世凱政権期の
1914 年には「地方保衛団条例」がだされ、警察が設置されていない地方にお
いては人民の請求に基づいて県知事の承認によって、保甲を基礎として保衛団
が設立できるとされている［南満洲鉄道総務部事務局調査課 1918a：163-64］。

　東北地域の中国側統治機構も清末の光緒新政期に北京にならって警察制度の
導入を踏襲した［南満洲鉄道総務部事務局調査課 1918a：19］。さらに「奉天
保衛団施行細則」に依拠して、保衛団がおかれた［南満洲鉄道総務部事務局調
査課 1918a：166］。保衛団の職責としては戸口調査、盗賊逮捕、盗難品の検挙
といった警察機構の補助業務である［南満洲鉄道総務部事務局調査課 1918a：
162-166］。保衛団員が行った戸口調査では、住民に連帯責任を取らせるために、
連坐冊をつくらせている。連坐冊は家、商家、寺廟単位でまとめ、姓名、年齢、
土着・客籍の別、職業、特記事項として技芸・愚劣の別、保衛団での役職があ
る場合はそれを記入させた［南満洲鉄道総務部事務局調査課 1918a：170-171］。

　積極的に保甲という名で整備を整えたのは、1916 年張作霖が掌握した奉天
省においてである。張作霖だけの考えというよりは、政権にとっての統治機構
整備のブレーンとなっていく王永江が警務処長に就任したことが大きいといえ
る［澁谷 2004：119-120］。1922 年には組織系統をととのえ、全省保甲総辦公
所がつくられ、1923 年 12 月には警務処と合併された[23]。警察行政を補完する
ものとしての保甲であったので、両者をあわせ奉天では警甲と表現されている。
1923 年 7 月から 25 年 7 月にかけてのこの改革については 12 月には『奉天全
省警甲報告書』として報告書も出されている。その発刊にあたっての張作霖の
言葉には、この時期は東三省は保境安民を方針としており、商民の「安居楽
業」を達成するために、各地に跋扈する匪賊を抑えることが必要であるとして
いる。さらに、中央政府に習うのではなく地域の実情にあった制度の整備をす
ることが強調されている[24]。これを運用するための現場教育の必要があった。
警務処兼保甲総辦公処の処長となった于珍によれば警甲人員の知識が不足して

　22)　中国での保甲研究は、蔣介石政権下で行われた事例の研究が多い。本章では以下、肖
　　　如平等（2017）、楊紅運（2013）、冉綿恵・李慧宇（2005）などを参照した。
　23)　『奉天全省警甲報告書』巻上第一編章則類「奉天全省警務処兼保甲総辦公所辦事規則」
　　　1-3 頁による。

第 1 章　移動する人間を管理する技術（上田貴子）

おり、その教育のために、『奉天警甲彙報』を発行し、実際に現場で処理された事件を紹介し、必要な知識を掲載するとしている[25]。

保衛団においては各戸から 1 人を団人とし、10 戸を 1 牌とし、10 牌を 1 甲とし、5 甲ごとに保董をおき、県のとりまとめに団総をおいていた。保衛団と保甲の大きな違いは、保衛団が県単位のもので、設置の報告を省にあげる必要はあったが、全省組織はなかった。これに対して、奉天省で実施された保甲では、省城に保甲総辦公所、各県に保甲事務所、保甲区に保甲事務分所、若干の保に保甲駐在所がおかれた。また保と甲の関係も現場にあわせて編成に柔軟性がもたされている。1 保甲区は、区村制の 1 区あるいは 2 区を標準とし、区村制の 3 村から 5 村で 1 保の標準とされた。1 保内の甲の数は定めておらず、10 戸から 20 戸で 1 甲とし甲長をおくとしている[26]。

この制度に期待していることとして、警察による「抽査戸口」「励行巡邏」「厳禁雑耍」、そして保甲による「随時会哨」「鋭意清郷」「監視游民」としている[27]。つまり警察が保長・甲長を通じて戸口調査を徹底することを前提としており、保甲は現場における監視を担当した。随時哨戒して地域の治安維持につとめ、地域の游民の監視をした。警察は徹底した巡廻を行って、保甲によって通報された雑耍つまり不穏な芝居や集会の取り締まりをおこなった。

保甲は 1920 年代の中華民国においては全国的にはみられないものであったが、奉天では積極的に活用されていた。東北では 1928 年末の易幟によって南京国民政府に対する政治的支持を表明すると同時に東北独自の政策の名称を南京国民政府にそろえるようになっていった。その過程では、保甲という表現はされなくなって「互保」と表現され、戸の集まりとしては「保」の単位だけが法令の中に見られるようになっていった。さらにこの段階では連坐制がより強調され、6 戸から 10 戸単位で連坐承諾證を提出することが指示されている[28]。

---

24)　『奉天全省警甲報告書』の冒頭におかれた張作霖による「張総司令為警甲彙報発刊訓詞」1 頁による。

25)　『奉天全省警甲報告書』巻下第四編雑録類「処長訓詞」2-5 頁による。

26)　『奉天全省警甲報告書』巻上第一編章則類「奉天保甲試行章程」30-45 頁による。

27)　論説「論警甲今後之急務」（『奉天警甲彙報』37 号 1924 年 9 月 14 日）。

28)　「遼寧省清郷互保連坐辦法」（民国 19（1930）年 1 月 15 日遼寧省公報 12 号）［満鉄調査課 1931b：195-196］。

第1部　人流から都市を衞る

② 清郷

　では、この保甲制度の導入のターゲットとなった地域社会の状況はどのような
ものであったのだろうか。先にあげた保甲の目的にあった「清郷」がキーワードとなる。1918年出版の『南満地方支那警察制度』では以下のように説明している。

　　清郷とは村屯内に潜める盗匪を討伐駆逐して其の痕跡を絶ち、地方の安寧
　　を維持するを云ふ、奉天吉林省二省に於ては従来馬賊の害を受くること甚
　　た多く、殊に夏秋草木繁茂の期に至れは所在身を隠すに便なる為め、各城
　　廂市街附近亦盗匪の襲撃を受くることあり、此を以て奉天吉林二省に於て
　　は夏秋の候に至れは聯防の方法を講するの必要を感し、奉天省に於ては民
　　国五年六月擬定清郷辦法総章を立案し、吉林省に於ては同年七月聯防保安
　　辦法を定めて之を実行することとせり（筆者打点）［南満洲鉄道総務部事
　　務局調査課 1918a：314］

この内容からは、この1918年時点では清郷は馬賊対策を行うこととされている。さらに1926年の『奉天警甲彙報』では游民対策も強調されている[29]。ここには、游民が馬賊予備軍であるという認識がある。中国社会においては游民とは、都市や農村において特定の職業につかない流動人口をさした。その前身は土地を失った農民や、仕事を失った労働者や、軍を抜けた兵士などで、流民と混同されることもある。強いて違いをあげると流民は飢饉や兵乱などによって土地を離れた者をさし、游民は離れて流動することが常態化した者をさした［池 1996：3］［陳 1993：21］。一種の無頼の徒ともいえるもので、「この国の農村社会には地痞、流氓てふ無業の遊民が跋扈して、農村自身の癌たることこれである」と日本人の観察者には評されている［宮脇 1932：635］。この範疇にはいるものとして、浪人・棍鬼・賭棍・烟鬼・説客・巫覡・星相占卜・行医・僧道・乞丐・扒手・賊盗・土匪・人販といわれるような人々が考えられた［宮脇 1932：637-640］。

---

29)　来件「説賭棍游民之害」安東二区巡記長甯廣海［『奉天警甲彙報』133 号 1926 年 7 月
　　18 日］など。

第1章　移動する人間を管理する技術（上田貴子）

　1930 年時点の游民についての説明を「遼寧省清郷遊民取締暫行辦法」（1930 年 1 月 15 日遼寧省政府公報 12 号所載）からみてみよう ［満鉄調査課 1931b：188-189］。

　　第 4 條　本辦法に無職の遊民と称するは左記各項と為す
　　　袖手好閑にして正業に務めざる者、遊兵散勇にして正当の職業を有せざる者、誑騙詐欺其の行為悪徒と同しき者、党を結ひて横行強請を為す者、流蕩して帰する所なく親族の扶助後見を有せざる者、曾て刑事上の処分を受け改悛の望みなき者、阿片を吸飲し嗎啡を注射し曾て刑事上の処分を受け釈放後戒禁すること能はざる者
　　第 6 條　無職の遊民は教養工廠に送りて習芸せしむるべし、其の習芸年限は県清郷局に於て之を定む

ここでいう「遊兵散勇」とは逃亡兵や武器をもったまま軍を辞め特定の職業につかないものをさし、これも游民のなかに含まれた。『奉天警甲彙報』では逃亡兵の指名手配もしばしば掲載されている。しかし、同暫行辦法の第六條には「無職の遊民は教養工廠に送りて習芸せしむる」とあり、游民を排除の対象とするのではなく、彼らに生活手段を与えて再定置することも行われていた。教養工廠は 1911 年には同善堂のなかに設置され、游民への実業教育を行っていたが、1919 年には清郷と結びつけられ、警察庁の附属として省立教養工廠へと改組されている。教養工廠は奉天では省内各地に設立され、特に 1926 年以降は全省規模で分布している ［上田 2018：227-228］。
　さらに清郷の対象には、游民だけでなく 1920 年代後半からは「共匪」つまり共産思想に共鳴したものが含まれるようになっていった。「遼寧省不正当団体取締辦法」（1930 年 1 月 15 日遼寧省政府公報 12 号所載）の第 8 條にある取締りの対象は「赤化及び反動の宣伝性を有するもの、安寧秩序を擾乱する虞あるもの、善良風俗を害する虞あるもの、其の他秘密に結社せるもの」となっている ［満鉄調査課 1931b：181-187］。さらに、第 16 條には「県清郷局及び公安局は労動職工の集合に対し左記事実の一ありと認めたるときは之を禁止することを得」とあり、「労動職工の集合」が監視対象になっている。蔣介石政権

第 1 部　人流から都市を衛る

下で実施された保甲および清郷では、基層社会での共産党排除が重点化されていった［冉・李 2005：60-64］。東北においては 1925 年以降は張作霖の地盤が安定し、張氏政権に対抗する馬賊勢力は弱体化していったが、南京国民政府との合流によって、共産党対策が上位に挙がっていることが推測される。

(3)　満洲国への継承

　従来の満洲国研究では、旧東北軍の反日軍閥から派生した「兵匪」、共産党に共鳴した「共匪」、農民が武装化した「土匪」による抵抗活動などの激化したことで治安が悪化し、これを抑えるために戸籍制度による住民の所在を明かにするために保甲が導入されたとされている［遠藤 2010：253］。実際は、満洲国で実施された保甲はほぼ 1930 年の段階で完成されていた。満洲国で 1933 年に出された「奉天省清郷互保連坐辦法」（大同 2（1933）年 3 月奉天省公署）［南満洲鉄道経済調査会 1935a：680-681］は 1930 年にだされた「遼寧省清郷互保連坐辦法」（民国 19（1930）年 1 月 15 日遼寧省公報 12 号）とほぼ同じ内容である［満鉄調査課 1931b：195-196］。満洲国によってなし得たこととしては、吉林省・黒龍江省においては奉天省ほどには充実していなかった清郷・保甲制度の徹底導入があげられるだろう[30]。

　このように保甲制度のデザインは張作霖政権時期に練り上げられたものであった。その特徴ともいうべきものが戸口調査の柔軟性である。保衛団設立にあたっての戸口調査の段階から、土着か客籍かの別を確認する項目があり、そこにいる人間が調査地に根をおろしているとは限らないことが認識されている。保衛団の戸口調査における連坐冊の記入項目には地域社会の在り方に対する認識が見られる。記入する戸の単位は住居だけではなく、商店、寺廟単位となっている。ある程度規模の大きな商店では複数の店員を抱え、かれらは華北から奉公にきて住み込みで働いていた。また寺廟には住職以外にも見習いがいる場

---

30)　『民国十八年公布東三省地方法令』［満洲鉄道株式会社庶務部調査課 1930］、『民国十九
　　年公布東北五省区地方法令』［満鉄調査課 1931b］から張氏政権下での法令の状況が概観
　　できるが、保甲や清郷に関するものは、圧倒的に遼寧省で施行されたものが充実しており、
　　吉林省、黒龍江省では細則類が少ない。

合があったし、廟といいながら同郷会の拠点として、他地域から出てきたもの
を収容している場合もあった。これも次第に情報量がふやされていき1930年
の「遼寧省清郷遊民取締暫行辦法」ではその調査内容が厳格になっている［満
鉄調査課 1931b：188-189］。ここでは外来のものは寄留者として、その原籍地、
職業財産、寄留の年月日、寄留地の職業財産、現在生活の状況、寄留地での親
戚の有無を確認することが指示されている。さらに治安への不安要因になりう
る、寄留後の刑事処分の有無、平素の訪問者のなかの不審者の有無を確認させ
ている。制度の緻密さという点では、保衛団段階では団員が作成していた戸口
調査であったが、1930年時点では調査規程を各戸に交付して、記録を3部作
製し、1部は各戸に保管させ、残りは県と県清郷局が保管した。さらに土着で
あろうと客籍であろうと、互保連坐承諾證を提出させねば居住を認めないとし
た［満鉄調査課 1931b：195-196］。

　民国期の制度を導入している点で満洲国もこの地域が移動する民によって形
成された社会であることは理解していた。しかし民国期との違いとしては、移
住者と出稼ぎ労働者に分けようとしたことである。国籍における議論において
も、移住者には国籍をあたえ、出稼ぎ労働者に対しては、入境管理を厳しくし
て統制し、国籍の議論の外に置くことを考えていた。これが実情にあわないこ
とは、さきにみたように制度設計の段階から議論されていた。1940年代になっ
て労働力不足が言われるようになると、満洲国は1943年に日本の制度を参考
にして「寄留法」を導入した。これによって本籍地以外の一定の場所に90日
以上居住する者は「寄留者」として寄留届を行った。当然この期間設定であれ
ば出稼ぎ労働者は寄留届の対象となり、出稼ぎ労働者のより円滑な流入が期待
された［遠藤 2010：320-322］。しかし、労働者不足は解消されず、強制的な
労働力動員が行われるようになっていった［上田 2008：335-336］。この動員
の背景には他地域との労働力の奪い合いも要因として見落とすことはできない
が、移動する人間の軽視があり、そこから来る管理の方法に限界があったこと
は否めない。

第1部　人流から都市を衛る

おわりに──移動する人々の捉えどころ

　本章でとりあげた事例では、ペスト対策においても、游民対策においても、現地社会を理解している中国側統治機構のほうが現実的な対応をとっていたといえる。ペスト対策については、2回目の流行となった1910-11年の中国側行政の判断には躊躇がない。また游民対策については、東北政権の独立性が高かった民国初期には東北地方政権は裁量権を獲得し、その事情に即して奉天では保甲の積極的な運用がなされた。それがそのまま吉林省や黒龍江省にまでひろがりえないのは、東三省といいながら地域差が大きく、県という行政単位が広く設置できるようになったのは満洲国になってからであったことが一因であろう。とはいえ移動する人間を内包する社会に用いる制度として洗練させていったのは民国期の張氏政権の民政である。

　この二つの事例からは、中国側統治者の移動する人々に対する、冷静なまなざしの存在が明らかである。彼らは東北地域が華北地域と切り離すことができないことを理解し、両地域を往来する人間から移住者がでてくることも理解していた。またときに厳格に統制をしたとしても移動が途絶えることがないことも理解している。華北はそれだけの人口圧もあったうえに、東北の住民たちは華北にルーツがあることを当たり前のこととして籍貫によって表明し、同郷会をはじめとした同郷集団のしがらみのなかで生きているのである。このしがらみの理解が移動する人々を単なる不穏な存在ではなく、ある程度のコントロール可能な存在と中国側統治者には理解されていたといえる。

　これに比べると植民者はそこにある社会にどう対応するかという課題よりも、植民地経営という課題を優先する。とくに政策立案に携わる立場に近くなればなるほど、現地の社会的特性から切り離した計画先行型の思考によって判断がなされる。中国側の行政は移動する人間によって構成される社会を統治する技術を有していたが、植民者は、理論先行型の技術で移動する人間だけを管理しようとした。福昌公司のような現場は、出稼ぎ労働者を集団として雇用するなかで一定の技術を蓄積していった。しかし、規模が国家計画となった満洲国にあっては、移動する人間を管理しきれてはいない。満洲国内の問題としての統

治の課題という点において、満洲国は中国側行政の技術を導入して保甲による統治を行いえたのである。

【参考文献】

飯島渉（2000）『ペストと近代中国』研文出版。

上田貴子（2008）「東北アジアにおける中国人移民の変遷」蘭信三編著『日本帝国をめぐる人口移動の国際社会学』不二出版、313-342頁。

上田貴子（2018）『奉天の近代——移民社会における商会・企業・善堂』京都大学学術出版会。

遠藤正敬（2010）『近代日本の植民地統治における国籍と戸籍——満洲・朝鮮・台湾』明石書店。

遠藤正敬（2013）「満洲国統治における保甲制度の理念と実態——「民族協和」と法治国家という二つの国是をめぐって」『アジア太平洋研究』20号、37-51頁。

許淑真（1990）「日本における労働移民禁止法の成立」布目潮渢博士記念論集刊行会編集委員会編『東アジアの法と社会』汲古書院、553-580頁。

篠崎嘉郎（1932）『満洲と相生由太郎』福昌公司互敬会。

澁谷由里（2004）『馬賊で見る「満洲」』講談社。

高野麻子（2016）『指紋と近代——移動する身体の管理と統治の技法』みすず書房。

塚瀬進（2004）『満洲の日本人』吉川弘文館。

旗田巍（1973）『中国村落と共同体理論』岩波書店。

福昌華工株式会社（1934）『碧山荘』。

南満洲鉄道総務部事務局調査課（1918a）『南満地方支那警察制度』本編。

南満洲鉄道総務部事務局調査課（1918b）『南満地方支那警察制度』附録参考書。

満鉄庶務部調査課（1927）『民国十六年の満洲出稼者』。

南満洲鉄道株式会社臨時経済調査委員会（1928）『満鉄各箇所使役華工調査報告』。

満鉄庶務部調査課（1929）『民国十七年の満洲出稼者』。

満鉄調査課（1930）『民国拾八年満洲出稼移民移動状況』。

南満洲鉄道株式会社庶務部調査課（1930）『民国十八年公布東三省地方法令』。

満鉄調査課（1931a）『満洲出稼移住漢民の数的考察』。

満鉄調査課（1931b）『民国十九年公布東北五省区地方法令』。

［満鉄］経済調査会第一部（193X）『大東公司ノ設置、組織並活動状況』。

南満洲鉄道経済調査会（1935a）『満洲労働統制方策』第1巻続。

南満洲鉄道経済調査会（1935b）『満洲国国籍並会社国籍及資本方策』。

第 1 部　人流から都市を衛る

宮脇賢之介（1932）「中国游民と農村社会」『現代支那社会労働運動研究』平凡社。

山田賢（1995）『移住民の秩序』名古屋大学出版会。

与謝野寛・与謝野晶子（2008）『鉄幹 晶子 全集　26』勉誠社。

奉天全省警務処保甲総辦公所（1925）『奉天全省警甲報告書』。

奉天全省警務処保甲総辦公所（1924-1928）『奉天警甲彙報』。

陈宝良（1993）《中国流氓史》中国社会科学出版社。

池子华（1996）《中国近代流民》浙江人民出版社。

李冬梅主编（2019）《伍连德及东三省防疫资料辑录 1》国家图书馆出版。

冉绵惠・李慧宇（2005）《民国时期保甲制度研究》四川大学出版社。

上田贵子（2005）《山东帮于东北的情况》蒋惠民编《丁氏故宅研究文集》华文出版社、
　　73-85 页。

肖如平等（2017）《民国时期的保甲与乡村社会治理‘以浙江龙泉县为中心的分析》社会
　　科学文献出版社。

杨红运（2013）《复而不兴‘战前江苏省保甲制度研究（1927-1937）》山西出版媒传集团。

第 **2** 章

満鉄大連医院本館が持つ社会的意味

西澤泰彦

はじめに──満鉄大連医院本館を問い直す

(1) 目的と位置づけ

　本章は、南満洲鉄道株式会社（満鉄）が創業期に進めた医療とその中核をなした大連医院に焦点を当て、1911 年のペスト対策、本館建設の経緯、複数の計画案、実際に建設された本館の建築的特徴、本館工事で生じたさまざまな問題を通して、満鉄大連医院本館が持っていた社会的意味を考えるものである。ここで、「近代満洲における技術導入と社会変容──在地社会と植民社会の相互作用に着目して」という共通のテーマに対して、植民社会の中心に位置した満鉄が経営した病院に焦点を当てた理由は、病気、特に感染症が在地社会と植民社会を分け隔てることなく発生、伝染するので、植民社会を維持していくには在地社会のことも考えて医療体制を整える必要があったためである。

　ところで、筆者は、建築史分野の研究として日本の植民地建築に関する研究を長年進めてきており、その過程で以前から満鉄大連医院など満鉄が各地に開設した病院に着目してきた[1]。今回、従来使ってきた資料の見直しをおこない、従来の研究に新たな知見を加えるとともに、満鉄大連医院が持っていた社会的意味や大連医院本館建設によって生じたさまざまな現象を植民社会の中で位置

---

1)　　［西澤 2008：153-162］

第1部　人流から都市を衛る

づけることを目指している。

(2) 大連医院という名称

　満鉄は本社を大連に移して営業を始めた1907年4月、大連に満鉄の病院の本院となる大連病院を置き、満鉄沿線の各地に赴任した社員とその家族のため、各地に大連病院の出張所を開設した。これは、日露戦争直後の関東州や満鉄鉄道附属地において、日本人が受診できる医療機関がほとんどなかったという現実問題への対応のみならず、満鉄設立時の1906年8月1日、日本政府が満鉄設立委員会に向けて発した「南満洲鉄道株式会社命令書」（『官報』1906年8月27日）と呼ばれる指示の中で、「其社ハ政府ノ許可ヲ受ケ鉄道及附帯事業ノ用地ニ於ケル土木教育衛生等ニ関シ必要ナル施設ヲ為スベシ」と記されたことにも起因している。満鉄にとって、衛生に関する施設の建設は、他の事業と同様に、会社にとっておこなうべき義務を負った事業であった。

　その後、1907年11月には、社員とその家族以外だけでなく、診療に余裕のある時は一般の患者にも診療することとなった。そして、1909年3月には大連病院を大連医院と改称し、奉天など7か所の出張所を分院とし、同時に、満鉄会社内外の患者を分け隔てなく診療することとなった。さらに、1912年7月には、すべての分院と出張所を「地名＋医院」という名称で統一するという「南満洲鉄道株式会社医院規程」の改訂を示し、翌8月から実施した。例えば、大連医院奉天分院は奉天医院という名称となった。また、人口や管轄区域の大きな医院には派出所が設けられた。その結果、満鉄沿線の病院は15医院、9派出所で構成されることとなった。その後、満鉄は1929年、大連医院を会社組織から切り離し、財団法人大連医院を設立したが、病院名称として「医院」を称する方法は満鉄が消滅するまで、永らく使われることになった[2]。

　ただし、1912年7月の規程改訂によっても、満鉄創業時期に大連病院（医

---

　2)　満鉄の医療施設の変遷については、[南満洲鉄道株式会社 1919:786-790]、および、[南満洲鉄道株式会社 1937：561-566] を参照。1912年7月に示された南満洲鉄道株式会社医院規程の改訂については、「示達　地第一千三百四十九号」『南満洲鉄道株式会社社報』1912年7月31日、による。

42

院）を本院として他の病院を出張所、分院としていた構図はそのまま引き継がれた。それは、改訂された医院規程では、大連医院以外の病院をひとまとめにして、地方医院と称していたことと、「大連医院ハ地方医院ヲ統括ス」（第二条）という条文に現れている。また、病院の規模に応じて設置される診療科に差異を設けた。当時の医院規程では、内科、外科、眼科、産科婦人科、小児科、皮膚科、耳鼻咽喉科、歯科口腔科の8診療科に分かれていたが、「但シ地方ニ於テハ之ヲ省略スルコトヲ得」（第三条）とされ、これらすべての診療科を備えるのは大連医院のみであった。奉天医院には内科、外科、産科婦人科、眼科、歯科口腔科の5診療科、安東医院と長春医院には、内科、外科、産科婦人科、歯科口腔科の4診療科が設けられた。

　ここで着目すべきは、病院から医院への名称変更である。日本語では、複数の診療科を持つ医療機関、入院患者を受け入れる病棟を持つ医療機関を一般的に病院と呼び、それらを医院と呼ぶことはない。しかし、当時、中国語では、日本語で病院と呼ばれる医療機関、すなわち、多くの診療科を持つ総合病院を「医院」と称している。それに対して、診療科は一つだが専門的な医療を施す医療機関を「病院」と称していた。満鉄が医療機関の名称を病院から医院に改称したのは、拠点となった大連病院が複数の診療科を持つ総合病院であることを日本語表現から中国語表現へと変更し、中国人患者を受け入れるという意志表示であり、かつ、大連病院が総合病院であることを示したものであったと考えられる。表2-1に満鉄創業10年間における満鉄経営の全医院（病院）での受け入れ患者数を示した。これで分かるように、外来患者に占める中国人患者の比率は、1907年度にはわずか3％であったが、すべての病院の名称を「地方＋医院」と改称した1912年度には10.6％となり、各地の医院の建物が新築された1916年度には14.5％に増えていた。また、入院患者に占める中国人患者の比率も、1907年度は3.3％であったが、1912年度には9.4％になり、1916年度には11.1％に増えていた。

表 2-1　満鉄創業 10 年間で満鉄の全医院が受け入れた患者数の推移　（患者数単位：人）

診療種別	国籍	1907年度	1908年度	1909年度	1910年度	1911年度	1912年度	1913年度	1914年度	1915年度	1916年度
外来患者	日本人	189,973	292,195	367,848	498,209	330,217	320,632	389,408	440,681	446,853	516,525
	中国人	5,937	10,153	13,745	29,190	28,560	38,136	54,361	66,859	61,714	88,976
	その他	0	141	919	2,200	1,924	2,349	2,917	5,808	8,322	7,245
	合計	195,910	302,489	382,512	529,599	360,701	361,117	446,686	513,348	516,889	612,746
入院患者	日本人	28,901	77,494	94,751	131,554	151,478	160,405	194,265	233,709	253,812	284,269
	中国人	992	4,442	7,291	12,112	15,113	16,691	20,564	25,371	26,097	35,867
	その他	0	0	268	513	329	559	906	1,056	1,498	2,164
	合計	29,893	81,936	102,310	144,179	166,920	177,655	215,735	260,136	281,407	322,300

出典：「累年患者取扱数」（南満洲鉄道株式会社編『南満洲鉄道株式会社十年史』1919 年、799-800頁）

Ⅰ　満鉄創業期の防疫と碧山荘

(1)　満鉄創業期の防疫

　1910 年から 1911 年にかけて中国東北地方でペスト（肺ペスト）が流行したことはよく知られている[3]。しかし、満鉄が示した「附属地伝染病患者年度別表」（表 2-2、[南満洲鉄道株式会社 1919：814-815]）によれば、満鉄創業期の 10 年間は、コレラ、赤痢、腸チフス、痘瘡、猩紅熱、ジフテリアといった感染症も発生していた。特に、赤痢と腸チフスは、毎年、感染者のみならず死者が報告されていた。中でも腸チフスの患者数は、患者全体の 45.7％を占めており、死者数でも全体の 39.9％を占めていた。かつ、腸チフスの死者は、少ない年度で 16 名、多い年度では 100 名の死者を出していた。ペストが大流行した 1910 年度においても患者数、死者数ともにペストより腸チフスが多かった。にもかかわらず、後世に語り継がれるほどペストが際立っていたのは、他の感染症に比べて急激に感染が広がり、感染者全員が死亡したことであった。

---

3)　[クリスティ 1938：318-350]、[春日 1977：692]、[飯島 2000：137-208]、および、[飯島 2009：37-63]

表2-2　満鉄創業10年間における鉄道附属地での感染症発生状況

(単位：人)

病名／年度	1907	1098	1909	1910	1911	1912	1913	1914	1915	1916	合計
コレラ	26▶17	0	25▶16	4▶3	3▶0	0	0	0	0	0	58▶36
赤痢	28▶7	23▶3	85▶11	59▶6	88▶19	137▶16	197▶23	245▶39	174▶15	284▶32	1320▶171
腸チフス	96▶17	123▶18	126▶27	204▶26	173▶16	189▶20	447▶42	734▶100	356▶57	432▶57	2880▶380
パラチフス	0	0	0	0	46▶3	50▶2	93▶1	90▶3	135▶7	106▶7	520▶23
痘瘡	19▶6	2▶1	2▶1	26▶3	32▶4	27▶3	15▶3	10▶2	15▶4	44▶8	192▶35
発疹チフス	0	0	1▶0	1▶0	1▶0	0	5▶0	49▶7	92▶15	75▶10	224▶32
猩紅熱	0	0	3▶0	13▶3	29▶4	124▶21	117▶9	140▶12	241▶38	124▶4	791▶91
ジフテリア	0	0	0	10▶2	11▶0	19▶4	14▶2	34▶8	41▶7	35▶4	164▶27
ペスト	0	0	0	157▶157	0	0	0	0	0	0	157▶157
合計	169▶47	148▶22	242▶55	474▶200	383▶46	546▶66	888▶80	1302▶171	1054▶143	1100▶122	6306▶952

出典：「附属地伝染病患者年度別表」(南満洲鉄道株式会社編『南満州鉄道株式会社十年史』1919年、814-815頁) の表記を西澤泰彦が一部修正して作成。

注：表中の数値は、感染者数▶死者数 を示す。例えば、1907年度のコレラの欄、26▶17 とは、感染者数 26 名、死者数 17 名である。

第1部　人流から都市を衛る

　ところで、当時、満鉄が発行していた『南満洲鉄道株式会社社報』（以下『社報』）掲載の「雑報」欄にこれらの感染症の罹患者情報を掲載していた。しかも罹患者の所在地と氏名、発症月日と確認月日という詳細な情報を掲載していた。例えば、1911 年 10 月 12 日の『社報』の「雑報」欄には、「腸窒扶斯（中略）遼陽遼経ニ区二十一号ノ十○○○○○○（四十三年）ハ九月二十七日（確診十月七日）、同遼経イ区三十九号ノ十九○○○○（十二年）ハ九月二十四日（確診十月七日）腸窒扶斯ニ罹レリ」（○○○○は個人名が記載）という記載があった。「腸窒扶斯」とは腸チフスの当時の表記である。

　このような『社報』での罹患者情報の掲載は、感染症拡大を防ぐため、罹患者と接触した人々に注意を促す意味は大きいが、現在の新型コロナウィルス感染でも見られるように、罹患者の個人情報が公にされると罹患者への差別も生じる可能性があり、今日的な視点からすれば、罹患者への配慮に欠けていたといえる。

　ところで、当時、日本政府が発行していた『官報』では、日本国内のコレラやチフスなど感染症別の罹患者数のみを掲載し、このような個人名を掲載することはなかった。また、この時期、世界各地に設けられた在外公館、特に領事館から外務省にはそれぞれの国、地域のさまざまな情報が報告されていた。いわゆる「領事館報告」である。各地にさまざまな感染症が広がったこの時期、本来は、現地の政治状況や経済状況を本国に送る役目を果たしていた「領事館報告」だが、外務省は、感染症に関する在外公館からの報告をまとめて「伝染病月報」というタイトルの報告を『官報』に載せていた。

　前述の『社報』に掲載された遼陽の腸チフス罹患者の情報は、1911 年 10 月 12 日付『官報』8494 号に掲載された「伝染病月報」の中に、「遼陽＜鉄道附属地ヲ含ム＞〔九月中〕腸窒扶私患者一一、同死者一アリ　右患者一一ノ内六ハ八月中ヨリ繰越ノ者ニテ本月全治六アリ　残四ハ目下南満洲鉄道株式会社大連医院遼陽分院ニ入院治療中ニテ総テ本邦人ナリ（在遼陽帝国領事館報告）」に示された「残四」に含まれていると考えられる。このように、満鉄鉄道附属地での感染症の感染状況は日本政府の『官報』を通して日本国内に伝えられていた。

　ところで、前出の 1911 年 10 月 12 日付『社報』には、この遼陽の感染者を

46

含め、コレラが2名、腸チフスが5名、赤痢が2名、パラチフスが1名、の合計10名の感染者が掲載されていた。したがって、満鉄としては、これら多くの感染症も含めて対応する必要があった。時期は前後するが、例えば、満鉄創業時に撫順炭坑長を務めた松田武一郎が当時の満鉄総裁中村是公宛に送った1909年9月14日付「伝染病隔離室増築ノ件」[4]には、次のように書かれていた。

　撫炭発第一六七号　明治四十二年九月十四日　松田撫順炭坑長
　総裁　中村是公　殿
　伝染病隔離室増築ノ件
　　当炭坑附属伝染病隔離室ハ昨年応急ノ仮建築ヲナシ一時伝染病患者ヲ収容致来候処本年ハ六月以後赤痢病流行シ続イテ腸窒扶斯患者続出シタルニ付右仮家屋ヲ其侭使用致シ得共追々冷気ヲ催フシ共先到底該家屋ヲ使用シ得サルハ勿論現今ノ隔離室ハ其位置病室トノ距離遠キヲ以テ診察看護ニ無要ノ浪費ヲ要スルニ付別紙ノ予算ヲ以テ病院構内ニ伝染病隔離室ヲ増築シ百斯篤、虎列拉病患者ヲ除クノ外総テ伝染病患者ヲ収容スル方寧ロ便宜ト致存候間御認可相成度尤モ本年ハ基礎工事ノミニ止メ其他ハ来年ヲ以テ竣工セシメ処設計書幷図面相添此段申請候也

　この文書に出てくる「腸窒扶斯」は腸チフス、「百斯篤」はペスト、「虎列拉」はコレラのことである。これを読むと、撫順では、すでに、1908年に発生していた伝染病に対応した隔離病棟の建設を進めていたにもかかわらず、1909年6月以降赤痢が流行し、また、腸チフスの患者も続出し、仮建築を建てて対応していたことを示していた。これが、ペストが大流行する1年ほど前の状況であった。
　このような状況下で、1910年から1911年にかけて満鉄沿線でペストの感染が拡大していった。既往の研究によれば、1910年10月27日にハルビンの東清鉄道附属地でペスト感染者が確認され、11月7日にはハルビンの東清鉄道附属地に隣接する中国人居住地区であった傳家甸でもペスト感染者が確認され

---

4)　「中国・遼寧省档案館所蔵満鉄関係文書／明治四十二、四十三年度地方部地方門土地建物類予算目」〔文書綴番号・地一七四二〕

第 1 部　人流から都市を衛る

た[5]。その後、1910 年 12 月 31 日に長春の満鉄鉄道附属地でもペストの感染者が確認されると、瞬く間に満鉄本線沿線の附属地に広がった。

　そこで、満鉄は、長春、公主嶺、奉天、遼陽、大石橋、営口、瓦房店、金州、大房身、大連など、満鉄沿線の主要地に隔離室、検診室、病室、炊事場などを新築し、それぞれの鉄道附属地でのペストの感染拡大を防ぐ計画を立てた。そして、この時期のペストは、ハルビンを中心とした東清鉄道沿線で発生し、それが鉄道に沿って南下していったと捉えられていたため、これらの地でもっとも重点を置いたのは、東清鉄道との結節点になっていた長春であった。満鉄は、東清鉄道線から満鉄本線に乗り換えて南下する旅客に対して両者の接点であった長春駅にて、感染者を特定し、隔離することに力を注いだ。当時、東清鉄道線と満鉄本線は軌道幅員が違っていたため、両者の間に直通列車の運行はなく、旅客は満鉄長春駅で乗り換える必要があった。満鉄はこれを利用して、最初の隔離施設（当時は収容所と呼ばれた）を長春に建設し、東清鉄道線から満鉄本線に乗り換える旅客をいったん収容し、健康観察を施した後、健康な者に対してのみ満鉄本線への乗り換えを許可した。

　隔離施設の規模については、1911 年 1 月 13 日付『東京朝日新聞』が、同月 11 日大連特派員発の「満鉄の大防疫　十一日大連特派員発」と題する記事を載せた。そこでは、「満鉄にては長春の大仕掛の隔離所を設置し、（中略）バラック七棟の建設に着手せり。一棟五百人入なり」と記して、満鉄が 1 棟 500 人収容の隔離所（収容所）を 7 棟建設する旨を伝えている。

　一方、この建設工事を指揮した満鉄本社建築係長の小野木孝治が後年に記した「決死肺ペストと闘ふ」では、「隔離所六棟、検診所一棟、病棟軽重各一棟、炊事場一棟、外に附属家屋数棟、総建坪八百余坪、これを一週間以内に竣工せしめることが、建築係に命ぜられたペスト事件の最初の仕事であった」と書かれている[6]。

　この施設は、1911 年 2 月 5 日付『満洲日日新聞』に載った「長春の収容所」

---

5)　［飯島 2000：139］

6)　［小野木 1937：283-294］。小野木は 1932 年に没していたが、「決死肺ペストと闘ふ」は、生前の 1930 年 7 月に記したもので、それが後日、満鉄社員会（1937）『満鉄側面史』に収録された。

48

第2章　満鉄大連医院本館が持つ社会的意味（西澤泰彦）

という記事では、「目下長春に急造せられつゝある大収容所は二千二百五十二坪を有し数千人を収容するに足るべき一大バラックなるが、該建築に従事する三百二十余名の職工は大連に於て一夜の裡に募集せられ直ちに長春に急行したるものにして、去月二十三日材料蒐集及び軽鉄の敷設と共に一併建築に着手し、目下の寒威を物ともせず奮励し居れる為め一両日中落成の運びに至るが、同収容所の落成は列車の運転に多大の便宜を与ふべし」（読点は西澤加筆）と記されている。この記事が書かれたのが掲載日前日の2月4日とすれば、長春の隔離施設は1月23日に起工し、2月6日に竣工予定であることを伝えている。その後、同月18日付『満洲日日新聞』には、「長春大隔離所急設工事（三）竣工後の光景」と題した写真が掲載されていることから、おおよそ2週間で完成したものと考えられる。前出の小野木の説明では、起工日の翌日には隔離所1棟と敷地全体を囲うフェンスが完成していた。いずれにしても、たいへんに迅速な工事で隔離所を建設していたことが分かる。

　しかも、1月は厳冬期なので、満鉄では通常、この時期には建築工事をおこなわないことになっていた。例えば、これより前、1909年9月22日に大連医院長河西健次が満鉄本社地方課長茂泉敬孝に長春分院（後の長春医院）附属建物の工事促進を求めたのに対し、2日後、茂泉は「当分院附属建物工事ハ十月十日頃着手十一月二十日頃竣工ノ見込ナルモ気候ノ関係上中途工事ヲ止ムルノ必要アリヤモ計ラレズ」と書き、この文書の上に「着手十月十日　竣功十一月二十日　但シ気候ノ関係上中途工事ヲ止ムルノ必要アルカモ計ラレズ」と記された小野木のメモが貼られていた[7]。これは、例年であれば11月20日まで建築工事が可能だが、早く寒さが強まれば、11月20日以前に建築工事ができなくなることを示していた。

　特に1月末から2月初旬の長春は、地面が凍結していて、建物の基礎工事ができない状況にあった。この時の工事の様子を小野木は、前出の「決死肺ペストと闘ふ」［小野木 1937：283-294］の中で次のように記している。

───────────

7)　このメモは、中国・遼寧省档案館所蔵満鉄関係文書綴『明治四十二、四十三年度地方部門土地建物類予算目』（文書綴番号「地1742」）に所収された文書「長春分院附属建物工事ニ関スル件」（文書番号18）に貼られたメモである。

第1部　人流から都市を衛る

　　翌早朝、長春に先着、プラットホームに降り立って一望すれば、満地白
　皚々、気温は零下二十余度、身心と見に緊張を覚えた。（中略）
　　地面は硬く凍結して、たうてい掘穿が不可能なため、先づ柱と小屋組と
　を一緒に釘付にし、これを直立して柱の根元は雪を集め、これに湯を注ぎ、
　早速の建前ををはった。それから、母屋胴差などで組み堅め、片っ端から
　波形鉄板で羽目、屋根を張り立てて行った。（後略）

　この様な状況にある1月の長春で建築工事をおこなったこと自体が満鉄に
とって異例であった。にもかかわらず、満鉄は工事を強行した。言い換えれば、
隔離所建設はそれだけ緊急性の高い工事であったといえ、満鉄にとって必要不
可欠であったといえる。

(2) ペスト対策としての碧山荘

　満鉄は、このようにして隔離施設を設け、長春での鉄道乗り換え乗客への対
応をおこない、鉄道に沿って感染が北から南へ広がることを防ぐ努力をした。
しかし、ペストの感染拡大は、鉄道附属地が在地の集落、市街地と陸続きであ
る以上、東清鉄道との接点であった長春での対策だけでは不十分であった。そ
こで、関東都督府は1911年1月奉天に臨時防疫部を設置し、鉄道附属地沿線
の警務署にその支部を置き、関東都督府と満鉄が専門家を派遣して対応する組
織体制をつくった。同年2月16日に臨時防疫部官制が公布施行されたが、実
際にはそれ以前から臨時防疫部は活動を始め、特に長春や奉天では、在地の都
市を管轄する長春道台や東三省総督と交渉し、人の移動の制限や感染者の隔離
について協議していた。しかし、ペスト対策が政治問題化し、日清間で共同歩
調を取ることができなかった経緯は、飯島渉『感染症の中国史』に詳しく記さ
れている。
　このような状況下にて、鉄道附属地では、独自の防疫体制が採られていく。
奉天の例に見られる通り、鉄道附属地と併存する在地の都市で先にペスト感染
者が発生した場合、鉄道附属地の周辺からの人の流入を制限する必要が生じた。
具体的には、鉄道附属地と周辺の在地市街地などとを結ぶ道路が鉄道附属地に

第 2 章　満鉄大連医院本館が持つ社会的意味（西澤泰彦）

入る場所などに満鉄は監視所を設け、人の流入を制限し、症状が疑われる人々を隔離する措置をとった[8]。加えて、当時、ハルビンなどで発生したペストは、ネズミに寄生している蚤が媒介となってペスト菌が広がり人に感染する腺ペストと考えられていた。そこで、満鉄は、人のみならず鉄道附属地へのネズミの流入を止める措置を試みた。その結果、鉄道附属地全体で 35 ヶ所の隔離所が設けられ、また、鉄道附属地各地で捕鼠器を配布し、ネズミの捕獲が始まった[9]。しかし、この時期、中国東北地方で感染が極度に広がったペストは、腺ペストではなく、肺ペストであったので、ネズミの捕獲はペストの感染拡大防止には役立たなかったと考えられる。

　この時期、人の移動を制限したのは満鉄だけでなく、清の地方機関としてこの地域を管轄した東三省総督衙門や奉天と北京を結ぶ京奉鉄路も同じように人の移動を制限していた。これらについては飯島渉『ペストと近代中国』に詳述されている[10]。それによれば、奉天でペスト感染者が確認されたのは、1911 年1 月 2 日であるが、この時期、奉天に在住し、病院を開設していたスコットランド人医師デゥガルド・クリスティが記した『奉天三十年』には、この時のペストの感染拡大状況が生々しく書かれている。クリスティによれば、奉天でペスト患者が確認されたのは 1911 年 1 月 2 日であったが、同日から 1 月 12 日までに奉天で 23 名が死亡していた。東三省総督衙門は、人の移動を制限するため、1 月 14 日、京奉鉄路を閉鎖することとし、その日の朝、奉天から天津方面に向けた最後の苦力特別列車が出発した。ところが、その列車の中で 2 名の死亡が確認されると、列車は山海関で足止めされ、結局、感染者 478 名を乗せたこの列車は奉天に戻された[11]。当時、京奉鉄路奉天駅や奉天城内に隔離所はなく、クリスティと同僚の医師たちは、この感染者を京奉鉄路奉天駅近くの旅館に分散して収容し、番兵を付けて監視した。ペスト感染が始まった当初、満鉄本線沿線に隔離所がなかったのと同様に、京奉鉄路や奉天城にも隔離

---

8)　［南満洲鉄道株式会社 1919：810］。ただし、監視所は、当時、「検疫所」と呼ばれていたことが、「検疫所開始」『満洲日日新聞』1911 年 1 月 25 日、2 頁、に示されている。

9)　［南満洲鉄道株式会社 1919：810］。

10)　［飯島 2000：146-157］。

11)　［クリスティ 1938：322-323］。

第1部　人流から都市を衛る

所はなかったのであった。東三省総督衙門は防疫局を組織し、クリスティは名
誉医事顧問としてペストの感染拡大抑制に貢献したが、彼による先の京奉鉄路
でのペスト感染者対応の教訓にもとづいて、防疫局が最初に着手したのは、ペ
スト専用の病院の建設と隔離所の建設であった[12]。

　結局、伝染病であるペストは、在地社会と植民社会を分け隔てなく広がり、
それに対する両者の対応もまったく同じことを展開していた。

　そして、ペストが在地社会と植民社会を区別なく拡大したことは、植民社会
の市民に無用な恐怖心を植え付けていく。その典型が、当時、苦力（クーリー）
と呼ばれた中国人労働者への差別的な扱いであった。

　1911 年 1 月、大連市内でペスト感染者が発見されると、感染者が居住、あ
るいは滞在していた家屋を焼却して感染の拡大を防ぐ措置がとられていたが、
それだけでなく、苦力を特定の場所に集めて管理するという動きが始まった。
1911 年 1 月 24 日付『満洲日日新聞』には「亜鉛板で包囲」という見出しの記
事が載っているが、その内容は、当時の大連市内の摂津町、近江町、若狭町の
3 町内にあった中国人家屋に対して全体を亜鉛板（トタン板）で覆い、その中
に苦力など 3,000 人を収容するための工事を 1 月 21 日から始めた、というも
のであった。工事主体が書いてないので、どのような経緯なのか不明であるが、
これは明らかに苦力がペスト感染拡大の原因をつくっているとの意識に基づい
た行為であった。

　このような感染とは無関係に一律に苦力を隔離する方策がこの後、大連で実
施されていく。1911 年 1 月 27 日付『満洲日日新聞』に載った「土木課苦力収
容」という記事によれば、大連市街地のインフラ整備を担っていた大連民政署
では、同じ時期、土木工事に従事していた苦力約 450 名を 2 ヶ所に分けて収
容していた。さらに、大連民政署は、大連市内に 15 棟の苦力収容所を建設し、
同年 1 月 28 日から人力車夫や馬車夫をも収容した（「苦力収容所」『満洲日日
新聞』1911 年 1 月 29 日）。

　この収容所には、前出の近江町で収容されていた苦力ら約 2,000 人が移動し
たと報じられた（「小崗子の収容所」『満洲日日新聞』1911 年 1 月 30 日）。ま

───────────

12)　［クリスティ 1938：335］。

52

た、同日、大連民政署は、中国人が多数住んでいた小崗子に約 4,000 人収容の苦力収容所の建設を始めた（「小崗子の苦力収容所」『満洲日日新聞』1911 年 1 月 30 日）。

このような状況下で、『満洲日日新聞』は 2 月 1 日付紙面に「苦力収容所問題」という記事を載せた。そこでは、大連市内の二ヶ所、大連埠頭に近い寺児溝と中国人が多数集住している小崗子に、合計 1 万人の苦力を収容する施設の建設が「某氏の意見」として示された。そして、この議論は、同月 5 日付『満洲日日新聞』に「永久的収容所」と題した記事が載ったことで既成事実化していった。この記事では、次のように記された。

　　此際を期とし永久的苦力収容所を一定すべしとは過般の防疫評議会に於ても盛んに唱道されたる議論にして、大連市の前途に取りて最も重大なる問題なれば、市民は勿論官署に於ても愈々其必要を感知せるものゝ如く未だ具体的には決定を見ざるも、苦力収容所の設立は既に一面に於て決定せるものゝ如く其筋に於ては模範的とも云うべき膠州湾に於ける苦力収容所の実情に就て大に研究中なる由。場所に就ては一個所説と二個所説との二つに分かれ居る趣なるが、目下の形勢にては二個所説優勢なるが如し。（句読点は西澤が付した）

この時点で苦力を収容する施設の検討が進んでいたことを示していた。記事の中に出てくる防疫評議会とは、関東都督府が同年 1 月 25 日に設置した臨時防疫本部または、大連に設置された臨時防疫支部のことと思われる[13]。

この記事の 3 日後、2 月 8 日付『満洲日日新聞』には、「収容所の設計」という次のような記事が載った。

　　寺児溝小崗子と二個所に設立せらるべき永久的苦力収容所の設計大略を聞くに、区画は支那式の城壁を以て繞らし区域内は縦横に大道路を設け一

13）　臨時防疫部設置は、「関東都督府令臨第二号」（『官報』1911 年 2 月 1 日）として、1911 年 1 月 22 日に公布された。支部は大連のほか、旅順、営口、遼陽、奉天、鉄嶺、長春、安東に設置された。

第1部　人流から都市を衛る

朝事ある日に備ふると共に、苦力の宿所飲食店の住所は別別の区域に建設
せしむる方針なるが、右の外区域内にするか或は区域外にするかは未定な
るも、一大湯殿と消毒所とを設け二週間に一回位づゝ苦力を入浴せしめ入
浴中に着衣を悉皆消毒する事となす筈にて、これらの経費は一切都督府に
て負担する筈なりと云ふ（読点は西澤が加筆）

　この記事が正確ならば、2月8日の時点ですでに、大連市内の寺児溝と小崗
子の2か所に「永久収容所」を設けることが決まっており、それらのおおよ
その計画ができていたことになる。もし、この議論が前出の臨時防疫本部もし
くは臨時防疫大連支部の中で行われたとすれば、これらの機関が設置されたの
が、1月25日であるので、わずか2週間で苦力を収容する「永久収容所」の
建設が決まったことになる。
　結局、苦力収容所は、この新聞報道の直後、大連市内の寺児溝と小崗子の
2ヶ所に建設された。このうち、寺児溝の収容所は、当初、「東部華工収容所」
という名称で、1911年2月、満鉄創業時に大連港埠頭事務所長を務めた相生
由太郎に対して、関東都督府の認可が下りたとされる（［福昌 1925：1］およ
び［篠崎 1932：196］）。これが、「碧山荘」と名付けられた苦力収容所であっ
た。
　1925年につくられた碧山荘を紹介するリーフレット『碧山荘』では、敷地
面積 38,377 坪（126,644㎡）、煉瓦造平屋 53 棟（第一収容所単身者 45 棟、家
族持ち 5 棟、第二収容所平屋 3 棟）、2 階建 42 棟、さらに事務所、売店、診療
所が設けられ、1925 年時点での収容人員は 13,500 人余、とされていた。単身
者用の建物では、苦力 1 人の専有場所は一組の布団のみであり、俗にいう「タ
コ部屋」であったことは間違いない[14]。碧山荘は、一般的に苦力を一元的に支
配、統制する施設として位置付けられているが、上記のような経緯を見ると、
直接の引き金は、1911 年初に起きた大連でのペスト感染の拡大であった。そ
こには、苦力の移動がペスト感染を拡大させたという認識があり、感染の有無
にかかわらず、苦力全体を社会から隔離する構図が生まれた。

14）碧山荘の内部の様子を第三者が記したものとして、［大野 1928：75-81］がある。そこ
　　には、単身者用宿舎の見取図「華工宿舎平面図」が掲載され、生活の様子が記されている。

第2章　満鉄大連医院本館が持つ社会的意味（西澤泰彦）

　なお、碧山荘と同時につくられた小崗子の収容所は、元福昌公司社員であった樋口満が設立し、「西崗館」と名付けられた。しかし、1920年、西崗子公学堂の建設に伴って、廃止された[15]。

2　最初の満鉄大連医院新築計画

(1)　大連と満鉄沿線の医療体制の確立

　満鉄は、鉄道附属地での行政を担ったが、その中で満鉄が特に力を入れたと考えられるのが教育施設と医療施設であった。例えば、奉天附属地で最初に新築着工した建物は、奉天小学校の校舎1棟と講堂兼体操場1棟、奉天医院の本館1棟と病棟2棟であった。また、長春附属地では、最初に新築竣工した建物は、長春接続停車場待合室、長春小学校1棟、長春医院病棟1棟、であり、1908年11月に竣工していた。このほか、鉄嶺附属地でも最初の新築建物は鉄嶺医院であった。

　これに対して満鉄本社のあった大連では、満鉄社員と家族の医療を担った大連医院の建物は既存建物を改修して対応していた。鉄道附属地での医院が順次新築されていったのに対し大連医院の新築が遅れたのは、鉄道附属地には既存の建物がほとんどない状況で市街地建設が始まったのに対して、大連には満鉄設立時に日本政府から満鉄に現物出資の対象となった建物があったためである。鉄道附属地では転用できる建物が存在せず、建物を新築せざるを得なかったのである。

　満鉄は、この間、組織としての医療体制の確立に努めた。1909年3月には、大連病院を大連医院と改称し、各地の鉄道附属地に設けた病院を分院とした制度を実施した。さらに、1912年には、分院の名称をやめ、「地名＋医院」という呼称を各地の病院に付したことは、すでに紹介したとおりである。

---

15)　小崗子収容所については、［篠崎 1932：196］を参照。収容所の名前については、［南満洲鉄道株式会社 1917：表面］の記載内容による。

第1部　人流から都市を衛る

　そのような状況で大連医院長河西健次は、大連医院の新築計画を建議した。
ペスト感染が始まる前の1910年3月のことであった。

(2) 大連医院長の要求

　1910年5月19日、大連医院長の河西が以下のような文書[16]を本社地方課長
の茂泉敬孝に送った。

　　　本院現在ノ建物ハ露国時代ノ建築物ヲ一時利用シ来リタルモ諸般ノ規模
　　狭小ニシテ必要ノ設備ヲ為シ能ハサルタメ治療ハ困難一方ナラス特ニ病棟
　　ノ如キハ年々不足ノ程ヲ加ヘ到底此侭数年ヲ支持シ難キ状況ニ相之候間別
　　紙図面ノ位置ニ本館病棟及附属建物共来ル四十五年度内ニ□場完成相概候
　　スラハ御設計相成致様別紙設計書相添此段及申請候也（□は判読不明）

　この文書で分かるように、大連医院の建物は、日露戦争前の建物を転用した
ものであり、特に入院患者を受け入れる病棟が足らない状況であった。また、
河西は、既存の病棟を維持していっても今後数年で維持できない状況であるこ
とを訴えていた。
　この文書には、「大連医院本館新築設計書（坪数ハ平均延数ヲ計上ス）」が付
されている。「設計書」とは題されているものの、建築図面を含む設計図書で
はなく、施設の規模を示した一覧である。それによれば、河西は、この中で総
面積1,318坪（4,649.4㎡）の本院と3,088.25坪（10,191.225㎡）の別館の新築
を提案した。文書には「別紙図面ノ位置」という表現があり、それが建設予定
地を示した図面と考えられるが、この文書が保管された時点において、「別紙
図面」は廃棄されたと考えられ、遼寧省档案館に保管されている文書綴の中に
は、「別紙図面」は存在しない。また、設計内容を示す図面も付されていない
ので、諸室の名前と面積から全体像を想像するしかないのであるが、それは、
次のような構成であったと考えられる。

---

16)　「満鉄医院発第六二五号」（中国・遼寧省档案館所蔵満鉄関係文書「明治四十二、
　　四十三年度地方部地方門土地建物類予算目」〔文書綴番号・地一七四二〕）。

第2章　満鉄大連医院本館が持つ社会的意味（西澤泰彦）

　総面積1,318坪の本院は、1棟の建物ではなく、病院全体の本部機能を持つ本館と内科や外科などの診療科に応じた複数の建物を建て、それを長い廊下で結んだものである。本院の項目には、本館と診療科ごとの必要部屋数や延面積が記されていること、本院の末尾に総延長150間（270m）の廊下が記されていることから、そのように判断できる。総面積3,088坪余の別館も、面積2,280坪（7,524㎡）で315人の患者を収容する複数の建物から成る病棟と娯楽室や講義室など複数の建物から成っていた。

　このように考えると河西が提案した計画は、19世紀末まで世界の主流であった「パビリオン型」（pavilion type）と呼ばれた病院建築の形式であり、それは広い敷地に主として平屋の建物を分散配置させ、それらを廊下で結び付けた配置を持つものであった。この時期、診療棟や病棟が平屋であったのは、患者の上下移動を可能にするエレベーターが普及していなかったためである。

　河西の提案は、4日後の1910年5月23日に総裁決済となり、河西が要求した予算63万6,000円が認められ、1912年度内に完成するように指示された[17]。しかし、実際の設計はすぐには始まらなかった。

　当時、満鉄の諸施設の建築設計は、満鉄本社の中に設けられた建築係に委ねられていた。係長であった小野木孝治は、満鉄初代総裁後藤新平が台湾総督府民政長官を務めていた時期に台湾総督府技師を務めていた人物で、満鉄創業とともに台湾総督府の官職を有したまま満鉄社員になった建築技師であった［西澤2008：53-58、342-349］。満鉄は、1912年1月14日付で小野木に、欧米諸国の先進的な病院建築の視察のための6ヶ月間の出張を命じた[18]。小野木は、この出張を終えてから、大連医院の新築設計に取り掛かった。大連医院の新築が認められた1910年5月23日から、小野木の出張命令が出る1912年1月14日まで、約1年7か月の空白がある。大連医院長河西健次の希望通り、1912年度に新築竣工するには、決済されたらすぐに設計に取り掛かり、1910

---

17)　「大連医院新築の件」（中国・遼寧省档案館所蔵満鉄関係文書「明治四十二、四十三年度地方部地方門土地建物類予算目」〔文書綴番号・地一七四二〕）。

18)　満鉄が大連医院の新築を決めたことは「医院新築決定」（『満洲日日新聞』1911年12月26日）による。小野木の出張は「人事小野木孝治氏」（『満洲日日新聞』1912年1月12日）および、小野木孝治「広告」（『満洲日日新聞』1912年1月14日）による。

57

第 1 部　人流から都市を衛る

年度のうちに起工しなければならなかったはずである。しかし、実際には、新
築計画は 2 か年度の遅れとなった。

　この新築計画の遅れの原因は、1910 年から 1911 年にかけて小野木孝治をは
じめとした満鉄本社建築係に大規模な病院建築の新築設計をおこなう余裕がな
かったためであると考えられる。理由は 2 点ある。1 点目は、1910 年時点で
の日々の業務量の過多である。遼寧省档案館に残された満鉄関係文書「明治
四十二、四十三年度地方部地方門土地建物類予算目」を見ると本社建築係が各
地の鉄道附属地で病院など多数の建物の新築設計に追われていたことが分かる。
2 点目は、1910 年末から始まったペスト対応である。特に本社建築係が対応
しなければならなかったのが、鉄道附属地の各地に満鉄が設けた健康観察をお
こなうための隔離所（収容所）の建設であった。隔離所建設は、1911 年 1 月
23 日に起工した長春だけでなく、公主嶺、奉天、遼陽、大石橋、営口、瓦房店、
金州、大身房、大連でも長春に引き続いておこなわれた。それを差配したのは、
本社建築係長の小野木孝治であり、すでに紹介した小野木が晩年に記した「決
死肺ペストと闘ふ」では、小野木自身が長春をはじめ各地の隔離所建設に奔走
したことが記されている［小野木 1937：283-294］。

(3)　新築設計案

　さて、小野木孝治は 1912 年の前半、欧米視察をおこない、大連に戻ったの
ち、1 年半ほどかけて大連医院の新築案（以下「小野木案（1914）」）を作成し
た。小野木の下で働いていた岡大路によれば、この時の小野木が作成した案は、
「正面中央に外来診察の建物を置き、其の後方に向って二列に病舎をパビリョ
ン式に併べて行くと云う計画で、在伯林のヴィルショウ病院に似通ったもので
あるが、然しヴィルショウ病院の病舎が総て平屋建であるのに対して之らは三
階建を以てしたのである。」［岡大路 1932：1-2］というものであった。小野木
が作成した案に関する図面資料が残されていないので、この岡大路の説明から、
計画案の内容を判断するしかないのであるが、この説明から、二つの事実が分
かる。一つは、小野木がドイツ・ベルリンにあったフィルショウ病院（Rudolf-
Virchow-Krankehaus）を参考にしていたことである。この病院は 1906 年に竣

工し、世界的に注目を集めていた病院であった。実際に、この病院は正面に本館を置き、その後方に二列に病棟が並んでいた。二つ目の事実は、フィルショウ病院の建物が本館以外は平屋であったのに対し、小野木の案が3階建（地上2階地下1階）であったことである。世界的な注目を集めていたフィルショウ病院であったが、病棟は平屋の建物であり、この点はいわゆる19世紀型の病院であった。その点において、小野木案（1914）では病棟が3階建（図2-1）であり、先進的であった。小野木が病棟を3階建にしたのは、そこに患者の上下移動を可能にするエレベーターを設けたからである（図2-2）。なお、この建物は、1925年に大連医院本館が竣工した後、看護婦宿舎に改修された。図2-2に示した平面図は、看護婦宿舎に改修された時の平面図であるが、階段の位置、廊下と部屋の関係は改修とは無関係に竣工時の状況を伝えていると判断できるので、これを基にその平面的特徴を考えると、当時の病棟としては珍しく、片廊下式の平面、すなわち、一本の廊下に対して片側にのみ病室が並ぶ平面であった。小野木が視察したベルリン・フィルショウ病院の病棟は、中廊下の両側に小部屋の病室を配した中廊下式の平面のものと、ベッド数14床の大部屋を中央に配した平面の病棟があったが、片廊下式の病棟はなかった。

図 2-1 小野木案（1914）によって1917年に竣工した大連医院病棟
（出典：土屋清見編『満蒙開発之策源地　大連写真帖』日華堂書店、1921年）

第 1 部　人流から都市を衛る

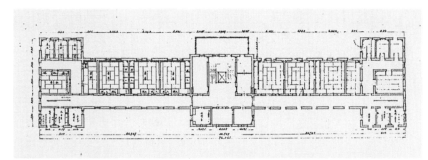

図 2-2　1917 年竣工の大連医院病棟を改造した看護婦宿舎 2 階平面図、建物中央のエレベーターは病棟新築時に設置
（出典：『満洲建築協会雑誌』12 巻 9 号、1932 年 9 月、付図）

　一般に「パビリオン型」と呼ばれた 19 世紀の病棟では、病室の両側に廊下をめぐらし、病室が外部に直接面することがない平面形態のものが多かった。したがって、小野木案（1914）によって建てられた病棟の平面は、当時の病院建築の常識からすれば、いわゆる型破りの平面であった。
　その理由を直接示す文献は未見であるが、のちに、採光と通風の観点から中廊下式の病棟平面を批判的にとらえた小野木の意識から判断すれば、病室と廊下の一面がともに外部に面する片廊下式平面が、病室と廊下の両方の採光と通風の確保が可能な平面と判断したと考えられる。
　なお、医学雑誌『医海時報』は、「大連医院増築」という記事の中で新築案を「満鉄直営の同医院は、本年度より向四ヶ年の継続費百万円を以って、患者四百名を収容し得る一大病院を増築の事に決したりと」[19]と報じている。この記事が現在確認できる資料の中で、病院の病床数を示す唯一の文献であるが、「患者四百名」という数字は、1910 年 5 月に大連医院長の河西健次が満鉄本社に提出した計画書に記された 315 人を上回っている。
　満鉄は、小野木案（1914）の完成を前提に 1913 年度から敷地の整地をおこなった後、1914 年度から第 1 期工事を開始した。しかし、第一次世界大戦の

19）「満鉄大連医院増築」『医海時報』1914 年 4 月 18 日。このほか、小野木案（1914）の完成は、「大連医院新築」（『満洲日日新聞』1914 年 1 月 31 日）でも報じられているが、規模の記載はない。

第 2 章　満鉄大連医院本館が持つ社会的意味（西澤泰彦）

影響もあり、病棟 2 棟と附属炊事場などが 1917 年末に竣工したものの、その後の工事はおこなわれなかった［岡大路 1932：1-2］。その結果、小野木案（1914）は部分的な実現で終わった。

3　1921 年の新築計画

(1)　小野木孝治の視察

　第一次世界大戦が終了し、1919 年になると大連医院では新たな新築計画を模索し始めた。小野木が設計して 1917 年に竣工した 2 棟の病棟は平屋ではなく実質 3 階建であったこともあり、大連医院の院長や医師たちの中では、エレベーターを用いて建物を多層化することと、寒冷な気候に対応するため、病棟を 1 棟に収めることを目指した［岡大路 1932：2］。彼らは、世界的に病院建築の多層化、集約化が進んでいたことを把握していた。

　その結果、当時、本社建築課長を務めていた小野木孝治に再び大連医院の新築設計案作成が委ねられた。小野木は、1921 年 1 月 21 日から 2 月 5 日まで、中国の北平（北京）、天津、済南、青島、上海へ出張した。第 1 期工事竣工直前の北平（北京）・協和医院をはじめ、北平（北京）の日華同仁医院（1918 年竣工）、仏蘭西医院、中央医院（1917 年竣工）、天津・東亜医院、済南医院（1921 年竣工）、済魯医院、普済医院（1920 年竣工）、青島医院（1920 年竣工）の 9 件の病院を視察した。小野木は、『満洲建築協会雑誌』にこの視察の概要を「医院視察（上）」「医院視察（下）」と題して 2 回に分けて投稿している（［小野木 1921a：65-78］、および［小野木 1921b：83-88］）。「医院視察（上）」の冒頭に記した「医院視察に序す」という段落の中で「余輩の如く満洲に在りて、母国観光者の誤辞に慣るるものは、独り大連奉天、長春安東等の発展進歩を以て自ら誇るに足るものの如く思為すれども、奚んぞ知らん、直隷、山東の各地に於ける都市の発展亦た実に驚くべき長足の進歩を示し、諸般の施設寧ろ先進の範を垂るるもの勘からず」［小野木 1921a：66-67］という表現をして、

61

第1部　人流から都市を衛る

大連など満鉄沿線に比べて、これらの訪問地には先進的な施設があることを認識していた。

　視察内容についてはすでに拙著『日本植民地建築論』にて論考しているので、ここでは概略だけを記す［西澤 2008：154-158］。小野木の関心事は4点あった。

　1点目は病院建築の構造と材料である。耐火構造であることは当然のこととして、それだけでなく、それぞれの病院の床の仕上に注目していた。それは、屋内の消毒に対応でき、かつ、掃除が容易にできる床が求められていたからである。例えば、天津東亜医院に対し、小野木は、「階段床等は何れも木造で防火の設備に不十分の点あるは遺憾の事である」と批判し［小野木 1921b：84］、北平（北京）・中央医院に対して「本建築は、階段床等何れも耐火構造にして、床はタイル敷、モザイク塗、モルタル塗、同上ペンキ塗等にして、消毒施行は容易なる構造なり」と分析している［小野木 1921a：73］。

　2点目は、平面である。特に、採光や通風の確保を重要視していた。その結果、長大な中廊下を持つ北平（北京）・協和医院が人工換気に頼っている状況を批判的にとらえていた。3点目は、病棟の配置である。小野木は、病棟を分散配置させず、一棟に集約することを考えていた。4点目は、病院全体の規模である。小野木は適正規模を考え、大規模病院にほとんど関心を示さなかった。

(2)　新たな設計案

　大連に戻った小野木は、大連医院の関係者の意見も聞きながら、視察結果も踏まえて、新たな新築案（図2-3、「小野木案（1921）」）をつくった。小野木案（1921）は、後に『満洲建築協会雑誌』が小野木孝治の訃報を載せた際、小野木の建築活動を示す資料として所収された2点の平面図があるのみで、その全体像は不明である。平面図を見ると、1階に合計80床の病床が描かれているので、4階建で320床、5階建なら400床ということになる。1910年に当時の大連医院長河西健次が満鉄本社に送った計画では315床を要望していたこと、小野木案（1914）の病床が400床と報じられていることを考えると、少なくとも5階建で400床を確保したのではないかと推察できる。

第 2 章　満鉄大連医院本館が持つ社会的意味（西澤泰彦）

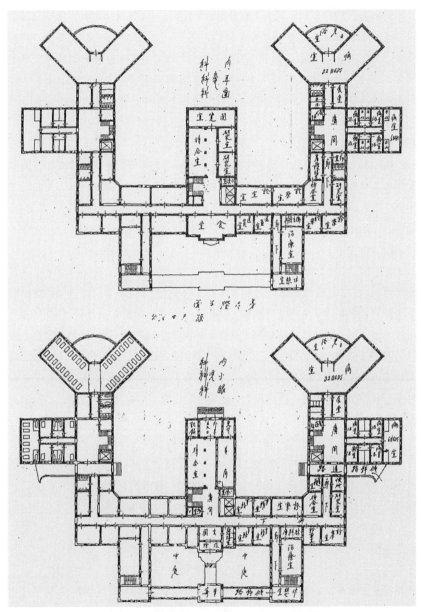

図 2-3　大連医院本館小野木案（1921）平面図
（出典：『満洲建築協会雑誌』13 巻 2 号、1932 年 2 月、付図）

第1部　人流から都市を衛る

　小野木案（1921）は、次の4点の特徴を持っていた。1点目は、診療科ごとにつくられた単位（ブロック）を分散させず、建物を多層化して1棟の建物にまとめたことである。途中で工事中止となって病棟2棟と付属家屋だけが建てられた小野木案（1914）でも、本館の後方に病棟を二列に並べるという配置そのものは19世紀の病院の典型であった「パビリオン型」病院建築であったが、小野木案（1921）はそこから完全に脱却したいわば20世紀型の病院建築であった。

　2点目は、廊下の両側に部屋を配置する中廊下式の平面をとりながら、協和医院のような長大な廊下とせず、廊下を屈折させ、通風や採光確保したことである。これは、視察した天津・東亜医院について、「平面は中廊下式なれども、屈折して延長長からず、採光、換気、除塵に就いて大なる障碍がない」と評しており［小野木 1921b：83］、これを参考にしていたと考えられる。

　3点目は、多層化した建物内部での上下移動を可能にするため、ブロックごとにエレベーターを配置したことである。その結果、それまでは外来診察部門と入院患者を収容する病棟が離れて配置されていたのに対し、小野木案（1921）では、診療科ごとに外来診察と入院患者を収容する病室が同じ階に隣接して設けられ、診療科ごとのブロックが形成された。19世紀の「パビリオン型」病院建築のみならず、20世紀を通して建てられた大規模な病院建築は、いずれも、外来患者の診察をおこなう建物と入院患者を収容する病棟を分離するのが定式化している。21世紀になって建てられている大規模病院建築も高層化、巨大化した1棟に収まっていても、内部では低層部に外来診察をおこなう部署をつくり、上部に病棟を積み上げている。建物を1棟に収めたという点に小野木案（1921）は先進的であったが、同時に、外来診察と病棟を分けず、診療科ごとに外来診察と病棟を同じ階に配した点が大きな特徴であった。

　4点目はベッド数32床の大きな病室をV字型平面とし、V字の要の位置に扇形平面のサンルームを確保したことである。この平面は、「バタフライ型」とも言われ、突き出た病室の3面が外部に面することから、三方向からの採光が可能であり、また、通風の確保も容易である。これは、視察した北平（北京）・中央医院の平面が全く同じ形状を示していることと、小野木自身が、この病院の平面について、「室内も亦た、単なる長方形に比し、変化に富み且多

人数相互同時に透視す不快を避け、尚中央凹角部に、ベランダーを設け、娯楽室に供したる等、興味多き平面なり」と評し、加えて「概観規模大ならず、設備また完全なりとは認め難しと雖も亦差して非難すべき欠陥を有せざりき」と評していることから［小野木 1921a：73］、小野木案（1921）の病室の形態は北平・中央医院を参考にしていたといえる。

これらの4点のうち、1点目と3点目は連動していた。エレベーターの発達により、上下移動が容易になり、その結果として、診察、治療、入院部門を多層化することができたのである。

医学雑誌『医海時報』は、1921年7月30日付で「満鉄大連医院の改築」という記事を載せている。そこでは、「大連市露西亜町なる『満鉄大連医院』の改築に就ては多年の懸案なりしが、今回愈々経費四百万円を以て同市内薩摩町と神明町との中央に約二万坪の土地を画して改築する事となり、来月早々工事に着手すべしと」と記された。この記事が正確なら、1921年8月に着工予定であったことが報じられたことになるので、雑誌が発行された時点で、小野木案（1921）は完成していたものと考えられる。

ところが、小野木案（1921）は実施されなかった。小野木が新築案を作成している最中の1921年5月21日、大蔵官僚で、三井銀行取締役を務めた早川千吉郎が満鉄社長に就任した。早川の決断によって、満鉄は、1922年6月28日、アメリカの建築会社フラー社の日本法人フラー・オリエント社（The George A. Fuller Company of the Orient Limited）との間に大連医院本館の設計施工を実費精算方式でおこなう契約を結んだ。これによって、フラー社が派遣した技師がおこなった設計内容を満鉄本社建築課が確認する方法となり、大連医院本館設計の主導権をフラー社が握り、小野木案（1921）は廃案となった。それだけでなく、創業以来、満鉄の建物は満鉄内に設けられた建築組織が設計してきたという慣例も崩れた。この契約によって新たな大連医院本館の新築案（図2-4、「フラー社案（1922）」）が作成された。

第 1 部　人流から都市を衛る

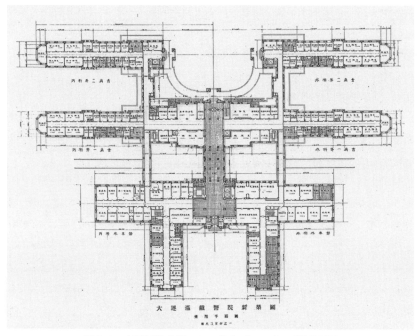

図 2-4　大連医院本館フラー社案（1922）1 階平面図
（出典：『満洲建築協会雑誌』12 巻 9 号、1932 年 9 月、付図）

4　満鉄大連医院本館新築

(1) 巨大な総合病院を目指した設計

　フラー社案（1922）は、地上 6 階、地下 1 階、延床面積 3 万 ㎡ の巨大な病院建築であった。これを小野木案（1921）と比べると、次のことが指摘できる。
　1 点目は、フラー社案（1922）では建物の規模が大きくなったため、すべてを 1 棟に収めることが不可能となり、各ブロックは廊下でつながる形態となった。これは、結果として平屋の建物を分散配置していたパビリオン型の病院建築の形式を積層する形態に帰着した。その原因は病床数の増加である。フラー社案（1922）では、正面玄関に近い場所に外来診療部門を置き、その後方に

66

診療科ごとの病棟を配した。病棟は、1階につき病室12室、病床合計24床を基本とした中廊下式平面で東西に細長い4階建の棟であり、それを4棟配した。本館での病床数は合計549床となり、病院の規模として「東洋一」（「東洋第一満鉄大連医院の結構」『医海時報』1926年9月18日）と称せられた。しかし、その結果、小野木案（1921）で試みられた診療科ごとのブロックの積層や診療科ごとに外来診察と病棟が同じ階に近接して配置されるという画期的な構成とは大きく異なる構成となり、また、小野木が避けようとしていた長大な中廊下（長さ46m）が出現した。

2点目は、中廊下式の平面になったことで、すべての病室において、外部に面する壁面は1面のみとなり、その結果、一般的な病室（三等病室）は、間口に比べて奥行が極端に短い長方形平面（奥行4.3m×間口8.0m）の病室となり、横一列に4床のベッドを並べた病室となった。その結果、小野木案（1921）ではベッド数32床という大きな一般病室が消滅し、最大でもベッド数4床という一般病室になったことは、入院患者の視点からすれば入院環境の向上になったといえる。

3点目は、中廊下の扱いである。廊下の採光と換気の確保の観点から、小野木案（1921）では、中廊下を屈曲させた。ところが、フラー社案（1922）では、診療部門の中廊下では突き当りに開口部があるものの、病棟の中廊下の突き当りは談話室につながる扉があり、採光の面で十分とは言い難い。

なお、小野木案（1921）では、建築材料や建築設備に関する情報は読み取れないので、フラー社案（1922）との比較はできないため、以下はフラー案（1922）の特徴のみを記す。

一つ目は、窓が開けられない冬季の換気を機械的におこなう設備を備えたことである。これは、地階で外気を取り入れた際、水の噴霧で塵埃を取り除き、同時に湿気を含ませ、その空気を送風機で各病室に送風したことである。室内外の気温差が大きい場合、窓を開けての換気はトラブルのもとであり、フラー社案（1922）の方法はそれを解消するための方法であった。

二つ目は、防火対策として、天井裏から木材を排除したことである。構造躯体が鉄筋コンクリート造の建物であっても天井や壁に内装に木材を使うことは多々あるが、一般的に木材使用頻度が増えれば、火災の危険度も増す。フラー

社案（1922）では、天井を板張りとせず、金網にスタッコを塗り付けた天井板をつくり、それを金属製の吊り子で吊っていた。その結果、天井裏からの火災の危険性が皆無となった。

三つ目は、各階に消火栓と消火ホースを備え、また、階段室や病棟入口に鉄製扉を設けて防火区画として区切り、火災への備えをしていたことである。

四つ目は、病室の床が板張りになっていたことである。天井と天井裏から木材を排除し、また、階段室や病棟に防火区画を設定しているにもかかわらず、病室の床のみが板張りというのは、不思議である。小野木は、1921年1月から2月にかけておこなった医院視察では、各地の病院建築の床仕上に関心を払い、特に防火耐火と消毒の観点から、木造の床でもリノリウム張になっていることに注目していた。フラー社案（1922）で病室の床が板張りであることは、他の設備が従来の病院建築に比べて格段に進歩していたのに比べて、意外である。

五つ目は、病室のベッドから各階の看護婦詰所に「看護婦信号装置」と呼ばれる装置を使って連絡が出来たことである。今でいうところの「ナース・コール」である。

フラー社案（1922）は、このように当時の最先端技術を取り入れながら、同時に小野木孝治が提案した新たな病院建築の設計手法とは異なる方法で設計されていた。

(2) 建設工事とその影響

大連医院本館の工事は、1923年3月27日に起工した。工事は順調に進み、1924年夏には、外壁工事が終わった段階まで進んだが、その年の10月21日、フラー・オリエント社は満鉄に対して工事契約の解除を申し出た。翌月、工事契約は解除され、満鉄は大連に本店のあった高岡久留工務所と長谷川組の共同企業体に残工事を請け負ってもらい、本館は1925年12月に竣工した。

この間、大連医院本館の工事はさまざまな影響をもたらした。

一つは、当時の日本人建築家のみならず日本の企業にとってなじみの薄い実費精算方式という請負方式である。実費精算方式は、実際に必要とした経費を

その都度精算するという方式であるが、いわゆる「どんぶり勘定」といわれる一式請負に慣れた日本の企業にとって、事務処理の手間がかかり、また、工事現場に出入りする職人や搬入される資材を厳格に管理する必要があり、日本国内では普及しなかった。日本国内での最初の実費精算方式による施工は、清水組が1917年に建設した第一銀行熊本支店の工事であったといわれるが、その後、フラー社が東京の丸ノ内ビルヂング（1923年竣工）を施工した際に注目を集めた。大連病院本館の工事も同じ頃であった。フラー・オリエント社と満鉄が工事契約を解約したことが災いして、満鉄が発注する建築工事でも実費精算方式が定着することはなかった。

　二つ目は、大連医院本館工事で出現した機械化された施工方法である。フラー・オリエント社の要求によって満鉄は工事現場の周囲に線路を敷設し、貨車で資材を搬入した。また、建物の躯体が建ち上がると屋根スラブの上にレールが敷かれ、その上に支持梁を乗せた台車を置き、支持梁の先端から足場が吊り下げられた。この足場はプラットホーム式吊足場と呼ばれ、地上から木材を組み上げて築く足場に慣れた日本人にとっては斬新な足場であった。これによって外壁工事の効率が高まった。また、大規模なコンクリート混和装置や、一度に10枚から15枚の煉瓦を掴むことができるブリック・キャッチャーと呼ばれる装置も使われ、施工の迅速化が図られた。さらに、当時の大連では冬季にコンクリート工事をおこなうことはなかったのであるが、フラー・オリエント社は、コンクリートに凍結防止の混和剤を混ぜて、冬季もコンクリート工事をおこなった。監理を担当した満鉄本社建築課の内田鋕司は、「フラーの施行振りは従来吾々の取来たものとは、色々の点に於いて調子が変わっているのを発見することが出来る」と記している［内田 1924：19］。

　三つ目は、多国籍な工事現場が出現したことである。フラー・オリエント社の技術者と満鉄本社建築課の技術者たちの間では、通常、英語で意思疎通をこなしていた。書類も英語であった。ところが、工事現場に出入りしていた職人には日本人もいれば、朝鮮人や中国人もいた。英語しかできないフラー・オリエント社の技術者が英語をほとんど解せない職人たちに直接指示を出すことは不可能なので、彼らは満鉄の技術者を介して監理をおこなっていた。満鉄の技術者たちは、日本語だけでなく、片言の中国語を使って身振り手振りを交えな

第1部　人流から都市を衛る

がら監理していた。1921年に設立された満洲建築協会の機関誌『満洲建築協会雑誌』（1934年から『満洲建築雑誌』）は、創刊から1923年まで建築用語の日本語・中国語対訳集「日支対訳建築用語集」を連載し、また、英語も加えた「対訳建築用語集」を掲載していた。

　フラー・オリエント社が1924年10月に工事契約解除を満鉄に申し入れた理由について、当時、監理に携わっていた平野緑は「現場監理における日米の習慣の違いを克服できずに自ら去っていった」と筆者に語っている[20]。当時、満鉄本社建築課長であった岡大路は、「工事中は監督側もフーラー側も相互に不馴の為めに決して順調に何等問題も無く進んで行ったとは云われなかった」[岡1932：3]と記していた。

おわりに──満鉄大連医院本館が持つ社会的意味

(1) 医療施設としての意味

　満鉄は、創業から大連医院の新築を3回試み、2回失敗した後、3回目にやっと巨大な本館が竣工し、1926年4月に開院したが、それは、満鉄本社の大連移転から19年が過ぎていた。20世紀初頭の20年間は、病院建築が急激に進化した時期であった。小野木が1912年に視察したドイツ・ベルリンのフィルショウ病院は、1906年竣工で、当時は話題になっていた病院だったが、平屋の病棟が分散配置されたパビリオン型の病院であった。小野木案（1914）は、エレベーターを導入して病棟を実質3階建としたことで、フィルショウ病院より先進的であった。小野木案（1921）では、病棟の分散配置の欠点を補うため、建物全体を多層化し、診療科ごとに外来診察と病棟を一体化した複数のブロックを一つの建物に収めたことで、質的な世界最先端の病院設計が生まれた。しかし、小野木案（1921）は、同時に起きていた建物の巨大化とい

20）　故平野緑氏（1899–1994）の証言による。この証言は、西澤が1992年6月11日に旧満鉄職員大旗正二氏とともに平野氏の自宅で面会し、得たものである。

う流れに乗った案ではなく、廃案となり、フラー・オリエント社の設計による「東洋第一」と称せられた大連医院本館が出現した。

これらの状況は、20世紀初頭の20年間に急速に進行した病院建築の変化に対応したものであった。東京で発行されていた医学雑誌『医海時報』が大連医院に関する記事を載せていたことは、病院建築として医療関係者の注目を集めていたことの現れである。

(2) 在地社会への宣伝

当時、大連で発行されていた日本人経営の中国語新聞『満洲報』は、フラー社案（1922）に基づいた大連医院本館が竣工し、開院準備をしていた1926年2月から4月にかけて、毎週のように開院に向けた情報を記事として掲載していた。例えば、1926年3月5日付紙面では、「満鉄新大連医院已竣工　十四日開放観覧十五日遷移」という見出しを付した記事を載せ、その中で「満鉄大連医院、於前年起即興行修、本年二月方始完竣、十五日起開始移転、目下正在準備之中該医院純為最新設備、称為東洋第一之、定於十三日招請順大官民参観院内、十四日開放一般参観云」と報じた。満鉄大連医院が開院に向けた引っ越し作業を3月15日から始める前、3月13日には関東庁や大連市の役人や著名な民間人に対して、4月14日には一般の市民向けに、それぞれ建物の見学会をおこなう予告記事であった。

この後、1926年4月17日には、満鉄大連医院が自ら『満洲報』に次のような広告を掲載した。

　　新築病院移転
　　新築病院業経落成対於外来診療並収容入院患者定於左記日程開始
　　　　内科　小児科　四月十九日
　　　　眼科　歯科　四月二十日
　　　　皮膚科　耳鼻科　四月二十一日
　　　　外科　産婦人科　愛克斯光線科　四月二十三日
　　　　　　　大連医院

第1部　人流から都市を衛る

電三一三一番

　多数ある診療科を同時に移転し、診療を開始するのは難しかった模様であり、内科、小児科から順次診療を開始した。

　このように中国語の新聞が大連医院の新築移転、開院を報じたことや、大連医院自らが広告を出していたことは、大連医院が日本人社会の中で重要な病院であっただけでなく、中国人にとっても重要な病院であったことを示している。

　ところで、本章の前半にて、奉天で活動していたスコットランド人医師クリスティの活動を紹介した。満鉄が沿線に開設した病院の名前を中国人に分かるように「医院」という単語を使ったことは、植民社会を成立させるために植民社会から在地社会への一つの働きかけであったといえる。しかし、それだけで満鉄の医療機関での中国人の受診が増えたのではなく、在地社会の変容があったと考えることも必要である。クリスティ著『奉天三十年』は彼の手記なので、すべてを鵜呑みにするのは危険だが、これを読むと、彼が奉天において医療活動を進めながら西洋医療の良さを在地社会の人々に見せ、西洋医療の有用性を示すことで、在地社会の中国人の間で西洋医療への理解が深まっていったこともまた、西洋医療を基本とした満鉄の各医院の中国人受診者の増加につながっていると考えておきたい。クリスティの活動は植民地支配には直結しない伝道医師としての活動であり、長年の滞在によって在地社会に根付き、それによって在地社会の中に変容をもたらした活動と位置付けられる。

(3)　満鉄建築組織の混乱

　大連医院本館の設計が最終的に満鉄本社建築課の手を離れ、フラー・オリエント社によっておこなわれたことは、満鉄にも大きな影響を与えた。それまで、満鉄は自社の建物の設計は、社内にあった建築組織によっておこなわれてきた。それが、社外から社長になった早川社長の決断によって覆されたことによって、満鉄の建築組織では人事異動がおきた。1922年10月10日、小野木の下でフラー・オリエント社と交渉に当たっていた岡大路が本社建築課長代理に任命された。そして、起工した直後の1923年4月には、16年間にわたって満鉄の建

築組織の総帥を務めてきた小野木が満鉄を退社した。この時の小野木の心情を満鉄創業時の社員だった上田恭輔は、「小野木君は一面温厚の士であったと共に自我心に薄く至って活憺性に富み自負心を傷つけられる様な場合でも一向平気であった。その好例はフーラーに受負はせしめた大連医院である」とのちに小野木の追悼文で記し、この一件が小野木の自負心は傷つけられたのではないかと述べている［上田 1933：44-46］。

満鉄の建築組織への影響はこれだけではなかった。フラー・オリエント社との契約が解除され、工事が混乱すると、小野木の後を継いで満鉄本社建築課長に就いていた岡が、1925 年 2 月に実質的に更迭され、すでに満鉄を退社していた青木菊治郎（旧姓・市田）が満鉄に復帰し、建築課長に就いた。工事の混乱を収拾するための人事異動であったと考えられる。

また、この混乱の中で満鉄は 1924 年から建築設計監理業務の社外委託をこの年度限りとして試行した。それまで、満鉄が建設する施設は、本社建築課を中心とした満鉄社内の建築組織によって設計監理されていた。しかし、建築設計監理業務の社外委託の試行によって、満鉄は奉天教育専門学校第一期工事、鞍山医院第一期工事、直営の奉天ヤマトホテルの設計を、満鉄を退社した小野木孝治、横井謙介、市田菊治郎（1925 年に青木に改姓、青木菊治郎と同一人物）が共同経営していた小野木横井市田共同建築事務所（通称「共同建築事務所」）に委託した。この方式は 1925 年から制度化され、奉天教育専門学校と鞍山医院のそれぞれ第二期工事の設計監理も共同建築事務所に委託された。

(4) 建設工事が示した意味

もう一つの混乱は、大連医院の建築工事を当てにしていた大連の施工業者であった。その混乱ぶりを当時大連で発行されていた『満洲日日新聞』はよく伝えている。満鉄がフラー・オリエント社と契約する情報は事前に漏れていたと見え、契約の 1 か月前、1922 年 5 月 24 日付の同紙に「大連建築業者騒ぐ　満鉄大連医院新築工事を我々にも請負はせてくれ」という見出しの記事が載った。この記事には、「（前略）此の不況の際に日本人請負者を度外視して満鉄ともあらふものが米人に請負はせるといふのは聞こえないやり方だと大連市中の建築

第1部　人流から都市を衛る

業者が一丸となって鳴らし何とか我々同業者の為めに計ってほしいと希望し
寄々善後策に就て協議している事である（後略）」という一文があり、当時、
大規模な建築工事の発注を地元の建築業者が渇望している様子が示されている。

　しかし、実際には、この1ヶ月後、1922年6月28日、満鉄はフラー・オリ
エント社と大連医院本館の設計施工契約を結んだ。ところが、満鉄側も地元業
者への説明は必要と考え、契約日の前日、小野木など満鉄の当事者が大連の建
築業者に事情を説明していた。これを1922年6月29日付『満洲日日新聞』は、
「体面論遂に敗れ　フーラー請負ひ確定」と題して報じた。また、その後、満
鉄は、松岡洋右理事が地元業者に対して、フラー・オリエント社の下請けに地
元業者が入ることを説明し、同時に、フラー社が丸ノ内ビルヂングの工事で日
本に持ち込んだ施工技術を吸収すべきである旨を地元業者に伝えた[21]。

　これら一連の騒動は、大連の建築業者が、満鉄が発注する建築工事を受注し
て活動を維持していたことを示していた。

　さて、すでに記した通り、大連医院本館の工事現場は多国籍な現場であった。
フラー・オリエント社が工事から撤退したのは、その多国籍な状況に対応でき
なかったためである。

　フラー社の大連進出は、東京進出の延長線上にあったと考えられるが、日露
戦争以来、門戸開放を唱えてきたアメリカの国策に対して、フラー社はその先
兵であったといえる。したがって、満鉄にとって、フラー社との協調路線は、
アメリカ政府による中国への門戸開放の矛先が満鉄に向かせないための方策で
あった。しかし、フラー・オリエント社は大連医院の工事契約を解除したのち、
1924年12月に会社を解散し、フラー社は東アジアから撤退した。

　以上のように、満鉄創業時期の医療体制や満鉄大連医院本館の建設経緯を見
ると、満鉄が植民社会を統率する立場にありながら、在地社会と絶えず関係を
持たざるを得なかったことがよくわかる。そして、満鉄は、それを逆手に取っ
て、在地社会を植民社会に取り込む方策を進めたといえる。満鉄の初代総裁を
務めた後藤新平は、「文装的武備」に基づき、「王道の旗を以て覇術を行なう」
とした支配政策を示していた。これは、軍事的支配とは別の方法、すなわち、

21）　当時の満鉄理事松岡が地元業者に説明した内容は、1922年7月7日付『満洲日日新聞』
　　が、「下請けは在満建築業者に依頼」と題して、報じている。

第 2 章　満鉄大連医院本館が持つ社会的意味（西澤泰彦）

民生部門、例えば、教育、医療、産業開発に関する施設と制度をつくり、被支
配者の生活の向上を図ることで、永続的な支配を確立するものであった。そこ
では、在地社会で暮らす被支配者の活動を満鉄がおこなう様々な施策に組み込
むことが必要であった。満鉄が、満鉄社員と家族に限定していた医療対象者を、
それ以外の日本人、さらに、被支配者である中国人に拡大していったことは、
支配地（鉄道附属地）の境界を越える感染症の拡大が直接の引き金になったと
考えられるが、同時に在地社会を植民社会に取り込むという試みでもあったと
位置付けられる。それは、フラー社案（1922）に基づいた大連医院本館が竣
工し、開院準備をしていた 1926 年 2 月から 4 月にかけて、大連で発行された
日本人経営の中国語新聞『満洲報』が、毎週のように開院に向けた情報を記事
として掲載し、大連医院も新たな本館開院を伝える中国語の広告記事を出して
病院新築を宣伝したことにも表れていた。

【参考文献】

飯島渉（2000）『ペストと近代中国』研文出版。

飯島渉（2009）『感染症の中国』中央公論新社。

上田恭輔（1933）「畏友小野木君を偲ぶ」『満洲建築協会雑誌』13 巻 2 号、44-46 頁。

内田鋕司（1924）「実費計算請負法に依れる満鉄大連医院新築工事」『満洲建築協会雑誌』
　　4 巻 6 号、16-20 頁。

大野斯文（1928）「碧山荘見聞（路上風物抄三）」『満蒙』第九年第十冊、75-81 頁。

岡大路（1932）「大連医院の建築計画及び其の設備の梗概」『満洲建築協会雑誌』12 巻 9
　　号、1-25 頁。

小野木孝治（1921）「医院視察（上）」『満洲建築協会雑誌』1 巻 2 号、65-78 頁。

小野木孝治（1921）「医院視察（下）」『満洲建築協会雑誌』1 巻 3 号、83-88 頁。

小野木孝治（1937）「決死肺ペストと闘ふ」満鉄社員会編『満鉄側面史』283-294 頁。

春日忠善（1977）「日本のペスト流行史」『科学』47 巻 11 号、687-700 頁。

クリスティ著（矢内原忠雄訳）（1938）『奉天三十年』（下巻）岩波書店。

篠崎嘉郎（1932）『満洲と相生由太郎』福昌公司互敬会。

西澤泰彦（2008）『日本植民地建築論』名古屋大学出版会。

福昌公司（1925）『碧山荘』。

第 1 部　人流から都市を衛る

南満洲鉄道株式会社（1917）『大連市街図』。
南満洲鉄道株式会社（1919）『南満洲鉄道株式会社十年史』。
南満洲鉄道株式会社（1937）『南満洲鉄道株式会社三十年略史』。

「満鉄大連医院増築」『医海時報』1914 年 4 月 18 日。
「満鉄大連医院の改築」『医海時報』1921 年 7 月 30 日。
「東洋第一満鉄大連医院の結構」『医海時報』1926 年 9 月 18 日。
「南満洲鉄道株式会社命令書」『官報』1906 年 8 月 27 日。
「関東都督府令臨第二号」『官報』1911 年 2 月 1 日。
「伝染病月報」『官報』1911 年 10 月 11 日。
「満鉄の大防疫　十一日大連特派員発」『東京朝日新聞』1911 年 1 月 13 日。
「長春大隔離所急設工事（三）竣工後の光景」『満洲日日新聞』1911 年 2 月 18 日。
「検疫所開始」『満洲日日新聞』1911 年 1 月 25 日。
「亜鉛版で包囲」『満洲日日新聞』1911 年 1 月 24 日。
「土木課苦力収容」『満洲日日新聞』1911 年 1 月 27 日。
「苦力収容所」『満洲日日新聞』1911 年 1 月 29 日。
「小崗子の収容所」『満洲日日新聞』1911 年 1 月 30 日。
「小崗子の苦力収容所」『満洲日日新聞』1911 年 1 月 30 日。
「苦力収容所問題」『満洲日日新聞』1911 年 2 月 1 日。
「永久的収容所」『満洲日日新聞』1911 年 2 月 5 日。
「収容所の設計」『満洲日日新聞』1911 年 2 月 8 日。
「医院新築決定」『満洲日日新聞』1911 年 12 月 26 日。
「大連医院新築」（『満洲日日新聞』1914 年 1 月 31 日。
「人事小野木孝治氏」『満洲日日新聞』1912 年 1 月 12 日。
小野木孝治「広告」『満洲日日新聞』1912 年 1 月 14 日。
「長春の収容所」『満洲日日新聞』1911 年 2 月 5 日。
「大連建築業者騒ぐ　満鉄大連医院新築工事を我々にも請負はせてくれ」『満洲日日新聞』
　　1922 年 5 月 24 日。
「体面論遂に敗れ　フーラー請負ひ確定」『満洲日日新聞』1922 年 6 月 29 日。
「下請けは在満建築業者に依頼」『満洲日日新聞』1922 年 7 月 7 日。
「示達　地第一千三百四十九号」『南満洲鉄道株式会社社報』1912 年 7 月 31 日。
「雑報」『南満洲鉄道株式会社社報』1911 年 10 月 12 日。

「伝染病隔離室増築ノ件」「中国・遼寧省档案館所蔵満鉄関係文書／明治四十二、四十三
　　年度地方部地方門土地建物類予算目」〔文書綴番号・地一七四二〕。
「満鉄医院発第六二五号」（中国・遼寧省档案館所蔵満鉄関係文書「明治四十二、四十三
　　年度地方部地方門土地建物類予算目」〔文書綴番号・地一七四二〕）。
「大連医院新築の件」（中国・遼寧省档案館所蔵満鉄関係文書「明治四十二、四十三年度

地方部地方門土地建物類予算目」〔文書綴番号・地一七四二〕）。

小野木孝治作成メモ（表題なし）／「中国・遼寧省档案館所蔵満鉄関係文書綴／明治
　四十二、四十三年度地方部門土地建物類予算目」〔文書綴番号「地 1742」〕に所収さ
　れた文書「長春分院附属建物工事ニ関スル件」（文書番号 18）に貼られたメモ。

「満鉄新大連医院已竣工　十四日開放観覧十五日遷移」《満洲報》1926 年 3 月 5 日、7 頁。
「（広告）新築病院移転」《満洲報》1926 年 4 月 17 日。

緬羊の放牧・公主嶺農事試験場
(南満洲鉄道株式会社『南満洲鉄道株式会社三十年略史』1937年)

第 **2** 部

草原・森林への挑戦

第 **3** 章

内モンゴル東部地域における巡廻診療

財吉拉胡

はじめに

　巡廻診療は病気治療と予防および医療衛生事業の一環として、古くから多くの地域や社会においておこなわれてきた。モンゴル人の医療衛生史から見ると、清朝時期に、モンゴル人の僧侶たちは現在の中国チベット自治区、青海省、甘粛省などの地域にある仏教寺院へ留学し、仏教と医学を学び、留学が終了後モンゴル地域へ戻り、当該地域の仏教寺院を中心に巡廻診療を実施した。彼らは牧民の心身両面の病いを癒しながら、積極的に仏教を布教していた。その目的は医術を通じて、チベット仏教を伝播させることであった。例えば、清朝末のモンゴル人医学者であるイシダンジンワンジル（1853-1906）は僧侶でありながら常に彼本人が暮らしていた仏教寺院の周辺およびほかの地域へ巡廻診療をおこなっていた［Jigmed 1985：187-194］。モンゴルの医学史上、インド―チベット流の医術を身につけた僧侶は医ラマ（僧侶）と呼ばれ、また彼らが実践した医療はラマ医療と呼ばれていた。当時、モンゴル人の医ラマたちは、病気治療を通じて、チベット仏教の影響を広げ、モンゴル人の心身両面の治療に携わっていた。

　胡宜の研究によると、中国の近現代史上、中華民国時期であれ中華人民共和国時期であれ、政府は農村地域へ医師を派遣し、巡廻診療をおこなったとされている。特に、中華人民共和国建国後まもなく実施された巡回診療は「送医下郷」運動と呼ばれ、近代的医療衛生を「欠医少薬」（医者も薬も不足）である

第 2 部　草原・森林への挑戦

農村地域へ届けることができた［胡 2011：146-151］。さらに、1960 年代の中国社会で誕生した裸足の医者（中国語では「赤脚医生」と呼ばれる）制度[1]は、巡回診療の性格を持っていた。中国政府は短時間のうちに組織的に裸足の医者を育成し、農村地域へ派遣し診療をおこない、農村地域の医者も薬も不足であった窮迫状態を緩和することができた。裸足の医者は必要に応じて農業の合間に村ごとに回り歩き診療をおこなった。この点から見ると、裸足の医者制度は巡回診療の一種類であったといえる。

　中華人民共和国建国後まもなく、中央政府衛生部と内モンゴル自治区衛生庁は連携して巡廻診療団を内モンゴル地域へ何度も派遣し、梅毒などの性病の診療に携わっていた。また、内モンゴル自治区政府は、モンゴル医学、近代的医療衛生を普及させるために、1940 年代末から 50 年代末にかけて、組織的に医ラマたちを近代的医療衛生チームに受け入れ、またそれらの医ラマたちが個人的に出費して連合診療所の設立に努めた。その連合診療所は地域ごとの特徴に合わせて医ラマを派遣し巡回診療を実施した［胡・鄭 2007：85-97］。

　これらの事例からわかるように、巡廻診療は医療衛生活動の一つのモデルとして、医療衛生の近現代史上で重要な役割を果たし、機動力に豊むという特性を発揮することで、伝染病を撲滅し、地域社会を変容させることに貢献した。特に草原地域において、巡廻診療は固定的医療施設が果たせない役割を果たし、医療資源の不足を緩和させた。これらの目的は、病気診療を通じてその社会の安定をもたらすことにあったといえよう。

　しかしながら、地政学や衛生行政などの目的によって、各時期の巡廻診療の性格や実質も異なっていたといえる。例えば、清朝時期の医ラマたちがモンゴル地域で巡廻診療をおこなった目的の一つは仏教宣伝のためであって、西洋の宣教師が実施した巡廻診療は治療を施しながら布教することで、キリスト教および西洋の帝国主義的勢力を中国で拡大することを目的としていた。中華人民共和国建国後に内モンゴルで実施された巡回診療は社会主義的中国の医療衛生

---

1)　張開寧などが編集した『従赤脚医生到郷村医生』（2002 年、雲南人民出版社）には、1960 年代から 70 年代にかけて中国の農村地域では「缺医少薬」（医者も薬も欠乏）といった医療衛生の社会的状況に合わせて、裸足の医者が患者のニーズに応じて農村地域で巡回し治療をおこなっていたことを記述している。

制度の優越性をアピールし、辺境地域も含む新生国家の完全性を守る戦略の一つであったといえる。

　さて、20世紀前半、日本の南満洲鉄道株式会社（満鉄）と満洲医科大学などは、モンゴル地域へ巡廻診療団を派遣し、医事衛生と社会状況の調査研究をおこない、在地の人々のために病気治療を施した。その巡回診療団が残した調査報告書には、病気診療以外に、モンゴル地域の社会事情に関する記述がたくさん見られる。それでは、日本が内モンゴル東部で実施した巡廻診療の性格は何であったのだろうか。また、その活動がいわゆる植民地医学的にいうならば植民地統制と在地の社会変容にどのような影響を与えたのだろうか。

　近代日本が中国の内モンゴル東部において実施した巡廻診療に関して、以下の研究がある。例えば、伊力娜は、満洲医科大学が東部モンゴル地域で展開した巡廻診療に注目し、近代日本がモンゴル人に対して実施した医療衛生政策を分析することで、巡廻診療はモンゴル人社会において実施した近代日本の植民地政策を宣伝する担い手になっていたと結論付けている［伊 2009：203-234］。また、王玉芹は満洲医科大学が内モンゴル東部において実施した巡回診療の実質において、以下のようにまとめた。すなわち、その目的はモンゴル人を懐柔し、日本人に対する彼らの抵抗を減らすこと、モンゴル人と漢人の間の民族対立を刺激し、モンゴル人を篭絡すること、満鉄の調査研究に協力すること、モンゴル人の体質を改善させ利用することなどであった［王 2013：75-78］。そこで、本章では近代日本が内モンゴル東部で実施した巡廻診療を対象に、その地政学的目的、在地社会に与えた影響を分析し、植民地医療の限界を考察する。

1　「満洲国」建国前の内モンゴル東部地域における 日本の巡廻診療

　「満洲国」（以下、便宜上括弧を外す）建国前の内モンゴル東部地域において、当時の満鉄と満洲医科大学は連携して事情調査と巡廻診療を施し、大量の報告書を残した。本節ではこれらの資料を分析することで、それが日本の満洲経営

第 2 部　草原・森林への挑戦

と当時の地域社会の変遷に果たした役割を明確にする。

　飯島渉は東アジアの植民地医学を論じた際、満洲医科大学が内モンゴル東部
地域を対象に 1928 年までに実施した巡廻診療の実績に初めて注目した［飯島
2005：126-130］。また先述したように、伊力娜［2007, 2009］と王玉芹［2013］
は、満洲事変前の満洲医科大学が実施した巡廻診療に注目したが、巡廻診療の
各科治療の具体的な内容と特徴について植民地医療衛生史や医療社会史のアプ
ローチから深く考察していなかった。

　さて、満洲医科大学が満洲事変までに実施した巡廻診療（1923 年の第 1 回
から 1931 年の第 8 回まで）は、満鉄衛生課の主催によっておこなわれた。そ
れは満洲経営を目的としながら、日本帝国主義勢力が満蒙を完全には支配して
いなかった段階の内モンゴル東部地域における医事衛生調査、経済開発、文化
啓蒙、病気治療と疾病研究を一括りにして取り組んだ行動であった［財吉拉胡
2019：41-69］。

（1）内モンゴル東部地域における満鉄の調査内容

　満洲医科大学の巡回診療とは別に、満鉄調査部が派遣した調査班においても
医療活動がおこなわれていた。1925 年、満鉄調査部は内モンゴル東部地域へ
二つの調査班を派遣したのである。その第 1 班は現在のフルンボイル（呼倫
貝爾）市ハイラル（海拉爾）と満洲里へ向かい、第 2 班は現在の赤峰市とシ
リンゴル（錫林郭勒）盟へ調査を実施した。

　満鉄が洮南―満洲里間において実施した第 1 班の調査範囲は、当時の奉天省、
黒龍江省の興安嶺に跨った地域であるが、現在の中国の行政区画では、吉林省
白城市に属する県級市である洮南から内モンゴル自治区のヒンガン（興安）盟、
フルンボイル市を貫いた地域である。調査した内容は調査報告書によると以下
の通りである。

　　　蒙古調査隊第一班は大正十四年五月十五日行を大連に起こし洮南府より
　　陸行して殆んど洮児河に沿ふて西北に向ひ興安嶺を越へて巴爾虎の領域に
　　入り哈拉哈河を渡って道を稍北西に取って烏爾順河の畔に出で札頼諾爾の

第3章　内モンゴル東部地域における巡廻診療（財吉拉胡）

　東畔を過ぎて十月二日満洲里に到着することを得た。（その距離は調査報
　告書によれば）全長は七百十五粁で東支鉄道西部線に対しては約百五十粁
　乃至三百粁の間隔を有して稍平行的の形を示して居る。[佐田 1926：序]
　（括弧内は引用者）

　このように満鉄モンゴル調査班は 1925 年 5 月 15 日に大連を出発し、洮南
府まで列車で移動した後、徒歩で調査をおこない、同年 10 月 2 日に現在の中
国最大の陸運交易都市である満洲里に到着した。岡西為人[2]の回想によると、
この第 1 班の調査は順調ではなかった。彼らの調査隊は索倫の奥で馬賊の襲
撃を受け、全員が荷物を置いて逃げて洮南に戻り、そこから再び装備を整えて
再出発した [武田 1974（21:3）]。いずれにせよ、興安嶺を跨る洮南から満洲
里までの 715km の距離を調査団員らはおよそ 5 ヶ月間で踏破し、『洮南満洲里
間蒙古調査報告書』[佐田 1926] を作成したのである。
　満鉄庶務部調査課「蒙古調査隊第 1 班」に同行したのは、満洲医科大学「第
1 回、第 2 回東蒙巡廻診療班」に看護人として随行し、東モンゴルを調査した
経験のある真賀里力松であった。このように医師を調査団に随行させる目的は、
班員と護衛兵の健康管理、現地の医事衛生調査、原住民の病気治療などを施し、
調査隊と原住民の感情を融和させ、調査に便宜を図ることであったという。報
告書の第 6 編「衛生状態」によると、調査班が施術したのは、眼病の一種で
あるトラホーム[3]、神経病、消化器病、マラリア、花柳病、皮膚病、結核、外
傷などの疾病であった。『洮南満洲里間蒙古調査報告書』[佐田 1926]（第 1 班）

---

　2)　医学博士岡西為人は南満医学堂出身の薬理学者であり、満洲医科大学勤務時代に満洲
　　　医科大学モンゴル巡廻診療班の一員として何度もモンゴル地域へ派遣されている。戦後、
　　　中華民国国立瀋陽医学院（前身は満洲医科大学）に薬学教授として留用され、その後、
　　　1948 年に帰国した有名な漢方学者である。詳しくは「竹孫（岡西為人）先生半生記由来」
　　　(1-10)『漢方の臨床』[武田 1973（20：9-10）；1974（21：2-6, 8-10）] を参照。
　3)　トラコーマ（ドイツ語 trachoma）とも呼ばれる。クラミジアの一種の感染によって起
　　　こる結膜炎を指す。症状として結膜の充血、まぶたの裏側の水ぶくれの多発、視力の低
　　　下などを呈し、角膜がにごって失明することもある。日本では、徴兵検査の結果による
　　　青年の罹患率は、1909 年に 23％、1915 年に 18％だったが、1919 年に政府はトラホーム
　　　予防法案を第 41 回帝国会議に提出し「トラホーム予防法」を成立させ、予防対策と検診・
　　　治療を実施した [厚生省医務局 1976：240-241]。

第2部　草原・森林への挑戦

第六編「旅行日誌・衛生状況」を基に「洮南満洲里間蒙古調査班」（第1班）
施療患者数の統計をとると、「内科65人、外科37人、眼科18人、消化咽喉
呼吸系60人、各種結核34人、トラホーム53人、皮膚科27人、花柳病34人、
マラリア59人、合計387人」であった。調査団はまたモンゴルの医師の分布
状態とその医術、薬草、気候風土、水質などを調べており、洮南から満洲里ま
での地域情報を各方面から把握し、満洲経営の拡大のために準備を整えていた。

　一方、第2班（「蒙古調査隊第二班」）は1925年に内モンゴルと外モンゴル
の接壌地域附近の外モンゴル・チェチェンハン（車臣汗）および内モンゴルの
シリンゴル盟並びにジョーオダ（昭烏達）盟などの地域で調査をおこなった後、
1927年に佐田弘治郎が担当して『東部内外蒙古調査報告』［佐田1927］をま
とめた。その調査意図は、「牧畜、農業、工業及地質等の経済事情並運輸交通、
行政財政、宗教教育、人情風俗、気象衛生等に関する諸事情を明らかにし以て
日支の共存共栄、蒙古の開発、対蒙貿易促進其の他に資せんとする目的を以
て」調査に臨むというものであった。

　「第二班」の調査団は「第一班」と同じく1925年5月15日[4]に大連を出発し、
列車で現在の内モンゴル東部の都市である通遼まで移動しそこで集合している。
調査団は通遼で日本人13名、漢人12名、モンゴル人3名の合計28人と、車
両7台、馬匹32頭を揃えて各種準備を整えた上で同月23日に通遼を出発し
ている。同年7月7日、調査団は開魯、大板上、林西、経棚、白塔子、西烏
珠穆沁（西ウジュムチン）、東西浩済特（東西ホーチト）およびダブルノール
などを経て外モンゴルのユクジル廟に到着したが、班員が外モンゴル側に拘束
され、5ヶ月間監禁された。結局のところ、日本側は、当時のソ連とモンゴル
人民共和国と親交のある中国軍閥であった馮玉祥将軍と交渉した結果、同年
12月8日に調査団の全員が釈放され、野馬図、阿巴哈那爾、東阿巴嘎、貝子
廟、パインクレノール（達里諾爾西方）、多倫諾爾、張北県、張家口を経て、
北京経由で天津から船で大連に帰還した。詳しくは、岡西為人に関する武田の
記録［1974（21:3）、（21:4）］を参照してほしい。

---

4)　　岡西為人の回想によれば、この第二班が通遼を出発したのは1925年4月といっている
　　が［武田1974（21：3）］、それは誤りであり、実際の出発日は調査報告書に記録されて
　　いる1925年5月5日（大連出発）である［佐田1927］。

第 3 章　内モンゴル東部地域における巡廻診療（財吉拉胡）

　医事衛生と情報収集のためにおこなわれたこの調査内容は、2 年後の 1927 年に 3 冊の報告書として発行された。そのうち、第一編では「一般経済事情」がまとめられ、別冊には「結論」を掲載し、また第三編には「生活状態及医事衛生　気候温度」などが記録されている。調査結果として、この地域においては、モンゴル人は牧畜業を営み、さらに満鉄の満洲経営の影響を受けていなかった未開放地が広く残っていることが報告されている。それをふまえ、この地域の治安を確保した上で鉄道を敷設し、漢人と満洲人をこの地域に入植させ農業によって開発すべきであると結論付けている［佐田 1927］。

　その調査報告書の第三篇では、当時の医事衛生に関して以下のように記述している。つまり、調査地域の衛生状況は極めて劣悪で、病気になったときには医ラマやシャーマンを招いて治療に当たらせていた。また、病因を悪魔や仏罰によるものと見て、占卜や祈祷により仏徳を得て、それにより病魔を退散させる、とモンゴル人は考えているとしている。医療衛生の意識や条件が不足していたため、幼児の死亡率が高く、自然淘汰されて生き残った人は頑丈であり、病気にあまりかからない。医術はチベットや中国五台山の仏教聖地に留学して修得したものがあり、薬として使う生薬は山から採集し、散、丸、あるいは煎薬にしたものである。また、中国の針治療と同じ針の使用や瀉血をおこなうこともあった。外モンゴル（当時のモンゴル人民共和国）の場合、ロシア（当時のソ連）の医術を使っているところもあった。医ラマによる種痘の方法は、「先づ痘苗を布片に塗り鼻腔に一定時間圧着し、若くは小刀を用ひて鼻腔に微切を加へ痘苗を塗布し以て局部感染を計る」ものであった［佐田 1927：26］。

　また、漢人や満洲人が多く居住する都会などの人口が比較的稠密な地方と比べると、遊牧モンゴル人の居住地域における疾病の特徴は異なる、と指摘されている。以下はその調査結果である。

　モンゴル人居住地域は人口稠密な都会から離れているため連絡がほとんどなく、またモンゴル人居住地域といっても遊牧しているために人口が少なく世帯ごとに遠く離れて住む。ゆえに伝染病に感染することが少ない。人口が少ないため、衛生的な面でも感染症にかかる率が低いというのである［佐田 1927］。自然環境と社会環境が伝染病流行の予防に対して非常に重要であることを伝染病史研究や疫病研究がすでに示しているように、モンゴル地域は人口が少なく、

第 2 部　草原・森林への挑戦

かつ定住家屋の距離が離れていることが、伝染病の大規模な流行を予防する環
境的条件となったということであろう。調査団は約 300 名の患者の治療に当
たったが、その治療の記録が外モンゴルに拘留されたときに押収されてしまっ
たために詳細を書けなかった。そのかわりに満洲医科大学巡廻診療の記述を参
照しながら、「調査報告書」第三編「生活状態及医事衛生」を編集し、モンゴ
ル人の医事衛生、医術、内科疾患、外科疾患、皮膚病および花柳病などの疾病
を分類して記述している［佐田 1927：1-44］。この内容については、次の節で
満洲医科大学の内モンゴル地域に対する巡廻診療実態を考察する時に言及する
ため、ここでは省略する。

(2)　内モンゴル東部地域における満洲医科大学の巡廻診療

　満洲医科大学の前身は、満鉄が奉天の満鉄附属地に 1911 年に開設した南満
医学堂であるが[5]、1922 年に満洲医科大学に昇格した。満洲医科大学は満洲に
おける近代医療の教育・研究・診療を兼ね備えた植民地医療衛生の揺籃として
機能し、日本人学生以外に、中国人医学生を受け入れた。それについて後に内
モンゴル東部地域へ巡廻診療を実施した『第 1 回東蒙巡廻診療報告』は以下
のように記している。「我が満洲医科大学ノ開設セラルヽヤ亦彼ノ古聖ニ学ビ、
仁ヲ緯トシテ学術ヲ経トシ、満蒙ノ文化的開発ニ対シテ大ニ貢献セントスルヲ以
テ其本旨トナセリ」［満洲医科大学 1923：1］、とその満洲経営の経済開発を
担った満鉄と並んで後藤新平の「文装的武備」の理念を具現した文化開発を実
施することを目的としていたことが強調されている。
　満洲医科大学は、医療衛生の調査研究チームとして「東部内蒙古巡廻診療
団」を結成し、満鉄衛生課の主催で 1923 年から 1931 年にかけて（1928 年を
除く）毎年夏季休暇を利用して 8 回（第 1 回〜第 8 回）に渡り合計 9 班の巡
廻診療をおこなった。また毎回の巡廻診療の終了後に報告書を発行した。しか

---

5)　南満洲鉄道株式会社ノ設置スル南満医学堂ニ関スル件（明治 44 年勅令第 230 号）：「南
満洲鉄道株式会社ノ設置スル南満医学堂ニ関シテハ専門学校令ニ依ル但シ同令中文部大
臣ノ職権ハ関東都督之ヲ行フ。付則　本令ハ公布ノ日ヨリ之ヲ施行ス」www.geocities.jp/
nakanolib/hensei/law/rm44-230.htm（2011 年 11 月 8 日閲覧）

第 3 章　内モンゴル東部地域における巡廻診療（財吉拉胡）

し、満洲医科大学の年度行事の一つとし重要視されていた巡廻診療が 1928 年に中止されたことについて、1929 年におこなわれた第 6 回巡廻診療の報告書には「昨年、時局柄ノ故ヲ以テ恒例ノ此挙、特ニ中止セラレシ今夏亦タ復活サレ」たと言及されている［伊木 1929：序］。1928 年 6 月には張作霖暗殺事件がおこり、黒龍江省長であった呉俊陞も同時に爆殺された。また、内モンゴル人民革命党の元秘書長であったメルセ（中国語漢字表記は郭道甫）らが、1928 年 6 月に、国際コミンテルンの指令によりソ連および外モンゴルに留学したことのあるモンゴル人青年たちを集めてフルンボイル地域で武装暴動を起したのであった。これらが満鉄附属地附近と、更に幅広い地域に社会的不安をもたらしこの年の巡廻診療は中止されたと考えられる。

以下では満洲国建国前に満洲医科大学診療団が実施した巡廻診療の意図と性格、診療内容および実態を考察する。

満洲医科大学が巡廻診療団を組織した意図について、第 1 回巡廻診療報告書には以下のように明記している。

　　（前略）東蒙ノ地ハ其名蒙ト稱スト雖モ其ノ一部ハ既ニ行政上満洲ノ中ニ入リ、其他ノ部分ト雖モ、今将ニ文化ノ曙光ヲ浴ビテ開明ノ域ニ旅立タントシツヽアリ、之ガ善導開発モ亦吾人ニ與ヘラレタル使命ノ一ニ属ス。殊ニ之ガ医事衛生上ヨリ観タル内蒙ハ南満洲トハ密接不可離ノ間ニ在ルアレバ、親シク彼地ノ医事衛生的状態ヲ詳細ニ調査シ、然ル後ニ彼鄙民ヲ誘導啓発シテ、一ニハ彼ノ地ノ救療衛生機関ノ完全ヲ図リ、又一ニハ我南満洲ニ於ケル防疫上ノ安泰ニ資シ、斯クテ頭初ノ目的タル満蒙ノ文化的開発ニ資セザルベカラズ、是実ニ吾等ノ為サヾルベカラザル、偉大ナル責務ナリトス（後略）［満洲医科大学 1923：1］

このように、満鉄衛生課の後援を基に第 1 回巡廻診療班が組織された。つまり、巡廻診療団の結成の目的は近代医療衛生の恩恵をもって満洲と内モンゴル東部地域を文化的に開発するためであった。さらに言えば、その地域の医事衛生の状態を調査した上で、医療衛生機関を確保し、満洲経営の基礎である満鉄附属地とその周辺の防疫を図ることを目的としたのである。さらに報告書に

第2部　草原・森林への挑戦

は、その文化開発について以下のように記している。

　　是レ我医学ガ文化的開発ニ当リテ最モ主要ナル地位ヲ占ムルノ明證ニシ
　テ、而モ其然ル所以ハ仁ヲ以テ本トスル医学ガ尤モ深ク実ヲ実トシテ住民
　ノ脳里ニ浸染スルヲ以テニ他ナラズ今余等ノ特ニ危険ヲ冒シテ僻地ニ使ス
　ルノ第一義ハ素ヨリ医療機関ニ乏シキ辺鄙ノ悲惨ナル病者ヲ死地ヨリ救済
　スルニ在リ、之ニ由ツテ彼我ノ親密ハ一層加ハルベク、更ニ各地ヲ遍歴ス
　ルウチ親シク各階級ノ蒙支人ニ接シ、互ニ胸襟ヲ開キテ語ルノ機会多キヲ
　以テ、相互二諒解ヲ深メ、進デ彼我相携ヘテ開発ノ大任ヲ遂グルノ機運ヲ
　促進スル。[満洲医科大学 1923：1-2]

　上述から分かるように、医療衛生事業を展開することによって現地人を救済
し、さらに現地人との相互理解を深め、文化刷新と満蒙開発に便宜を図るべき
であることを満洲医科大学巡廻診療団員は認識していた。また 1924 年に実施
された巡廻診療の報告書は、「故ニ真ニ東蒙ノ開発ヲ念フ士ハ必ズ先ヅ彼地を
訪ヒ其実情ノ調査ヲ遂ゲ、更ニ進ンデハ其土民ノ覚醒ヲ施シ、文化ノ恩慶ヲ蒙
ラシムル様努力セザルベカラズ」、と満洲経営の一環として内モンゴル東部を
開発するために、その地域の医事衛生を調査し、近代的文化によって現地人を
啓蒙する必要があると、診療団員に対して強調している［満洲医科大学
1924：1］。当時満洲医科大学教授であり、巡廻診療団の班長を二度も務めた
薬理学者の久保田晴光は、1931 年 9 月の満洲事変までに 8 回にわたって実施
された東モンゴル巡廻診療の目的について、以下の 6 点にまとめている。

　「①住民の疾病の治療　②衛生思想の普及　③風俗習慣其他一般生活様式
　の調査　④医事衛生事情の調査　⑤気候並に水質の調査　⑥日本側に対す
　る蒙古事情の紹介」などを主な目的とした。[久保田 1932：1]

　この 6 点からわかるように、診療班は各事情調査、病気診療、医療衛生の
普及の 3 点をもって、巡廻診療の業績や事情調査を日本へ紹介することによっ
て、満洲経営に影響を与える植民地医療衛生の優越性をアピールし、満洲医科

第 3 章　内モンゴル東部地域における巡廻診療（財吉拉胡）

表 3-1　満鉄衛生課主催満洲医科大学巡廻診療概略表（1923-1931 年）[6]

診療回数	診療年次	団　長	班員数	診療対象地域	施療対象	患者数
第 1 回	1923 年 7 月 -8 月	久保田晴光	11 名	通遼、林西方面	漢人、モンゴル人、日本人	419 名
第 2 回	1924 年 6 月 -7 月	久保田晴光	18 名	四洮昻沿線葛根廟方面	漢人、モンゴル人、日本人、朝鮮人	3219 名
第 3 回	1925 年 7 月 -8 月	石川精一	12 名	通遼、綏東方面	同上	1711 名
第 4 回	1926 年 7 月	橋本満次	17 名	洮昻方面	同上	2467 名
第 5 回 （第 1 班）	1927 年 7 月	平山　遠	14 名	アルゴルチン方面	漢人、モンゴル人、日本人	817 名
第 5 回 （第 2 班）	1927 年 7 月	久保久雄	5 名	サリコトカ方面	朝鮮人	449 名
第 6 回	1929 年 7 月	林田豊次	14 名	四洮昻方面	漢人、モンゴル人、日本人、朝鮮人	988 名
第 7 回	1930 年 8 月	北浦保憲	11 名	新民屯、通遼方面	同上	1083 名
第 8 回	1931 年 7 月 -8 月	寺田文次郎	11 名	サリコトカ、通遼	同上	1057 名

満洲医科大学蒙古巡廻診療団報告書（1923-1931 年）を基に筆者が作成

大学の行動を正当化した。表 3-1 は満洲国建国前に実施された満洲医科大学の巡廻診療の基本的な状況である。

---

6)　第 1 回巡廻診療班の治療人数について、診療報告書には 419 名であり、その内訳は、外科、皮膚科、花柳病、耳鼻科などを合わせて 134 名としており、内科 136 名、眼科 137 名、小児科 11 名、婦人科 1 名と記している。『満洲医科大学史』［満洲医科大学史編集委員会 1978：291］にも第 1 回巡廻診療班の診療患者数を同じく 419 名としているが、久保田晴光［1932：7］が 1932 年にまとめた記録によれば第 1 回巡廻診療班の診療患者数は 432 名に上っている。表 3-1 は報告書通りに 419 名としたが、病類別が不明であるところがあったため、次の表 3-2 には各科症例をあらわすために前掲久保田の記録を参照した。また満鉄地方部衛生課 1928 年度(昭和 3 年度)南満洲鉄道附属地『衛生概況』［1930：

第 2 部　草原・森林への挑戦

　先述のように、1923 年夏から 1931 年夏にかけて内モンゴル東部地域におい
て実施された満洲医科大学の巡廻診療は 8 回 9 班に及んでおり、またそれを
まとめた報告書は 9 冊にのぼる。報告書は、一般事項（診療団の構成、日程
と携帯品目、団員の健康状態、医療衛生の宣伝）、診療概況（診療方法と施療
状況、各科診療内容）、調査事項（医事衛生調査、水質検査、気温観測）、およ
び日誌（現地人の生活および風俗慣習、地理や道路状況などの所見記録）に
よって構成されている。以下では、その医事衛生調査、巡廻診療、風土病の調
査研究の 3 点から考察してみよう。

　まずは医事衛生調査である。医事衛生調査は巡廻診療班にとって大きな課題
であったといえる。日本側としては、満鉄附属地とそれに隣接する地域の現地
人の医事衛生を把握する必要があったからである。このため、合計 8 回 9 班
の巡廻診療は東部モンゴル地域の衛生状態、疾病の種類、流行病、水質、気候、
生活状態などの医事衛生状態を調査している。報告書によれば、漢人居住地域
では、満鉄附属地沿いの大都会には西洋医学の医療機関が若干存在していたが、
地方（農村部）では漢方医（中国伝統医学）による治療がおこなわれており、
内科的疾患、特に消化器病および呼吸器病（例えば肺結核や他結核症）が多く
見られた。一方、モンゴル人居住地域では、外科的疾病、眼科および皮膚科の
疾患が各科疾病の中で多数を占めていた。モンゴル人の間では、占いや祈祷に
よる民間治療およびモンゴル人僧侶がチベットや中国五台山に巡礼しそこの仏
教寺院で学修したチベットの仏教医術（チベット伝統医学）が信じられている。
医ラマらが使う薬の多くは漢人商人から購入した漢方の製剤または生薬であっ
たという。

　次に巡廻診療の内容である。その診療は二つの方法によっておこなわれた。
一つには、満鉄附属地に沿った地域で日本人が個人的に経営している診療所や
満鉄が経営するいわゆる満鉄公医[7)]の診療所を利用した投薬や手術などの内科
および外科的処置である。もう一つは、簡易診療所の設置、つまり旅行中に建

　　20-21］には満洲医科大学巡廻診療の第 6 回目までの診療期間、区域、患者数を記録して
　　いるが、診療報告書とも異なる患者数が出ている。
　7)　　公医は近代日本が台湾、朝鮮および満洲で実施した植民地医療衛生制度の一つである。
　　日本植民地期台湾公医に関して、詳しくは鈴木哲造［2005（25）］を参照のこと。

92

第3章　内モンゴル東部地域における巡廻診療（財吉拉胡）

表 3-2　満洲医科大学巡廻診療患者人数統計表（1923—1931 年）

診療班＼診療各科	内　科	外　科	皮膚科・花柳病	眼　科	合　計
第 1 回	147 名	56 名	92 名	137 名	432 名
第 2 回	1,648 名	378 名	520 名	673 名	3,219 名
第 3 回	696 名	305 名	361 名	349 名	1,711 名
第 4 回	1,099 名	466 名	453 名	439 名	2,457 名
第 5 回（第 1 班）	350 名	203 名	152 名	134 名	839 名
第 5 回（第 2 班）	243 名	31 名	128 名	47 名	449 名
第 6 回	392 名	209 名	158 名	229 名	988 名
第 7 回	436 名	173 名	198 名	276 名	1,083 名
第 8 回	378 名	309 名	148 名	222 名	1,057 名
合　計	5,389 名	2,130 名	2,210 名	2,506 名	12,235 名

満洲医科大学蒙古巡廻診療団報告書（1923-1931 年）、久保田晴光［1932：7-8］を基に筆者が作成

てたテントの中や馬車の上で手術を施すという外科的処置である。診療内容は表 3-2 に示したように内科および小児科（44％）、外科および歯科（17％）、皮膚泌尿器科（花柳病を含む）および婦人科（18％）、眼科・耳鼻咽喉科（21％）に及び、また現地人のための種痘もおこなった。ここでは全体診療の中で診療比率が少なかった花柳病の診療状況を取り上げることにする。診療班にとって、花柳病の症状が雑多であり、かつ臨床的に初見の症状が多かったからである。

　花柳病は梅毒、淋病および軟性下疳を総合して称する性病であるが、巡廻診療報告書によると、鉄道沿線の都会や町の人口の密度が高い地域の漢人および駐屯兵士に多く見られ、しかも男性患者の数が女性患者よりはるかに多かった。またモンゴル人の場合、漢人とモンゴル人が雑居している地域および仏教寺院に多く見られ、おおくは第一期や第二期の梅毒であったが、僧侶には第二期および第三期の梅毒の患者が多かった。報告書は性病に感染した主なルートについて以下のように分析している。漢人が多く住む都会や町には「売笑制度」の取り締まりがなく、娼婦に対する「検梅制度」が厳しくなかったため、娼婦に

93

第2部　草原・森林への挑戦

よる性病感染が蔓延していた。モンゴル人の場合、僧侶が性病感染のルートに
なっていたようである。仏教徒である僧侶には結婚、飲酒、喫煙などを禁止す
る戒律があったため、独身生活を終生送るのだが、一方で彼らは娼婦に接した
ため、性病への感染が多かった。さらに数百人の僧侶が居住する寺院では男色
が横行していたため、年少の僧侶には梅毒が多く見られた。また、僧侶はモン
ゴル人に尊敬されていたこと、更にモンゴルの婦人の貞操観念は薄弱で、夫以
外の旅人と付き合ったり、僧侶に自分を献じたりすることが頻繁にあったこと
から、性病に感染する僧侶が多かったとされている。しかし、当時の状況につ
いて、以上の調査報告以外にそれに関して記録した資料が不足しているため、
現地のモンゴル人の性行動の実態を正確に記述しているかどうかは不明である。

　花柳病の感染に対し、巡廻診療班は主に以下のような治療をおこなった。例
えば、梅毒に対して、「「サルバルサン」[8)]ヲ二十・Ｃ・Ｃ「アンプレ（アンプル
レ）」入り蒸留水ヲ以テ溶解シ静脈注射ヲ施シ沃度「カリウム」丸ヲ与ヘタリ」
し、あるいは「与フルニ0.五甘汞錠剤ヲ以テセリ、特ニ護膜腫性ノモノニハ
水銀硬膏ヲ貼用シ、又昇汞錠ヲ与ヘテ湿布用」としている。淋病に対しては
「「ザロサンタール」および「サンタール」ヲ与ヘ洗滌ヲ行」わせるなどしたと
いう。また軟性下疳に対しては、「「エリナコール」ヲ貼布シテ治療を待テリ。
其他滲出性疾患ニ対シテハ二％「クロールカルシウム」ノ静脈内注射ヲ」した
［満洲医科大学 1924：22］。このような、巡廻診療班による近代的診療は、花
柳病の治療に効果が著しく、「サルバルサン」を求めてくる患者もいたという
ことである。

　最後に風土病の調査研究である。風土病に関する調査研究は、植民地医療衛
生事業の一つの重要な課題であった。風土病は、現地の風俗を知らない植民者
に対しては、彼らの健康と日常に常に脅威をあたえる疾病であるからである。
そこで、満洲医科大学巡廻診療班は最新開発の薬品類、診療器械、消毒用品な
どを携帯した上、「学術上ノ調査研究用具トシテハ種々ナル試薬類、培養基類
ノ他ニ顕微鏡、血色素計、血球計算機等ヲモ用意シ、研究材料ノ蒐集ト学術上

---

8)　サルバルサン（Salvarsan）は梅毒の化学療法剤として臨床的に使われた最初の治療薬
　　である。1910年、エールリヒと秦佐八郎が606番目に試験したことから606号とも呼ば
　　れる。現在は使用されていない。

第3章　内モンゴル東部地域における巡廻診療（財吉拉胡）

ノ発見ニ備フル所アリタリ」という状態で現地に入った［満洲医科大学 1923：2-3］。つまり、巡廻診療の目的の一つは医学的研究であり、植民地経営者の健康を危機にさらしかねない現地人に蔓延している風土病を発見し、それに対応する治療方法を探求するための調査であった。このため、巡廻診療班には各科の専門家が同行していた。例えば、第1回と第2回巡廻診療の班長となった久保田晴光は薬理学者であり、他、岡西為人は薬物学者であった。

　さらに表3-2の統計表に各科疾病の治療人数が示されている疾患の中で、内科的疾患として注目された現象は結核性の疾患、急性および亜急性伝染病としての赤痢（アメーバ赤痢を含む）、マラリア、および寄生虫（特に蛔虫）が多かった。外科では特に結核および梅毒性疾患が多く発見され、皮膚病では白癬、黄癬などの糸状菌病が多く存在し、花柳病では梅毒が最も多くその次は淋病であった。眼科では、トラホームおよび結膜炎が多数を占めた。診療班は特に地方病について注意を払ったようである。例えば、1927年に実施された第5回第2班の巡廻診療の場合は、内モンゴル東部砂里胡嗄（当時は白音太来、現在の内モンゴル自治区通遼市より西南約70km）華興公司農場で労働していた朝鮮人を診療すると同時に、同地方に存在する特殊皮膚病を調査している。また寄生虫に関して積極的に研究した上で、それが皮膚病の原因になっているか否かを確認している。さらにこの皮膚病と類似した症状が通遼附近遼河上流地域の水田事業に従事する農村部に見られたことから、診療班はそれを臨床的かつ病理組織学的に研究した。その結果、この皮膚病は遼河およびその支流流域で水田耕作に従事する農民や満鉄附属地附近の日本人がその川水と接触したことから発生する地方病である、と彼らは判断した。モンゴル東部で発生するこの皮膚病の研究結果は、「東蒙砂里胡嗄地方ニ於ケル特殊皮膚疾患ニ就テ」というタイトルで『満洲医学雑誌』第八巻［村田ら 1928］に掲載された。この内容は巡廻診療班の報告書とほぼ同じであるが、学術雑誌に掲載されたことから、植民地支配のための地方病の調査研究と、近代医学によるその克服を重要視していたことがわかる。さらにもっとも注意すべきは内モンゴル医療衛生の地方病研究史に実績を残したことである。

　満洲国建国に至るまでの期間に、近代日本は満鉄、満洲医科大学を通じて現地へ調査班・診療班を派遣し、現地の風俗習慣、人口構造、風土病、医事衛生、

95

第 2 部　草原・森林への挑戦

地理環境、気候、資源などを調査し、巡廻診療という特別な診療方式をもって
近代医療衛生の普及を目指した。さらに、彼らが残した調査記録は植民地医療
衛生研究の貴重な資料であるにとどまらず、モンゴル人の間で実際に存在して
いた疾病種類に関する記録であり、また各種疾病に対して施した近代的診療方
法などは内モンゴルの医療衛生史において注目すべき内容であった。

2　「満洲国」建国後の内モンゴル東部地域における 日本の巡廻診療

　前述のように、日本は満洲事変前から内モンゴル東部地域へ調査団を派遣し、
地理環境、気候水質、自然資源、政治経済、文化宗教、風俗習慣、医事衛生な
どの状況を調査し巡廻診療をおこなった。その目的は、満蒙の地に日本人を移
住させるのが適当であるか否かを確認し、その地域を開拓・経営することで植
民地の基盤を固めることであった。さらに植民地医療衛生事業を展開し、現地
人を懐柔することで親日的モンゴル人社会の秩序を作ることが彼らの一つの課
題であった。

　1932 年に関東軍は傀儡的満洲国を樹立させ、事実上、中国の東北地域と内
モンゴル東部を支配した。そして、こういった地域を支配するには現地の民心
を把握し、医療衛生、文化教育、宗教などの面で統合し、統治権力を植民地社
会へ浸透させる必要があった。ここでは、満洲国政府がモンゴル人居住地域で
実施した医療衛生政策を検討し、日本が当該地域で展開した医療衛生事業の実
態を考察する。

　満洲国における医療衛生政策およびその事業の展開に関する先行研究は、少
なくない。飯島渉は帝国日本によって蓄積された植民地医療衛生業績について、
満鉄附属地の各病院、満鉄衛生研究所、満洲医科大学を中心に考察している。
また、満洲における植民地医療衛生は「開拓医学・開拓衛生学」の展開によっ
て充実されたことを分析している［飯島 2005：157-174］。一方、沈潔は満洲
国における社会事業史を論じる際、その医療衛生事業の展開を「戦時厚生事

業」として捉えており、戦時の必要に応じて医療行政の強化と医療政策の転換が生じ、医療救護の普及から健民保険という人的資源の保護に比重がかかり、軍事援護へと進んでいったことを論じている［沈 1996：251-286］。さらに満洲国は社会事業の一環として医療衛生体制を立ち上げ、医療衛生の普及を目指し、地方衛生機関を充実させ、伝染病の予防と撲滅にとりくんだことにも言及している［沈 2003］。また、趙暁紅は医療統制の視角から満洲国における医療衛生事業のプロセスを考察した上で、それが「人的要素としての医療技術者、物的要素としての医療施設、医療関係の組織統合力としての医療行政権」の三つの面から展開され、近代日本の戦時体制に奉仕する道具として役割を果たしたと論じている［趙 2008］。これらの研究は満洲国の医療衛生全体を理解するための一助となる議論であるが、満洲国に支配されたモンゴル人居住地域に対する医療衛生事業の事例は分析対象にはしていない。

　これに対して、伊力娜は以上の先行研究と異なった方向、すなわち近代日本がモンゴル人に対して実施した医療衛生政策の視点から満洲国における医療衛生制度を議論し、近代日本の各機関が内モンゴルの東西両地域で実施した巡廻診療の分析から、モンゴル人に対する近代日本の医療衛生政策の実態を考察した[9]。その中で、伊は、近代日本がモンゴル地域へ医療衛生を普及するために巡廻診療をおこない、医療制度として満洲国のほかの地域と異なった政策を取り、モンゴル地域を管理する興安局を通じてその政策を実施していた、としている［伊 2007：21-25］。しかし、巡廻診療の具体的な内容、およびその制度が実際にどのようにおこなわれたかは詳細に論じていなかった。

　ここでは、以上の問題意識と先行研究を基に、日本が在満洲国医療衛生機関を通じて実施したモンゴル人居住地域に対する巡回診療と医事衛生に関する調査研究の性格と実績を分析する。

---

9)　伊力娜は満洲医科大学、日本赤十字社満洲委員部、恩賜財団普済会、満洲国赤十字社、同仁会、大阪毎日新聞社、京城帝国大学、善隣協会などの機関が内モンゴルで巡廻診療を実施した実態を考察している［伊 2007］。

第 2 部　草原・森林への挑戦

(1) 内モンゴル東部地域における満洲医科大学の巡廻診療

　1932 年から 1938 年までの間、満洲医科大学は、7 回（第 9 〜 15 回）に渡り合計 11 班を派遣しモンゴル地域における巡廻診療を実施した。しかし、建国前の 1923 年から 1931 年の間に満鉄衛生課の主催により実施した 8 回（第 1 〜 8 回）合計 9 班の巡廻診療と比べれば、建国後の第 9 回（第 1 班、第 2 班）、第 10 回は関東軍の主催によるものであり、その後の巡廻診療は満洲医科大学が自費で実施したものであった。しかしながら、巡廻の範囲は満鉄附属地附近および満鉄の管轄範囲をはるかに越えていた。

　1932 年以後の巡廻診療は当時のソ連とモンゴル人民共和国の国境沿いの地域、関東軍が「熱河作戦」によって占領した熱河省、風土病のある地域、および内モンゴル西部まで及んだ。『柳絮地に舞ふ——満洲医科大学史』［満洲医科大学史編集委員会 1978：288-302］によると、関東軍の主催によって実施された第 9 回（第 1 班と第 2 班、1932 年）、第 10 回（1933 年）の巡廻診療は当時のモンゴル人民共和国とソ連との国境沿いのフルンボイル地域を選んでいる。その後の第 11 回（高森班と久保班、1934 年）、第 12 回（第 1 班と第 2 班、1935 年）の巡廻診療は満洲国領内の熱河省と興安各省において実施されており、主に風土病の調査研究をおこなっている。また、第 13 回（冀察班と冀東班、1936 年）は内モンゴル西部、河北省北部の万里の長城沿いの地域を対象としており、第 14 回（1937 年）と第 15 回（1938 年）は現在の吉林省と黒龍江省の一部を対象とした（表 3-3）。これらの巡廻診療と医事衛生調査に関する資料の全てが現存するかどうかはわからないが、本研究においては、筆者が発見した第 11 回（高森班）、第 12 回、第 13 回の巡廻診療報告書を基に、また『満洲医学雑誌』に発表されたほかの関連資料を参照しながら、満洲医科大学によっておこなわれた医事衛生に関する調査研究を考察する。

(2) 満洲医科大学による医療衛生の調査研究

　満洲国建国以降、民生部保健司は地方病の研究調査と予防治療を実施してきたが［守谷 1938b］、満洲医科大学も継続的に医学・衛生学の調査研究に取り

第 3 章　内モンゴル東部地域における巡廻診療（財吉拉胡）

表 3-3　満洲医科大学巡廻診療概況（1932-1938 年）

回数		年次	班長	班員数	巡廻地域	患者数
第九回	第一班	1932 年 7-8 月	寺田文次郎	9 名	ハイラル、満洲里、チチハル	5013 名
	第二班	1932 年 7-8 月	宮本節一	9 名	チチハル、克山方面	3702 名
第十回		1933 年 7 月	橋本満次	13 名	チチハル、克山、ハルピン	6708 名
第十一回	高森班	1934 年 7-8 月	高森時雄	9 名	承徳、赤峰、山海関方面	1419 名
	久保班	1934 年 7-8 月	久保久雄	4 名	承徳、錦州、山海関方面	不明
第十二回	第一班	1935 年 6-7 月	久保田晴光	20 名	シニヘン、甘珠爾廟、王爺府	1129 名
	第二班	1935 年 7-8 月	高森時雄	5 名	北鉄東部、賓北線方面	不明
第十三回	冀察班	1936 年 4 月	安達次郎	9 名	冀察方面	335 名
	冀東班	1936 年 10-11 月	隠明寺正夫	5 名	冀東方面	1376 名
第十四回	北野班	1937 年 7 月	北野正次	13 名	多倫、徳化、西スニット方面	1425 名
	黒田班	1937 年 7 月	黒田源次	29 名	アラカン廟、王府、扶余、大賚	不明
第十五回		1938 年 8 月	高森時雄	8 名	柳河、五道溝、輝南、濛江	不明

満洲医科大学巡廻診療各報告書（1932-1938）、『満洲医科大学業績集』［久保 1940：72-79］を基に筆者が作成

組んだ。その研究業績と特徴について、『柳絮地に舞ふ——満洲医科大学史』［満洲医科大学史編集委員会 1978：87-88］には以下のようにまとめられている。

① 満洲における各種伝染病の研究

② 満洲地方病の研究、例えば、カシン・ベック病、地方病性甲状腺腫、克山病（満洲心筋変性症）、カラ・アザールなど

③ 発汗作用、並びに寒冷気候に対する生理的馴化の研究[10]

99

第 2 部　草原・森林への挑戦

④　満洲の気候風土に適する生活方法並びに中国人の衣食住の研究

⑤　満洲における栄養問題の研究

⑥　満洲の漢薬に関する研究

⑦　中国医学の研究

⑧　開拓医学の研究および実地指導

⑨　蒙古人の医学的調査および衛生開発

　以上の調査研究の内容から見ると、満洲医科大学の各教室は日本移民、満洲人、漢人、朝鮮人、モンゴル人などの諸民族の健康保全、衛生開発を目標とし、当時の近代医学的に存在する諸問題を解明するために努力し一定の実績を出していた。例えば、満洲地方性克山病は、1935年に満洲国龍江省克山県下の僻村に原因不明の疾患が発生し、多数の死者を生じた事からはじめて知られるようになった。それは冬季満洲の僻地に多発する特異な地方病であった。満洲医科大学は満洲国が組織した調査委員会に参加し、調査研究をおこなった結果、冬季炕ならびに火鉢から漏洩したCOにより、軽度の中毒を繰り返すことによって慢性心筋変性症を起こすが、ビタミンA、C、Dの欠乏がCO中毒に著しい影響を与えていることを明らかにした。そして、その地域の住民の家屋と炕を改造し、衛生改善を実施した結果、本病による死者が激減したという[11]。また熱河省の地方病性甲状腺腫と呼倫貝爾（フルンボイル）の地方性皮膚糸状菌病および白癬様皮膚疾患などに関する各種地方病に関する調査研究をおこなった[12]。

---

10)　日本生理学者久野寧（1882─1977年）が満洲医科大学教授時期において実施した発汗研究を指す。

11)　満洲医科大学の克山病調査研究について、詳しくは『柳絮地に舞ふ──満洲医科大学史』［満洲医科大学史編集委員会 1978：93-94］を参照。克山病は現在の中国黒龍江省チチハル市克山県を中心に内モンゴル東部までの幅広い地域において発生する地方病であり、中華人民共和国建国後、内モンゴル自治区の地方病調査研究チームが克山病を対象に長い間調査研究をおこない、この疾患はCO中毒ではなく、セレン欠乏症であるという見解を示し、水質やその地域産食糧にセレンが不足になっていると発表したが、その原因は未だに不明であり、調査研究も続いている［斯 1987：152-170］。

12)　例えば、満洲医科大学の高森時雄教授は、満蒙地方病（地方病性甲状腺と大骨頭節病「Kaschin Beck 氏病」）を全面的に調査研究し、その結果を「満蒙地方病」（其一─其九）

第3章　内モンゴル東部地域における巡廻診療（財吉拉胡）

　満洲医科大学第 11 回巡廻診療は二つの診療班（高森時雄班と久保久雄班）
に分かれ、1934 年 7 月（高森班は 7 月 9 ～ 31 日）に熱河地方において地方病
の調査研究をおこなった。この時期は、関東軍が「熱河作戦」によって張学良
部隊を追い出し、熱河省を満洲国の領域に入れた直後であるが、治安は比較的
に安定していたときであったため、満洲医科大学が地方病調査研究に踏み出し
たと考えられる。高森班班員 9 名は熱河地方の地方病性甲状腺腫の調査研究
をおこなうと共に、他の各種診療を施した。調査研究後の報告書によると、診
療した各科の患者数は、内科・小児科 886 名、外科 105 名、皮膚泌尿器科 136
名、眼科 336 名、耳鼻咽喉科 141 名、歯科 20 名であったが、診療人員にモン
ゴル人、朝鮮人、満洲人、漢人を含み、さらに「熱河作戦」後、この地域に大
量の日本人が進出したため、日本人の患者も多かった。高森班がこの地域にお
ける地方病性甲状腺腫に対しておこなった調査研究の結果、その風土病は水中
のヨウ素不足が発病の主な原因となっていることが判明した。そのため、海草
類の摂取によってヨウ素を補充すれば本病を完全に予防および治療しえること
が分かり、巡廻診療時にその地方病の治療に当たり、また、そのことを宣伝し、
当該地方在留日本人の健康保全のために努めたとされる［満洲医科大学巡廻診
療団・熱河地方病研究団高森班 1934、1935；善隣協会 1935（1）］。

　一方、上述の第 11 回巡廻診療に先立ち、1933 年 8 月 1 日から 9 月 10 日ま
での間、満洲医科大学の久保久雄教授も関東軍の命令にしたがい限定された熱
河地方病性甲状腺腫の調査研究をおこない、その結果を 1934 年 10 月に南京
で開催された「第 9 回極東熱帯病学会」に参加したときに報告しているが、そ
の内容は高森によるものと類似しているためここでは省略する。

　満洲医科大学第 12 回巡廻診療は二つの診療班（久保田晴光班と高森時雄班）
に分かれておこなわれた。高森班に関する資料は見つからなかったため、その
内容は不明であるが、久保田班は 1935 年 6 月 31 日から 7 月 15 日まで満洲国
興安北省東南部のフルンボイル地方、興安東省の西南部、興安南省北部にまた
がったおよそ千 km の距離を旅し巡廻診療をおこなった。主に地方性皮膚病の

　　　というテーマで「第 33 回日本内科学会総会宿題報告」として『東方医学雑誌』に中国語
　　　で発表している［高森 1937（15：12）；1938（16：1）、（16：3）、（16：6）、（16：7）、（16：
　　　9）、（16：12）；1939（17：5）、（17：7）］。

第 2 部　草原・森林への挑戦

調査研究であった。その行程を具体的に言えば「濱洲線ノ「ハイラル」ヲ出発シ、「シニヘン」、「ホインゴール」、甘珠爾廟、将軍廟ヲ経テ、「ハロンアルシャン」ニ到リ、更ニ大興安嶺ヲ越エテ嶺南ノ七道溝ヨリ索倫、王爺廟、次イデ葛根廟ニ長駆シ」たものであった。診療班は興安嶺西、興安嶺南のモンゴル人居住地域、当時の調査班の言葉によれば未開発のモンゴル地域に皮膚糸状菌病があるという従来の記録があったため、その調査に乗り出した［新澤 1937］。その地方性皮膚病を調査研究した結果は以下の通りである。

　診療班は調査地域において皮膚糸状菌病患者 117 名（モンゴル人 83 名、満洲人 29 名、日本人 4 名、ロシア人 1 名）を発見し、そのうち、白癬 19 例、黄癬 16 例を培養し細菌学的にその病因を調査した。その培養陽性例に対する細菌学的研究の結果、白癬菌として、日本生芽胞菌 3 株、猩紅色菌 3 株、菫色菌 11 株、禿滑菌 1 株、鼠蹊表皮菌 1 株を発見し、内モンゴルにも僅かながらも禿滑菌、鼠蹊表皮菌などの菌種が存在していることを確認している。また、16 例の黄癬は臨床的に赤禿型 6、菌甲型 4、仮性菌甲型 3、落屑型 3 例であり、そのうちの 15 例はモンゴル黄癬菌によるものであることを確認したとしている［新澤 1937］。以上のように、巡廻診療班は近代医学的な調査研究を通じて内モンゴル特有の皮膚糸状菌病の発疹部位、およびその症状、細菌学的な特徴を科学的に明らかにし、臨床学的には検討可能な情報を提供していた。

おわりに

　西洋帝国主義列強は精密機械を利用することのみならず、応用科学的技術に頼ることで、植民地と半植民地統治を拡張し、またその統治を穏やかに続けることを試みた［Pyenson 1985: xiii］。20 世紀前半において、日本も近代的科学技術の優越性と実用性を発揮し、中国東北地域、内モンゴルないし中国全体における武力的統治を確保することを試みた。その中、近代日本は植民地において巡回診療を含む医療衛生技術を有効に応用し、また発展させ、在留日本人の健康を確保し、被植民側の民心を篭絡し、植民地半植民地に対する統治を維持

第 3 章　内モンゴル東部地域における巡廻診療（財吉拉胡）

し、満洲経営を促進させることを試みた。このように、宗主国が植民地におい
て発展させた医療衛生のカテゴリは、学界では「植民地医学」（Colonial
Medicine）と呼ばれた[13]。

　植民地医学は、ヘッドリックの『帝国の道具』（*The Tools of Empire,* 1981）
において帝国主義の植民地を支配する道具として位置づけられ［Headrick
1981］、また、アーノルドの研究では、帝国と植民地をつなぐ有力な媒介物と
して、西洋文明と資本主義の利益獲得のための優勢なプロパガンダとして、さ
らに植民地における帝国主義的通商と工業による勢力浸透を確保する手段とし
て見なされた［Arnold 1988］。彼によると、植民地医学は植民者の権力と学知
を有するものであって、植民地にする側が植民地化される側の個々人の身体を
利用して植民地秩序全般や体制を構築する領域であった［Arnold 1993: 7-10］。

　以上のように、植民地の医療衛生に関する欧米の研究は、特に植民地アフリ
カや植民地インドの事例を基に植民地医学の特性がまとめられている。さて明
治維新後、日本は医療衛生を制度化し、またそれを周辺の植民地へ強制した。
その中で、近代日本が東モンゴルで展開した巡回診療ないし医療衛生事業は当
該地域を有効且つ順調に支配することに積極的な役割を果たした。近代的医療
衛生は帝国主義が植民地の人々を心身両面から支配するための道具となった。
したがって、近代日本は医療衛生の実践をもってモンゴル人に対する植民地化
実施を実現させ、衛生行政の制度化をもって、モンゴル人社会の秩序を再編す
ることを試みた。しかし、近代日本が中国東北地区において設置した近代的医
療衛生の施設や設備及び医療衛生機構は、その辺縁地区の人口の少ないモンゴ
ル人居住地域で有効な機能を発揮できなかった。これに対して、巡廻診療はそ
の移動性をもって固定的医療衛生の欠点を補い、近代的医療衛生の植民地にお
ける展開を促進させた。

　満鉄と満洲医科大学は巡廻診療班を辺縁に派遣し、病気治療と懐柔政策を実
施し、また当該地域の生活習慣、社会事情、政治、地理気候、文化などを調査
し、日本の文化と近代的科学技術を宣伝し、植民地の近代化を試みた。巡廻診
療が持つ柔軟性は固定的医療機関がもつ機能をはるかに超えた診療活動を実施

───────────
　13）　たとえば、飯島渉は、植民地医学は帝国主義宗主国が植民地統治の中で蓄積した医学・
　衛生学的知識体系である［飯島 2005：8-9］、と位置づけた。

第2部　草原・森林への挑戦

する一方、社会調査をおこない、民生を洞察し、政治的動きを把握し、経済と軍事情報を収集し、地理気候と地質を測った。つまり、近代日本は巡廻診療という特別な診療方式をもって近代医療衛生の普及を目指した。

　満洲事変以前に満鉄庶務部調査課によって実施された調査は、医事衛生と満洲の経済開発のための調査、そして新生社会主義大国ソ連およびモンゴル人民共和国による満洲および内モンゴルに対する影響力の観察という一面を持っていた。他方、満洲医科大学の巡廻診療班の行動は、関東軍と満鉄の許可を得て植民地医療衛生事業の一環として実施されたが、巡廻診療と医事衛生調査が主な内容であった。これらの調査はそれぞれ異なる目的を持っていたが、病気診療をもって日本の近代医療衛生を宣伝し、人心を把握し親日感を育み、在留日本人の健康保全を確保するという面では共通していた。すなわち、医療衛生を媒介物として、人とモノ、さらに技術と思想の移動によって植民地主義的に現地を経営するという点で共通していた。同時に、それは近代医学と植民地思想を基にした医事衛生、風土病、疫病に関する調査研究でもあった。その過程で、地方病の調査研究、疫病調査研究が進められ、それをきっかけに、伝染病予防機関が設置され、医療衛生行政の制度化が進められた。

　また、日本の医療衛生機関が実施した地方病・風土病、例えば、熱河地方の地方性甲状腺腫、フルンボイル地域の地方性皮膚糸状菌病、および克山病に関する巡回診療と調査研究、さらに伝染病、例えば梅毒、ペストに対する予防措置においては、在留日本人だけでなく、現地の人々の健康に資するものであった。

【参考文献】

飯島渉（1997）「近代中国における「衛生」の展開——20世紀初期「満洲」を中心に」『歴史学研究』増刊号（703）：123-134頁。

飯島渉（2000）『ペストと近代中国——衛生の「制度化」と社会変容』研文出版。

飯島渉（2005）『マラリアと帝国——植民地医学と東アジアの広域秩序』東京大学出版会。

伊木貞雄（1929）満鉄衛生課主催『第六回南満巡廻診療報告』満洲医科大学蒙古巡廻診

第 3 章　内モンゴル東部地域における巡廻診療（財吉拉胡）

療団、出版地不明。

伊力娜（2007）『巡廻診療から見た「蒙疆」・「興安蒙古」における日本の医療政策』桃
　　山学院大学大学院文学研究科提出博士論文。

伊力娜（2009）「満洲医科大学の内モンゴル地域における巡廻診療」『国際文化論集』
　　41：203-234 頁。

久保田晴光（1932）『東部内蒙古の概況並に其医事衛生事情』満洲医科大学。

久保道夫（1940）『満洲医科大学業績集』満洲医科大学。

厚生省医務局（1976）『医制百年史』（記述編）ぎょうせい。

財吉拉胡（2019）「「満洲国」以前の東部内モンゴルにおける近代日本の医事衛生調査」『東
　　北アジア研究』23：41-69 頁。

佐田弘治郎（1926）『洮南満洲里間蒙古調査報告書』（第一班）、南満洲鉄道株式会社調
　　庶務部調査課。

佐田弘治郎（1927）『東部内外蒙古調査報告書』（第二班）、南満洲鉄道株式会社庶務部
　　調査課。

沈潔（1996）『「満洲国」社会事業史』ミネルヴァ書房。

沈潔（2003）「「満洲国」社会事業の展開──衛生医療事業を中心に」『社会事業史研究』
　　31：79-97 頁。

鈴木哲造（2005）「台湾総督府の衛生政策と台湾公医」『中京大学大学院生法学研究論集』
　　25：25-213 頁。

善隣協会（1935）「熱河風土病の原因判明」『善隣協会調査月報』1 月号：55 頁。

武田健一（1973）「竹孫（岡西為人）先生半生記由来（1 〜 2）」『漢方の臨床』20（9 〜
　　10）。

武田健一（1974）「竹孫（岡西為人）先生半生記由来（3 〜 10）」『漢方の臨床』21（2
　　〜 6）、21（8 〜 10）。

趙暁紅（2008）「植民地近代性論批判序説」『歴史学研究』843：245-266 頁。

新澤新（1937）「内蒙古呼倫貝爾地方ノ皮膚絲状菌病並ニ一種ノ白癬様皮膚疾患ニ就イテ」
　　『満洲医学雑誌』26：1175-1191 頁。

廣瀬朝夫（1940）「満洲国に於ける医、歯、薬育の概況」『民生』3（2）：57-67 頁。

南満洲鉄道株式会社地方部衛生課（1930）『昭和 3 年度南満洲鉄道附属地衛生概況』満
　　洲日報社（近現代資料刊行会計画編集（2005）『医療と衛生 2』近現代資料刊行会）。

満洲医科大学（1923）『第一回東蒙巡廻診療報告』満鉄衛生課（『南満医学会雑誌』1923
　　年—1924 年 12 号：774-813 頁）。

満洲医科大学（1924）『第二回東蒙巡廻診療報告』大連：満鉄衛生課（『南満医学会雑誌』
　　1923 年—1924 年 12 号：814-852 頁）。

満洲医科大学（1925）満鉄衛生課主催『第三回東蒙巡廻診療報告』満洲医科大学診療団。

満洲医科大学巡廻診療団・熱河地方病研究団高森班（1934）「熱河地方病研究竝第十一
　　回巡廻診療報告」『最新治療』（10-11）。

満洲医科大学巡廻診療団・熱河地方病研究団高森班（1935）「熱河地方病研究竝第十一

第 2 部　草原・森林への挑戦

回巡廻診療報告」『最新治療』（11-1, 11-2, 11-3, 11-4, 11-5, 11-6, 11-7, 11-8, 11-9, 11-10）。

満洲医科大学史編集委員会（1978）『柳絮地に舞ふ——満洲医科大学史』輔仁会。

村田友志（1928）「東蒙砂里胡嘎地方ニ於ケル特殊皮膚疾患ニ就テ（第一編　臨床的方面）」『満洲医学雑誌』8（4）：331-344 頁。

村田友志他（1928）「東蒙砂里胡嘎地方ニ於ケル特殊皮膚疾患ニ就テ（第二編　病理学的方面）」『満洲医学雑誌』8（4）：345-360 頁。

守谷良平（1938a）「康徳四年度中に於ける伝染病及地方病に就て（上）」『民生』1（2）：51-68 頁。

守谷良平（1938b）「康徳四年度中に於ける伝染病及地方病に就て（下）」『民生』1（3）：51-58 頁。

高森時雄（1937）「満蒙地方病」（其一——其九）『東方医学雑誌』（15（12）—17（7））。

胡宜（2011）《送医下乡 - 现代中国的疾病政治》社会科学文献出版社。

胡斯力・郑泽民（2007）《蒙医志略》远方出版社。

斯勤等（1987）《内蒙古卫生事业四十年》《内蒙古卫生事业四十年》编辑委员会。

王玉芹（2013）《"满洲医科大学"在内蒙古巡回诊疗及其实质》《东北史地》5:75-78 页。

王玉芹（2017）《日本对中国东北医疗卫生殖民统制研究》社会科学文献出版社。

张开宁等（2002）《从赤脚医生到乡村医生》云南人民出版社。

赵晓红（2017）《帝国、战争与殖民地医疗卫生 - 伪满时期东北医疗卫生事业研究》中国社会科学出版社。

Arnold, David. 1988. *Imperial Medicine and Indigenous Societies*, Manchester University Press.

Arnold, David. 1993. *Colonizing the Body: State Medicine and Epidemic Disease in Nineteenth-Century India*, University of California Press.

Headrick, Daniel R. 1981. *The Tools of Empire: Technology and European Imperialism in the Nineteenth Century*, Oxford University Press.

Pyenson, Lewis. 1985. *Cultural Imperialism and Exact Sciences: German Expansion Overseas 1900-1939*, Peter Lang Publishing, Inc. p. xiii.

Jigmed. 1985. *Monggol Anaγaqu Uqaγan-u Tobči Teüke*, Öbür Monggol-un Sinjilekü Uqaγan Tegnig Mergejil-ün Keblel-ün Qoriy_a.

第4章

綿羊改良事業における預託制度

靳巍

はじめに

　中央アジアのステップの最東端にある東部内モンゴル地域において、モンゴル人は古くから「五畜」（馬・牛・綿羊・山羊・ラクダをさす）による牧畜を営んで来た。この産業は古来、主要な軍事装備を提供してきた。その軍事的特性に注目すると、馬は軍馬となり、牛肉・羊肉などは長期保存食糧となり、羊毛・ラクダ毛などは軍服の材料となり、羊皮・山羊皮などは各種兵器の部品となるなどして、軍需を満たしてきた。この点、富国強兵を国是とする明治維新後の日本も例外ではない。強兵にまい進する日本は、20世紀初頭以降、満洲、若しくは「満蒙」[1]と呼ばれた地域の、特にその「蒙」にあたる東部内モンゴル地域の畜産開発に強い関心を有するようになっていた。この地域の畜種に対し品種改良事業、近代的産業創設事業など様々な施策を講じ、自国の軍需を満たそうとしたのである。

　20世紀前半の日本帝国においては、軍事物資としての羊毛確保の高い必要性から、羊毛が貴重な火薬になぞらえられていた時期がある。羊毛工業自体は、「創始時代」、「成長時代」、「確立時代」、「躍進時代」とほぼ時の流れに沿って発展を成し遂げた[2]。しかし、羊毛製品を製造する際の原材料となる羊毛その

---

1)　「満蒙」という地域概念は、中国の東三省及び東部内モンゴル地域を指し、一般的に言われる「満洲」と一致している。

2)　伊東光太郎『日本羊毛工業論』東洋経済新報社、1957年を参照。

第2部　草原・森林への挑戦

ものに関し、明治維新後長く、日本国内に十分な生産拠点を持たなかった。この羊毛供給力の低さは、日清・日露戦争のような相次ぐ戦火に伴い軍事物資である毛織物の需要が急増するにつれ、深刻なものとなっていった。

　日本帝国における軍事物資としての羊毛の重要性は具体的にいかなるものだったのか。第一次大戦におけるイギリスの兵士一人当たりの羊毛利用高を計算したヘンリー・ダウソンの考察をもとに、その概要を把握してみよう［毛織物中央配給統制株式会社 1943：25］。彼の考察に基づくと、イギリス兵士一人当たりの一回の毛織物の装備量は、上下の絨衣・軍帽ゲートル・外套・毛布・シャツ・肌着・靴下に使うもので、洗上羊毛（一般的洗上歩留率は 50％となる）でおおよそ 16 ポンド（1 ポンドは約 0.454kg）が必要であった。この数字を実情の異なる日本の軍隊にそのまま適用することはできないが、一つの基準にはなりうる。その結果、100 万ポンドの羊毛は約 63 万人の兵士の一回の装備量となり、仮に品質の劣る中国産の羊毛及び他の混毛を同量に混ぜて使うとしても、せいぜい 126 万人の兵士の一回分の装備量を供給するに過ぎなかった［毛織物中央配給統制株式会社 1943：25］。他方、1940 年代には、太平洋戦争の勃発による毛織物の軍需的需要拡大や民間需要の高まりもあり、日本帝国内（日本国内及びその殖民地であった関東州・台湾・朝鮮を含む）における洗上羊毛の需要量が既に 2 億ポンドに達したが、当該時期日本が帝国内から供給しうる洗上羊毛量は約 105 万ポンドにすぎず、いかに日本が羊毛の過少供給に苦慮していたかがわかるだろう［毛織物中央配給統制株式会社 1943：25］。さらに、オーストラリアなど世界の羊毛の大半を生産する地域をその勢力下に有するイギリスは、この重要物資の他国への流出を制限するため、羊毛輸出規制政策を、特に第一次大戦期に実行した［兼松株式会社 1950：89］。このイギリス植民地からの輸出途絶は、日本の羊毛供給の不足にさらに拍車をかけたのである[3]。満洲における綿羊改良事業は、日本における羊毛の過度な供給不足を克服することを目的に、大きな期待をもって実行されたのである。

　蒙古在来種の羊毛は近代的な羊毛業には不適であったため、日本は満洲において綿羊の改良を試みた。その改良試験は、満鉄公主嶺農事試験場において行

---

3)　1930 年代以降における日本とオーストラリアの間の羊毛貿易に関しては、秋谷紀男『戦前期日豪通商問題と日豪貿易』日本経済評論社、2013 年が詳しい。

われた。この研究施設において、1910 年代早々に成功を収めていたのが、メリノー種と蒙古在来種の交配試験によるメリノー改良種であり、この成果をもとに 1930 年代、コリデール種と蒙古在来種の交配試験によるコリデール改良種の育種が可能となった。

　満鉄は、まず自社において種羊の「育種」や「繁殖」に関する施設を整備したが、さらに改良綿羊を牧民に普及させる必要があった。その普及に際してとられた策の 1 つが預託であった。改良種の「普及」をもって、満洲は日本の羊毛供給地となりえると考えられたのである。

▌　預託制度とは?

　家畜の預託とは、動物を介して他人との関係を構築し、地域社会を形成する動きであり、家畜経営をする世界に一般的に見られた。例を挙げると、北ケニア牧民のラクダ信託制度［曽我 1998］、日本の預け牛慣行［板垣 2015］などである。中国においても、モンゴル族の他に、チベット族にも家畜預託制度があったと言われている。

　モンゴルの家畜預託制度は、モンゴル人の長い歴史の中で、慣習法として徐々に形成されてきた。天災、獣害など厳しい自然環境のなか、個々の牧民による家畜経営は困難であった。問題を克服するために、牧民同士による互助目的で共同放牧の習慣が漸次形成されていくとともに、牧民間に分業関係に類する関係も派生することとなった［哈斯图雅 2015：9］。その一環として、家畜を寄託する側と受託する側が現れ、その結果、両者の間で寄託の条件などの協議の必要性が出てきた。これが、預託制度の最初の形態と思われる。その後のモンゴル社会の階級化の影響を受け、牧主が牧民に家畜を強制寄託し、労役や畜産物などを搾取する、いわゆる階級的預託制度が成立する。一方、階級的預託制度とは別に、労働力不足の解消などの目的による牧民同士の対等的立場での預託制度、いわゆる集団的預託もあった。本章は、この二種の伝統モンゴル社会に元々存在していた預託制度を一括して在来預託と呼ぶ。

第2部　草原・森林への挑戦

　その後、時間が経って 1930 年代になると、以下の考察で明らかにするように、満洲国綿羊改良事業の一環である満鉄綿羊改良事業に、既存の預託制度を基礎にした、いわゆる満鉄預託制度が登場することとなる[4]。その特質をみると、階級的預託が持つ搾取的な要素が少なく、集団的預託が持つ対等的要素が多少窺える。つまり、満鉄が預託制度を自社の改良事業に導入する際、強制的手段ではなく、常にモンゴル人を日本側に引き寄せようとしており、日本軍部や政府が配慮していたことが確認できる。もっとも、満鉄が預託制度を導入することを通じて、モンゴル人牧羊業者を制度的に優遇したわけでもなく、寧ろ、形のうえでモンゴル人に優遇策を実施することで、世間一般に向けて植民地支配を正当化しているに過ぎない。本章では、この一見するとモンゴル人優遇策に見える預託制度がどのようなものであったのか、在来預託制度と比較しながら検討していく。なお日本敗戦後、新中国において預託制度はさらなる変容を経験し、「新預託制度」として刷新され、いわゆる対等的立場での預託制度が誕生することになる[5]。清朝期・日本支配時期・戦後新中国と長期にわたる預

---

4)　このほかに、当該地域における漢人商人、特に「旅蒙商」と言われた山西商人の商業活動の活発化により、新たに漢人商人が主導する預託制度も登場する。19 世紀後半からこれら漢人商人が、モンゴル地域に進出し、取引や借金を通じて莫大な利益を得ていた。これら商人は、モンゴルの牧民に商品を高く売り、代償として牧畜や畜産品を安価に買い取り、かつ、高い利息を付けてお金を貸し出していた。そのなか、一部の漢人商人は、牧民から買い取った牧畜の管理において、預託制度を活用していた。例えば、ホルチン（科爾沁）左翼中旗の四井子、ホルチン（科爾沁）右翼中旗の高力板地方は、モンゴル人と漢人の商業取引が盛んな地域であった。蒙地開放と並行し漢人の商店は東部モンゴルに漸次増え、1906 年ホルチン（科爾沁）右翼中旗において大小商店 50 戸を数えた。これら商店はモンゴル人と物々交換をし、その決済となる活畜や畜産物を洮南、突泉、太平川地方方面に搬出していたのである。大渡政能（1941）「東部内蒙古地帯における家畜預託の慣行に就て」『満鉄調査月報』第 21 巻第 11 号、181 頁；後藤冨男（1968）『内陸アジア遊牧民社会の研究』吉川弘文館、212 頁。

5)　「新預託制度」という用語・概念は、阿部治平「内モンゴルにおける牧畜家族経営の成立過程」『中国研究月報』484 号、1988 年 6 月に基づいた。その具体的内容を見ると、新中国が建国されて間もなく、公式の牧畜政策となる「牧工牧主両利」制、いわゆる「新預託制度」を実施した。この制度には、羊単位に換算して 2000 頭以上を所有し、収入の50％以上を牧畜労働者の搾取によって運営している者を「牧主」とした。「牧主」に当たらない者は、「牧工」となった。この制度においては、「牧工」が例えば、100 頭の羊につき、50 頭の仔畜を「牧主」に納め、残りの仔畜・羊毛・乳・肉などをすべて「牧工」に

託制度の比較を通じて、内モンゴルの牧民にとっての植民地近代とはどのようなものか検討したい。モンゴルの預託制度を扱った研究としては、後藤富男（1968）があり、家畜と社会制度との関係を明らかにしようとしたのであった［後藤 1968］。後藤の研究は、預託に関する示唆に富むものであり、かつ一般預託に関しての事例を網羅している。さらに、利光有紀（1986）は、一般預託制度における家畜の寄託側と受託側の間に交わされる契約条件に焦点をあて、社会の変遷とともに生じた契約条件の変遷の有様を明らかにしている［利光 1986］。これらの研究は、主として一般預託に注目したものであるが、他方、新中国期の預託制度と 1978 年共産党第 11 期中央委員会第三次全体会議で決められた請負制度との関連性について論じたものとしては阿部治平（1988）がある［阿部 1988］。しかしながら、既述の預託に関する諸研究は、新中国期の預託制度を考える上で極めて重要な満洲国期、もしくは日本の影響下で在来の預託に変更が加えられた満鉄預託制度を充分考察する研究は皆無であった。

2 一般預託における預託条件及び種類

(1) 一般預託の預託条件

内モンゴル地域における預託は、モンゴル語で「スルク」と呼ばれている。「スルク」の本来の意味は、「家畜群」の意味であるが、預託制度としての「スルク」は、一定条件の下で寄託者が受託者に家畜を貸し与えることを指す用語である[6]。つまり、預託制度における「スルク」という用語は、モンゴル語における「スルク・テブン」という用語の簡略化であり、「家畜群を置く」という意味がある。意訳すると家畜群を他家に置くことから家畜を預託することに

帰することができた。

6) 利光有紀（1986）「モンゴルにおける家畜預託の慣行」『史林』第 69 巻第 5 期；大渡政能（1941）「東部内蒙古地帯における家畜預託の慣行に就て」『満鉄調査月報』第 21 巻第 11 号、178 頁。

第2部　草原・森林への挑戦

なる。預託の事例としては、「スルク」という名称は用いられなくとも、「マリン・アイル」（家畜を受託する者の意味）や「マル・タビナー」（家畜を寄託する意味）という名称が付けられたものはすべて家畜預託である［後藤 1968：214］。なお、預託の対象となる家畜は、主に馬、綿羊、ラクダなどであった。

　冒頭で述べたように、預託制度は慣習法の一種として形成されてきた。そのため、この預託制度の起源を明確にすることは極めて難しい。おそらく、家畜業者同士による相互援助の目的で形成された「古列延」（円形という意味であり、共同放牧を希望する牧民同士が、円形で野営することを指す）、「阿寅勒」（行政単位であり、一つ若しくは多数の古列延より形成される）の組織と同時期に形成されたと考えられる。以下、清朝養息牧牧厰における預託制度をとりあげ、受託者の課せられた義務とその対価として得られる報酬、いわゆる預託条件の概要を例示する。

　1647 年、清の世祖順治帝は、盛京の三陵（北・東・老）の祭祀に供える畜肉、乳製品を入手する目的で、盛京三大牧厰の一つである養息牧牧厰の設置を端緒に、モンゴルの地において家畜の預託を開始した。養息牧牧厰は、ホルチン（科爾沁）左翼前旗とトゥメト（土默特）左翼旗に設置された官営牧厰であり、牧厰に献上するこの土地を、モンゴル語において、スルク旗、即ち家畜を預託する旗と命名した［大渡 1941：178］。養息牧牧厰は、近所に居住するモンゴル人に畜牛 1 万 2 千頭、綿羊 5 千頭を預託し、受託者を牧丁と呼び、牧長、翼長が管理にあたり、盛京将軍が統括管理をしていた［大渡 1941：179］。要するに、清朝が官営牧場を構築していくなかで、大量の牛と羊の飼育管理は、モンゴル人牧業者に委託されたのである[7]。

　養息牧牧厰における預託の対象は牛と綿羊であり、牛は成畜 50 頭、1-2 才畜 50 頭、種牡 2 頭、合計 102 頭を一群とし、これを一人の牧丁に託し、120 群をまとめ牧長に監督させた。牧長は毎年 1・4・7・10 月の四回にわたり、各群を回り、各牧丁に乳牛一頭を選ばせ、合計 120 頭を盛京に差し出す。官

---

7)　仮に、預託の起源を上述事例に求めるならば、清朝が預託制度を作ったことになる。周知の通り、清朝を建てた女真族は、農業や漁業を経営し、牧畜に関する伝統がなかった。恐らく、当時モンゴル地域においては、一般預託が普遍的に存在し、清朝政府はこれを参考にしたに違いない。

第4章　綿羊改良事業における預託制度（斳巍）

はこれを三分割して、北・東・老三陵に繋養して搾乳させ、1ヵ月後再び牧長を通じ牧丁に返還する。そのほか、牧丁はバター、チーズなど各々10斤を納入することが決められていた。綿羊群に関しても、乳製品を所定の時期に供出することが強いられていた。牧丁は預託された頭数を保ち、斃死した家畜につき、その死亡原因を牧長に報告し、管理不十分により斃死したと判断された場合、仔畜をもって補完することとなっていた［後藤 1968：210］。要するに、牧丁は頭数の確保及び乳製品の納入を、預託の義務として負っていたのである。

　他方、この義務を果たす見返りとして、受託者となる牧丁は、一定の報酬を受け取っていた。まず、繁殖によって得た仔畜については、管理不十分により斃死した家畜の補完をした残りの仔畜は預託の報酬として、自分の所有にすることができた。なお、斃死した家畜の皮を取得することも可能であった［後藤 1968：210］。以上のように、養息牧牧廠の家畜預託において、牧丁一人の義務は、100頭規模の家畜を放牧管理することとなり、かなりの責任を伴ったものの、飼育した家畜の一部を自らの所有物にすることで、預託の報酬を得ていたのである。実際は、各地各様の預託条件が存在し、上記はあくまで預託条件の一例に過ぎない。養息牧牧廠の例のように預託には義務と報酬が重要であり、この二大要素に注目することで、実施されている預託を「階級的預託」と「集団的預託」の二種に分けることができる。

(2) 一般預託の種類

①階級的預託

　まず初めに、階級的預託について考察を行う。階級的預託とは、預託条件において義務が多く、報酬が極めて限られたものを指す。このような預託が構築された背景には、身分制の存在があったものと思われる。無論、上述の清朝政府の養息牧牧廠の預託も、階級的預託に属する。以下、モンゴル人居住地域となるアルホルチン（阿魯科爾沁）旗ハラトクチン部落を事例に、階級的預託の特質を解明してみる。

　まず、アルホルチン（阿魯科爾沁）旗ハラトクチン部落の実態をみる。同部落は、満洲国建国後の興安西省に管轄され、1930年代には、定住を始め、主

113

第 2 部　草原・森林への挑戦

牧従農経営を行っていた。農業の経営は漢人地帯における農業とは異なり、種をばら撒く程度の原始的な農業を行い、主に黍の生産をし、自家消費をしていた。家畜業は毎年定まった経路での移動放牧を実施していた［村岡 1939b：86］。

　ハラトクチン部落の家畜預託の実情（表 4-1 参照）をみると、預託が権力や富の分配と密接な関係を有している。群別に見ると、農家番号の 1 〜 5 は、階級的に支配層、経済的に豊かな富牧農であり、残りの農家番号の 6 〜 20 は、階級的に非支配層で、経済的に恵まれていない者の方が多かったようである。家畜の預託においては、支配層の富牧農における農家番号の 1・2・4 は、家畜預託においても寄託者となり、一方、被支配層で農家番号の 6・7・9 〜 11・13・15 〜 19 は、家畜預託において受託者となっている。つまり、経済的に豊かな支配層が、経済的に恵まれてない被支配者に家畜の預託をさせていたことが確認できる。なお、家畜の預託数の 9 割以上を、上層階級の農家番号の 1・2 が占め、この部落に見られる預託制度は、極めて階級的特徴を持っていた。

　引き続き、ハラトクチン部落の家畜預託条件である報酬や義務を考察してみる。同部落の預託家畜の種別をみると、牛が大半を占め、少数の羊、山羊が存在している。牛を受託する要因としては、乳牛による乳及び乳製品の利用と、去勢牛、成牡牛の農耕、運搬用の報酬が挙げられるが、羊、山羊は毛の利用のみであった［村岡 1939a：30］。このことから、当部落の家畜受託は主に乳牛から生産される報酬が期待されていたと言える。また、時によっては、受託者が寄託者から預託家畜の返還を命じられると、生活に困るケースがあったという［村岡 1939a：30］。要するに、この部落の家畜預託は、生活に必要な畜力、畜産物を得ることを目的にし、自ら寄託者に家畜の受託を懇請する傾向があったと考えられる。こうした場合、従属的身分関係が著しく同部落の支配層が、家畜条件において、報酬の制限や苛酷な義務を要求してくることは想像に難くない。

　上述の養息牧牧廠の家畜預託に見られる家畜の減少を仔畜で補完し、残りを自ら取得するという報酬はハラトクチン部落の預託条件では、まず見られなかった。養息牧における斃死した家畜の皮を所得することが可能であったのに

第4章　綿羊改良事業における預託制度（靳巍）

表4-1　ハラトクチン部落の預託実情

農家番号	群別		経営様式	所有家畜数	寄託家畜数	受託家畜数
1	富牧農	上層	牧（自・寄）、農（東）	528.37	102.88	0
2			牧（自・寄）、農（東）	425.81	56.65	0
3		下層	牧（自）、農（東）	217.95	0	0
4			牧（自・寄）、農（東）	128.11	5.08	0
5			牧（自）、農（東）	107.6	0	0
6	中牧農		牧（自・受）、農（自）、雑	11.33	0	46.14
7			牧（自・受）、農（共）	3.24	0	17.66
8			牧（自）、農（共）	17.4	0	0
9			牧（自・受）、農（撈）、雑	3.36	0	13.68
10			牧（自・受）、雇（年）	15.33	0	0
11			牧（自・受）、農（共）、雇（年）	1	0	13.56
12			牧（自）、農（共）	13.08	0	0
13	貧牧農		牧（自・受）、農（共）、雑	6.32	0	4.25
14			牧（自）、農（撈）、雇（年）	9.73	0	0
15			牧（受）、農（撈・共）、雇（日）	0	0	7.63
16			牧（自・受）、農（共）、雑	2.08	0	3.6
17	極貧牧農		牧（自・受）、農（撈・共）	1.24	0	1.8
18			牧（自・受）、農（撈）、雇（月）、雑	1.36	0	0.82
19			牧（受）、農（共）、雇（年）	0	0	2.03
20			牧（自）、雇（日）	1.36	0	0

出典：［村岡 1939b：89］より作成。

注1）：「牧」が家畜、「農」が農家、「雑」が大工や兵士などの雑業者、「雇」が雇用や賃金労働者を指す。なお、家畜における「自」は自家所有、「寄」は寄託、「受」は受託。農家における「東」は東家、「撈」は撈青、「共」は共同耕作。雇用における「年」は年雇、「月」は月雇、「日」は日雇。

注2）：家畜数は、成牛を1と計算し、他の家畜を同等価に換算。例えば、1頭成牛＝5頭成綿羊など。

注3）：寄託と受託家畜数が合わないのは、寄託側は、本部落以外の牧民にも家畜寄託をしていた。

対し、同部落においては、斃死した家畜の皮、肉などをすべて寄託者に渡すこととなっていた［村岡 1939b：84］。なお、家畜の斃死に関する賠償責任においては、病死、餓死を不可抗力とする一方、獣害、溺死などは牧民による管理不行届きであると定め、それについては賠償を求めた［村岡 1939b：83］。このように、ハラトクチン部落における階級的家畜預託において、預託の報酬はかなり限られていたのである。

　一方、同部落の受託者は寄託者に対し、預託義務として、現金、現物、労働奉仕を負うこととなっていた。その内訳は、労働奉仕が極めて多く、現金、現物の納入は少ない。現物を以てなされるのは、全体預託 21 件中、僅か 3 件に過ぎなかったという。現物の納入をしているケースは、寄託者と受託者の住所が遠く離れており、寄託者のもとで働けないという共通点が見られた［村岡 1939a：31］。家畜預託においては、受託家畜頭数が課税標準頭数に達すれば、家畜捐（家畜に関する税金のこと）と付加努圖克費（努圖克＝ノトクとは牧場をさし、牧場使用料が付加されること）の納付が必要となる。同部落においては、農家番号 1・2 の富牧農が、本来は受託者が払うべきこの納税を代行している［村岡 1939a：34］。現金収入の甚だ少ない貧牧農民にとって、税の支払方法は、寄託者の富牧農から借りる他なかったのである。その借金の返済が不可能であったため、結局ただ働きによる奉仕しかなかった。

　この、労働奉仕は、通常の労働契約により規定されるのではなく、預託者である支配層の都合で課せられていた。例えば、農家番号 1 は、農家番号 7 に12 圓（円）34 銭を貸し、90 日間の労働を要求している。凡そ一日平均 14 銭となる。農家番号 2 が、農家番号 19 に 1 圓（円）87 銭を貸出し、10 日間労働させた。一日平均 19 銭弱となる［村岡 1939a：35］。このような、廉価な賃金労働は、同時期の漢民族社会において、あまり見られないものであった［村岡 1939a：35］。要するに、家畜預託制度を利用しつつ、支配層が牧民から労役や畜産物を搾取していたことが窺える。

　以上のように、階級的家畜預託においては、ハラトクチン部落の事例はかなり搾取的なものとなっていた。こういう部落を中心に行われる家畜預託以外にも、ラマ廟の家畜預託の事例もある。その事例として、ホルチン（科爾沁）左翼中旗の烈白廟の家畜預託を挙げることができる。このラマ廟の預託の義務や

報酬も、上述のハラトクチン部落とほぼ一致していた。要するに、モンゴル社会における牧主やラマなどの支配層は、家畜の預託において身分関係を利用し、労役や富の搾取を行っていたことが指摘できる。このような特質を持つ家畜預託がすべてではなく、預託の一種にすぎず、それ以外に階級的要素を持たない集団的家畜預託も存在していたのである。

②集団的預託

　従来の見解では、上記階級的預託こそが一般預託の特徴であると考えられてきた。しかし、後藤（1968）自身も明らかにしているように、こうした階級的預託に加え、「集団的預託」というべき預託制度も存在していた。そして、まさにこの集団的預託制度に注目し、自身の羊毛事業を拡張しようとしたのが、満鉄であった。以下、後藤の研究に依拠しつつ、この集団的預託ともいうべき預託制度の概要を見てみる。

　集団的預託とは、預託条件において、義務と報酬のバランスが取れたものを指す。以下、ホルチン（科爾沁）右翼中旗の東ホンドロン部落を事例に集団的預託の特質を考察する。部落の実態をみると、主に主農従牧の経済形態を取っていた。同部落の家畜預託には、オボ祭典（オボとは、主に転石などで積み上げた一種の石塚である。オボ祭典では、自然や祖先などを祭る）における畜牛の供物があった。毎年旧暦5月19日部落が集まり、オボ祭典を執行する。その際、牛一頭を神に供え、その後牛肉で宴会を行う［後藤1968：208］。祭典に使う牛の提供は、輪番制で各戸より捧げる。1740年ごろ、部落は三姓より構成され、各戸より拠出する牛を姓集団ごとにまとめ、預託事業を始めている。その結果、各姓の牛群から3年に一度輪番で一頭を出させ、その間に群れが繁殖するから、各戸の負担は最初の一頭のみとなり、その後は繁殖された姓集団の牛群から拠出する［後藤1968：209］。

　この預託制度は、同部落の家畜預託が開始されてから200年後も継続的に行われていると言われていた。受託者も世襲しながらその管理の仕事に就いていた。預託の条件は、受託者は自分の管理する家畜群から3年に一頭を差し出す。同時に旗に納める家畜捐を負担する。斃死した場合は証拠として毛皮を寄託者となる姓集団に引き渡すが、賠償責任はなかった。なお、乳、糞などす

第 2 部　草原・森林への挑戦

べての生産物は受託者が自由に所有することができる［後藤 1968：209］。以上のように、東ホンドロン部落における集団的預託は、同姓集団を中心に行われ、長い歴史を持つものであり、預託の条件も極めて寛容なものであった。要するに、集団的預託は共同放牧の特性が強く、開墾による放牧地の制限や、農業形態の導入による労働力分配の必要に応じて、主として主農従牧経営をしていた地域に多くあったと考えられる。

3　預託制度の変容及び満鉄預託

　モンゴル家畜社会における一般預託を踏まえ、20 世紀前半期満鉄は、特に集団的預託制度に変更を加えつつ、羊毛事業を展開することとなる。以下では、満鉄調査報告書及び満鉄の管轄する種羊場の業務報告書など資料に依拠しつつ、満鉄が導入したいわゆる満鉄預託制度の内実を明らかにする。

(1) 預託制度の導入検討

　満洲における日本の綿羊改良事業は、軍事物資である羊毛の獲得を目指し、将来的にこの地域を日本の羊毛供給地にするという日本政府の方針の下に実施された。満洲において広く飼育されていた蒙古在来種の綿羊は、羊毛工業に利用されるウールとしての価値に乏しかった。もっとも、当該地域における家畜の伝統、広がる原野などに魅了された日本は、蒙古在来種の品種を改良し、上質な羊毛の生産に懸命な努力を続けた。こうした努力の先鞭をつけたのが満鉄であった。満鉄は以後満洲の綿羊改良事業に重要な役割を果たしていくことになる。特に、改良された新種羊が、肉や皮の品質が落ちたことによって飼育者のモンゴル人の評価は低かったが、満鉄は預託制度を活用し改良事業を推進させたのである。

　満洲において将来的にいかに綿羊飼育を推進していくべきかをめぐって、1920 年代實吉吉郎（当時は種羊場技師であり、後に満鉄奉天獣疫研究所所長

118

第 4 章　綿羊改良事業における預託制度（斯麒）

を務める）による綿羊飼育事業の採算についての考察がなされていた。満蒙における綿羊飼育を、①農家の副業的飼育事業、②副業的飼育を基礎とする改良事業、③預託飼育を基礎とする改良事業に大別し検討を加えた［實吉 1925：156-59］。検討の結果、三種類のうち一頭あたりの平均利益として、②副業的飼育を基礎とする改良事業がもっとも効果的という。しかし、農家の副業的綿羊飼育に、飼育能力最大 100 頭という限界があった。これに対し、③預託飼育による改良事業には、一頭あたりの平均利益が、既述の②より劣るものの、綿羊の収容能力が高く、700 頭も可能であったという（表 4-2 参考）。要するに、既述両種類の改良事業において、収入を左右していたのは、綿羊収容能力の差異であった。綿羊収容能力の差異を生んだ要因は、②と③の展開される地域の違いである。②農家の副業的綿羊の飼育地域が、主に満洲や東部内モンゴル地域の既墾地となっているが、③の預託飼育による改良地域が、東部内モンゴル地域の専業的家畜飼育地や主牧従農地域となっていた。つまり、綿羊飼育において、適切な地域選びは、成否を決める最大のポイントとなっていた。

　實吉の指摘は、満洲における綿羊品種改良事業の実施方法として、未開墾地における預託飼育を基礎とする改良事業という新たなモデルを提示したのである。史料において興味深いことは、農家の副業的飼育に関する二つの事例につき、収支計算がやや詳しく考察されていたが、預託の事例においては、綿羊の購入費と販売費両項目からなる単純な考察となっていたことである。例えば、支出の部分に限ってみると、農家の副業的綿羊飼育の場合は、羊舎・冬期飼養費・牧丁の給料や食費などに支出が多く費やされていたのに対し、預託飼育の場合は、以上の項目が設けられていなかった。伝統的なモンゴル家畜業においては、遊牧移動の関係から、頑強な羊舎施設の建築や冬期飼料の蓄えなどの条件が計上されなかったと考えられる。また牧民が各自で畜産業にあたるので、牧丁の雇用も必要としなかった。實吉の預託飼育の計算には、遊牧地域における家畜業のこの特徴が反映されている。収入の部分に限ってみると、農業の副業的飼育の場合において、羊毛、羊皮、羊糞などの収入が考察されていたが、預託の場合は、以上の項目が立てられていない。要するに、實吉の考察は、専業的農業地域や主農従牧地域における農家の副業的綿羊飼育に関しては詳しく考察がなされていたが、預託事業の対象地域と考えられる主牧従農地域や遊牧

119

第2部　草原・森林への挑戦

表4-2　綿羊飼育事業の採算的考察

	支出の部								収入の部							考備
	羊舎建設及び修理費	冬期飼養費 牝	牡	仔	放牧者の給料・食費	死亡牡羊補充代	食塩代	計	羊毛(105頭分)	羊糞	二才羊売却代	死亡羊羊皮代	計	純益	一頭当たりの純益	
農家の副業的飼育	14	牝60 45	牡3 2.8	仔42 24	86	24	1	196.44	52.5	105	168	4.8	330.3	133.86	2.12	選択された地域が南満洲の既墾地、前提として農家が牝60頭、牡3頭からスタート
副業的飼育を基礎とする改良事業	8.47	種羊年賦償却金及び利子（蒙古在来種牝50頭、改良種牡2頭） 23.73			157.6	飼料費及びその他の費用 338	食塩代 3	530.8	羊毛 420.4	羊糞 113	種羊、淘汰羊、二才羊売却代 287.5	死亡羊羊皮代 15	835.92	305.12	5.87	選択された地域が既墾地、前提として農家が蒙古在来種を基礎とし、漸次改良種に変え、常に牝50頭を定数とする。収支計算は、20年間通算の年間平均となる
預託飼育を基礎とする改良事業	0	種羊購買費（在来種牝100頭、改良種牡7頭） 740			放牧者の給料・食費 0	飼料費及びその他の費用 0	食塩代 0	740	改良種牝羊販売代(107頭) 1070	改良種牝羊販売代(106頭) 1272	改良種仔販売代(120頭) 600	雑種羊、老羊等販売代(341頭) 1871	4813	407.3	3.81	選択された地域が東蒙の未開発地、前提として牧民に在来種牝100頭、改良種牡7頭を扱え、収支計算は、10年間通算の年間平均となる

出典：[貫吉 1925：157–159] より作成。

地域においての綿羊飼育に関する認識が不十分であったと言える。放牧における経費の予想は甘いと言わざるをえないが、この認識は植民者側の技官に、預託制度の活用を考えさせるには十分であったと考えられる。實吉は預託制度に関し、「蒙古地帯に於ては従来預託家畜をなすもの多く緬羊の一般に行はる」、「預託条件の習慣は、生産羊毛は受託者の所得。生産仔羊は預託主の所得、双仔又は年二日生産の場合は、其一頭は受託者に與ふ。斃死、死亡等は故意又は著しき怠慢の時は受託者辨償のこと其他の場合は預託主の負担」との認識を持っていた。なお、加えて「邦人が預託をなす場合は幾分受託者に更に有利ならしむるを要すべし」とあり［實吉 1925：158-159］、奨励政策の一環として預託事業の導入も實吉は検討していた。この時期の、満鉄の綿羊改良事業を見ると、1920年代は、東部内モンゴル地域における種羊場の設置において、土地の入手が非常に難航していた時期であった。満洲国建国前の東部内モンゴル地方では、1915年の日中条約により土地商租権の獲得が極めて困難であった。つまり、東蒙地域において、種羊場の設置が困難となる場合を想定し、飼育者のモンゴル人に預託制度に基づき、メリノー種など外国から入ってくる種羊を預けることを考えていたのである。ところが実際は、満鉄が当該地域において、林西・公主嶺・達爾漢の三箇所種羊場の設置に成功し、種羊の育種を直接飼育者に任せる必要がなくなったのである。その結果、満鉄は種羊を種羊場において改良繁殖し、さらに普及を目標に繁殖種羊を飼育者に配布していった。この配布の段階において、預託制度が導入され、主に家畜の預託伝統があるモンゴル人綿羊飼育者が対象となった。この種羊配布法として現れた方法こそが、満鉄預託とも呼ぶべき、従来からモンゴルに存在していた集団的預託制度に改編を加えた預託制度であった。この満鉄預託の詳細につき、次節で考察する。

(2) 種羊配布法としての満鉄預託制度

既述したように、満鉄は綿羊改良事業の中心的存在であった。公主嶺農事試験場で品種改良を行い、そこで生まれた改良種が1920年以降、林西、公主嶺、達爾漢に設けられた種羊場で育種された。満洲国成立後は国策に組み込まれ、さらに事業の充実を計り、連年多数の優良種羊を育成し各地に配布していた。

第2部　草原・森林への挑戦

改良事業における種羊の繁殖および普及を図ることは、戦争に備え、良い品質の羊毛の獲得を目指す日本にとって喫緊の課題であった。当時、満鉄の綿羊改良事業の行政機構以外に、満洲国の蒙政部勧業司、実業部農務司、鉄路総局など公的機構や半官半民組織の日満緬羊協会による改良事業があった。そのなかで、満鉄の綿羊改良事業は、1937年の満洲国「産業開発五ヶ年計画」の時期に至るまで、中心的役割を果たし続けていた。

　満鉄管轄の種羊場から満洲国蒙政部・実業部・鉄路総局の管理下の各種羊場へのメリノー種羊配布法は、主に転売という有償配給となっていた。さらに綿羊飼育者に対してはとりまとめ組織となる満洲国畜産組合・綿羊合作社や満鉄綿羊組合などを通じて種羊配布が行われ、配布方法としては主に無償配布の貸付と預託が採用された。ここにおける種羊の貸付とは、綿羊の種付けの時期に、改良種牡羊を綿羊飼育者に配布し、種付け後、種羊を種羊場に戻すのが一般的であった[8]。預託は、従来の預託制度を基礎に、受託者の綿羊飼育者に対し、これまでの預託制度とは違った預託期間、管理義務、報酬といった契約条件が付けられていた[9]。この種羊配布法として起用された預託制度は、満鉄綿羊事

---

8)　一般的に言う貸付とは、年賦償還の方法により、品物を購入し、一定年後購入者の所有となる。満鉄綿羊改良事業における貸付は、貸出種付けという意味となる。なお、1926年の満鉄から出された種羊貸付の規定に基づくと、「種畜ノ貸付ヲ受クル者ハ満洲及東部内蒙古ニ於テ羊豚ノ改良普及ヲ目的トスル中国官衙、地方自治團體、農會又ハ組合若ハ會社ヵ羊豚改良普及上特ニ必要アリト認メタル私人トス」とされ、「種畜ノ貸付ハ無償トス但シ種牡畜ニ在リテハ其ノ生産シタル仔豚ニ付第十三條及第十四條ノ義務ヲ負フモノトス」と規定していた。「種畜ノ貸付期間ハ羊ニ在リテハ六箇年（中略）期間満了ノ後継続シテ貸付ヲ受ケムトスル者ハ期間満了ノ二箇月前迄ニ其ノ旨ヲ會社ニ申出ツルモノトス」、「貸付種牡畜ヨリ生シルタ仔畜ヲ羊ハ満一歳時、（中略）會社ノ指定ニ従ヒ其ノ半數ヲ會社ニ納入スルモノトス」とあり（「満鉄種蓄配付及貸付規則」（東洋文庫所蔵マイクロフィルム1007（29）901339を閲覧）、本章で考察する満鉄預託の内容とほぼ一致していた。満鉄預託制度の導入がまだ始まっていなかった1920年代において、貸付と預託の規定が曖昧なままであったことが指摘できる。

9)　「預託緬羊飼育経済調査」満鐵産業部、1937年11月；鳴神忠男（1937）「預託緬羊一般調査報告」達爾漢緬羊組合；「昭和十年度達爾漢種畜場業務報告」満鐵産業部、1937年1月；「昭和十一年度達爾漢種畜場業務報告」満鐵産業部、1937年9月；「昭和十一年度林西改良種羊場業務報告」満鐵産業部、1937年10月；「黒山頭改良種羊場要覧」畜産関係雑件／羊ノ部 JACAR Ref.B09041336600、377-383コマ、など多数の史料から読み取れる。

122

第 4 章　綿羊改良事業における預託制度（靳巍）

表 4-3　満鉄種羊場の 1921-1929 年に至る飼育者への種羊配布状況

年度別		1921年度	1922年度	1923年度	1924年度	1925年度	1926年度	1927年度	1928年度	1929年度	累計
メリノー種	牝		16	10	1	41 (25)	55 (24)	55 (20)	37	62	217 (69)
	牡	4	13	2	3	25 (7)	26 (7)	39 (30)	24 (19)	53 (27)	189 (90)
	計	4	29	12	4	66 (32)	81 (31)	94 (50)	61 (19)	115 (27)	466 (159)
改良種	牝		4		8	11	14 (14)	4	29	10	80 (10)
	牡		10	4	5	27 (1)	36 (33)	58 (58)	86 (86)	131 (90)	357 (268)
	計		14	4	13	38 (1)	50 (47)	62 (62)	115 (86)	141 (90)	437 (286)
計	牝		20	10	9	52 (25)	69 (38)	59 (24)	66	72	357 (87)
	牡	4	23	6	8	52 (8)	62 (40)	97 (88)	110 (105)	184 (117)	546 (358)
	計	4	43	16	17	104 (33)	131 (78)	156 (112)	176 (105)	256 (117)	903 (445)

出典：［満鉄経済調査会 1935：303］から作成。
注）括弧内は配布頭数中の貸付及び預託頭数となる。

業に独特のものである。

　満鉄種羊場から綿羊飼育者への種羊配布は、1921 年度から開始され、当初はメリノー種およびメリノー改良種の牝牡が無償配布された［満鉄経済調査会 1935：302］。1925 年度から配布種羊に無償配布の貸付と預託羊が現れ、しかも年々増加する傾向であった（表 4-3 参考）。1920 年代から満鉄の種羊配布施設として、林西・公主嶺・達爾漢の三箇所種羊場が設置されて配布用の羊の増加の結果と指摘できる。

（3）満鉄預託がモンゴル牧羊者に与えた影響

　満鉄管轄下の三箇所の種羊場のなか、特に預託制度に力を入れていたのは達爾漢種羊場であった[10]。満鉄達爾漢種羊場は、1934年度預託制度を導入してから、メリノー種、雑種及び蒙古在来種の牡羊を個人の牧羊者に預託させ、実地における改良事業の実施段階に到達した［満鉄産業部 1937a：154］。さらに、達爾漢種羊場から種羊の配布を受けていた飼育者の集団組織たる達爾漢綿羊組合が設立されると、預託綿羊の数が増え1937年になると1750頭の預託羊を有した［満鉄産業部 1937a：154］。日本人指導員の着任後は預託羊の管理や飼育指導その他一切の事務が同組合に移譲された［満鉄産業部 1937b：15］。預託先の大部分が興安南省達爾漢旗内のモンゴル人だった［満鉄産業部 1937a：197］。

　満鉄達爾漢綿羊組合の預託条件は、在来の預託の条件を踏まえることとなった。具体的には、①預託期間は三年、期間満了後受託者の希望により預託を継続することは可能。②預託羊より生産された仔羊は満一才の牝羊を以て預託原羊の死亡、亡失頭数を補充し残りを双方折半とする。本項は三年目より行う。③満期年における生産仔羊は受託者が飼育し、満一才の時に、春毛を剪毛して、双方に分ける。④生産仔羊の分配以前における過失による亡失はすべて受託者の責任とする。⑤預託羊に疾病あるいは事故があったときには速やかに預託者に報告する。⑥生産羊毛は全部受託者の収入とする［満鉄産業部 1937a：158-59］。⑦預託羊の交配は必ず預託者の指示を守ること。⑧受託者所有の在来種牡羊は必ず去勢を行うこと。⑨預託羊の飼養管理上の飼料の準備及其の他の事項に関して預託者の指示を守ること。⑩預託期間内に、前の諸条件に違反したときは契約を解除する［満鉄産業部 1937a：159］。

　以上のように、②④⑤⑦⑧⑨は、受託者の義務となる。一方、②③⑥は、受

10）　1928年満洲に飼育されていた牛の改良増殖を通じ、日本への輸出肉の増加を計り、鄭家屯に産業調査所が設立される。同調査所において牛の預託制度が開始されるが、1936年度調査所が廃止され、事業が達爾漢種羊場に統括される。これが、達爾漢種羊場の綿羊の預託制度を実施する契機となった。満鉄産業部「昭和十一年度達爾漢種羊場業務報告」（報告年代不明）、北京科滷技術開発公司、1993年7月、2頁。

第 4 章　綿羊改良事業における預託制度（靳巍）

表 4-4　満洲の牧羊資源

年	飼育数	出典
1917 年	220 万	「満蒙綿羊参考資料」
1929 年	260 万	『満洲の牧羊』5–6 頁（原資料は、満鉄経済調査会「満洲産業統計」）
1930 年	264 万	『満洲の牧羊』5–6 頁（原資料は、満鉄経済調査会「満洲産業統計」）
1931 年	264 万	『満洲の牧羊』5–6 頁（原資料は、満鉄経済調査会「満洲産業統計」）
1932 年	235 万	『満洲の牧羊』5–6 頁（原資料は、満鉄経済調査会「満洲産業統計」）
1933 年	220 万	『羊毛資源　満洲国之部』10 頁（原資料は、実業部畜産科並び蒙政司発表）
1934 年	182 万	『満洲の牧羊』5–6 頁（原資料は、実業部農務課調査）
1935 年	200 万	『羊毛資源　満洲国之部』10 頁（原資料は、Dalgetys Annual Wool Review　1935 〜 1936）
1936 年	168 万	『羊毛資源　満洲国之部』10 頁（原資料は、実業部農務課調査）
1937 年	194 万	『羊毛資源　満洲国之部』6 頁（原資料は、畜産部畜産局「家畜家禽統計」）
1938 年	240 万	「家畜家禽統計」（畜産部畜産局）
1939 年	230 万	「家畜家禽統計」（畜産部畜産局）
1940 年	200 万	「家畜家禽統計」（畜産部畜産局）
1941 年	203 万	「家畜家禽統計」（畜産部畜産局）
1943 年	170 万	「家畜家禽統計」（畜産部畜産局）

託者の報酬となる。受託者の義務としては、②④⑤は過失による預託羊の死亡の際は、受託者は賠償責任に問われるが、過失でない場合は、速やかに報告する義務のみで、賠償責任はなかった。これはモンゴル人同士の従来の集団的預託の義務とほぼ一致していた。しかしながら、⑦⑧⑨は、従来の預託と大きく異なる点であり、種付けや飼育管理法における厳しい規定となっていた。ここからは満鉄預託の主な目的が品種改良及び飼育管理法の改善であったことが指摘できる。受託者の報酬はどうだろうか。②のように生産仔羊は寄託側と受託側が折半し、③でも一才の羊の生産羊毛も折半となっている。さらに⑥によればそれ以降の生産物である羊毛はすべて受託者が受け取ることになっており、

第 2 部　草原・森林への挑戦

極めて受託者側に有利なものとなっていたのである。つまり、満鉄の種羊預託
における預託条件（義務・報酬）は、極めて寛容なものであった。

　1931 年の「満洲事変」以降、満洲における綿羊飼育数全体は減少傾向にあっ
た。その一方、満鉄管轄下の綿羊飼育数は 1930 年代に増加の一途を辿り、モ
ンゴル地域における満鉄預託も盛んになった。具体的に、満洲綿羊組合など満
鉄管轄下の綿羊組合において[11]、飼育管理される種羊頭数は年々増加し、その
なか、預託綿羊数も増加していた。満鉄の管轄下の三箇所の綿羊組合の飼育管
理する種羊頭数は、1932 年の 5464 頭から 1933 年の 7724 頭、1934 年の 9384
頭と漸次増加していた[12]。特に、預託制度に力を入れていた達爾漢綿羊組合は、
種羊預託の開始当初は預託先 12 戸、頭数約 1500 頭であったが、1939 年度末
において預託先 83 戸、頭数 6630 頭に至った。預託配布先地域もホルチン（科
爾沁）左翼中旗、通遼県、開魯県に拡大され［大渡 1941：186］、満鉄預託の
増加は著しいものであった。

　満鉄預託のこのような増加はいかに展開されたのであろうか。満鉄達爾漢種
羊場の預託綿羊の配布先の状況を概観する。1937 年、ホルチン（科爾沁）左
翼中旗と通遼県の彰古台、西那力嘎などの 8 部落は、満鉄達爾漢種羊場から
種羊の配布を引き受けていた。その種羊の受入先はモンゴル人が中心であった。
諸部落における家畜の種類と飼育数を見ると、綿羊や山羊の飼育数が少なく、
農業に使う牛、ロバや農業残渣で養う豚が相当多く、農業開墾が進んだ地域で
あった（表 4-5 参考）。つまり、満鉄預託制度が、純遊牧地域ではなく、定住
をしながら農業経営していたモンゴル地域を中心に実施されていたことが指摘
できる。それでは、満鉄種羊場はいかなる理由で、モンゴル人牧羊業者のみを
相手に無償配分の種羊預託を採用したのであろうか。当初は改良綿羊はモンゴ
ル人には抵抗のあるものであったが、満鉄の種羊預託が受託者に一定の報酬を
もたらしたことで、モンゴル人牧羊業者の満鉄綿羊改良事業への関心を高める
ことが可能であったと考えられる。

---

　11)　満鉄綿羊組合については［靳 2017］参照。
　12)　「羊毛国策と満洲に於ける綿羊問題」「満洲国／分割 2」JACAR Ref.B09041336600、畜
　　　産関係雑件／羊ノ部、365 コマ。

第4章 綿羊改良事業における預託制度（靳巍）

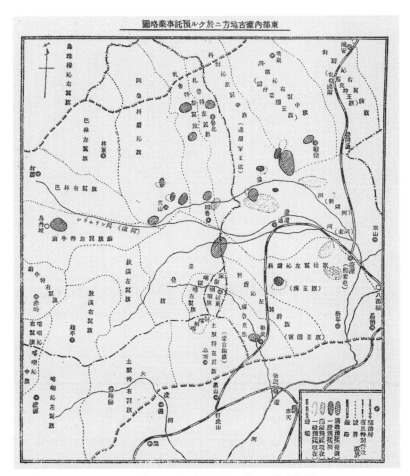

図4-1 内モンゴル東部地域に於ける家畜預託

[大渡 1941：188]

　以下、満鉄預託のモンゴル人牧業者に与えた経済利益を検討する上で、この達爾漢種羊場から種羊の配布を受けていた8部落のなか、12戸の牧羊者を取り上げ検討する。生活状況が上、中（中上）、下と分かれて12戸の受託者であるが、預託された種羊の数はほぼ変わらなかった（表4-6参考）。
　既述したように、満鉄預託において種羊の配布及び牧羊の飼育管理に厳格な規定を執行していた。ここで取り上げる事例にも、粗放による預託羊の栄養不

第 2 部　草原・森林への挑戦

表 4-5　満鉄達爾漢種羊場の預託羊配布先の状況（1937 年）

部落	戸数	牛	ロバ	豚	馬	ラバ	山羊	綿羊	合計	預託羊
彰古台	63	142	123	213	64	13	55	32	642	200
西那力嘎	90	25	66	110	8	5	0	0	214	250
烏里毛頭	38	29	68	53	3	0	0	0	153	数百頭
熬宝営子	213	33	245	350	13	0	0	0	641	60
東乃木各拉	78	7	52	70	16	5	0	0	150	156
呢路特	17	19	18	91	9	2	2	0	141	105
北乃木各拉	37	13	80	100	6	1	0	0	200	206
徳家窩棚	28	10	15	35	2	1	0	4	67	232
合計	564	278	667	1022	121	27	57	36	2208	

出典：［満鉄産業部 1937a］史料に散見されるデータを析出し作成。

表 4-6　満鉄預託における受託者の状況

受託者	部落	家勢概況	預託数
張希俊	西那力嘎	生活程度上	70
徐祥	西那力嘎	生活程度下	90
張平珠	東乃木格拉	生活程度中	80
李生	敖包営子	生活程度中上	50
白温郷	呢路特	生活程度下	67
張吉永	後乃木格拉	不明	66
李向春	後乃木格拉	生活程度中	77
呉徳福	徳家窩棚	生活程度下	70
呉海山	徳家窩棚	生活程度下	68
郭景祥	彰古台	生活程度上	76
王徳福	烏里毛頭	生活程度下	70
藤海山	瓜里毛頭	不明	70

出典：［鳴神 1937］に散見されるデータを析出し作成。

第 4 章　綿羊改良事業における預託制度（靳巍）

足や羊舎の狭さにより、転託を予定されていたものが 2 戸あった［鳴神 1937：157-165］。その主な原因は、粗放による栄養不足や羊舎の狭さによって疫病が伝染し易いことであったという［鳴神 1937：157-165］。具体的に、満鉄預託羊飼育管理法は以下のようなものであった。①土壁又は樹枝を用いた施設の設置を前提条件とし、各受託者が羊官児（管理人）一名を使用し、（去勢された）牡・牝・成羊・仔羊を分けることなく年中放牧する。②一年中午前午後に各一回部落附近の草原に放牧し、給水は放牧出発前及び帰着時に井戸水を給与する。③種羊場より貸付される種牡により自由交配を行う。④飼料に関しては、冬期には野干草等を補助給与する。⑤受託者は分娩前後の母羊及離乳後の仔羊に対し濃厚飼料を短期間給与する［鳴神 1937：186-191］。ここからは、満鉄はモンゴル人の間で行われていた従来の預託慣行とは異なった規制を設けていたことがわかる。

　このように、明確な預託条件や厳しい規定を特徴とする満鉄預託において、受託者はいかなる経済利益を得ていたのだろうか。まず、上述 12 戸の受託者の内 11 戸の預託綿羊による経済利益をみると、年度総純益のなか預託羊による平均純益は 56.75％に達し、農業収入を上回っていた（表 4-7 参考）。この預託羊による増加収入分は、春季による農家費用に充てられ、大切な収入源となっていた［満鉄産業部 1937a：231］。

　次は、11 戸の受託者の一頭あたりの平均収益額を考察する。分配羊からの収入がない 5 戸があるにもかかわらず、平均において一戸当たり 100.29 圓（円）の総益を得ていた（表 4-8 参考）。ちなみに、分配羊からの収入のない 5 戸は、預託してからまだ 3 年経っていない。預託羊の分配は、既述のように、受託して 3 年目より行うものである。分配羊の収入はかなりの部分を占めるから、この 5 戸を除く残りの 6 戸の綿羊一頭あたりの平均収益額を計算すると 2.17 円となる。一頭あたりの平均収益額を左右する一要因は、管理費のコントロールである。事例では多くの家庭が相当の人数を有するにもかかわらず管理人を雇用し、支払う管理費が膨らんでいた。なお、全体的に総支出に対する管理費率は 31％に達していた［満鉄産業部 1937a：501］。つまり、管理費の膨張を制限し支出額を減らすことで、預託羊による収入はさらに増やすことが可能であった。

129

第2部　草原・森林への挑戦

表 4-7　受託者の農業と満鉄預託の純益対照

区分	1936年度純益総計	一般農業純益金額	預託緬羊純益金額
1	594.99	283.49	311.5
2	213.97	203.95	10.03
3	106.8	− 1.59	108.39
4	334.24	28.81	305.43
5	148.17	103.6	44.57
6	169.97	23.81	146.16
7	18.85	11.41	7.44
8	213.97	229.26	− 15.29
9	9.47	1.6	7.89
10	121.14	− 31.06	152.2
11	11.4	− 13	24.4
合計	1,942.99	840.28	1,102.71
平均	176.64	76.39	100.25
割合	100%	43.25%	56.75%

出典：［満鉄産業部 1937a：502］掲載の表に基づいて作成。
注）単位は円。

　満鉄預託制度はモンゴル人居住地域を中心に行われ、それ以外の地域、例え
ば満鉄沿線地域には実施されなかった。以下、満鉄の種羊預託の経済利益を把
握することを目的として、預託制度の実施されなかった満鉄沿線地域の綿羊改
良事業における経済利益を計算してみる。1931年、満鉄の公主嶺種羊場が、
満鉄沿線地方の綿羊飼育者に種羊場の種羊を配給し、収支に関する考察を行っ
た。公主嶺種羊場付近の四平街、桓勾子、双庙子、平頂堡、昌圖、大楡樹の日
本人や中国人の綿羊飼育者9戸を対象とし、種羊を配布した。9戸の綿羊一頭
あたりの平均収益額を計算すると 2.07 円となる（表 4-9 参考）。ここから満鉄
綿羊改良事業において、預託羊制度を実施した地域と実施のなかった地域にお
ける経済利益は、大きな差がないことがわかる。つまり、預託制度は、モンゴ
ル人牧民に対する経済的優遇策として導入されたものではなかったのである。

第4章　綿羊改良事業における預託制度（靳巍）

表 4-8　満鉄預託羊の収支総括分析

受託者	受託羊頭数	収入（円）	支出（円）	差引損益	繁殖牡一頭当収入	要領
1	91	545.7	234.2	311.5	3.42	
2	78	365.2	355.18	10.02	0.13	
3	75	276.8	168.41	108.39	1.45	
4	72	350.6	45.17	305.43	4.24	
5	57	74	29.43	44.57	0.78	分配羊なし
6	83	277.33	131.17	146.16	1.76	
7	66	122	114.56	7.44	0.11	分配羊なし
8	73	137.5	152.79	− 15.29	− 0.21	分配羊なし
9	65	132.5	124.61	7.89	0.12	分配羊なし
10	75	312.64	160.44	152.2	2.03	
11	63	149	124.6	24.4	0.4	分配羊なし
合計	798	2.743.27	1.640.56	1.102.71		
平均	72.6	249.39	149.14	100.25	1.38	

出典：［満鉄産業部 1937a：495-961］掲載の表に基づいて作成。
注）分配羊なしとは、預託期間満了後種羊の再預託を行わなかった場合をいう。

　満洲国建国以降、綿羊改良事業が全国に広がるなか、例えば、フルンボイル
の純遊牧地域においても、改良種がある程度普及したと考えられる。こうした
普及の背景には、同地域における種羊預託の成果があげられていた［三浦
1943：84］。

おわりに──預託制度の展開

　1941 年に東部内モンゴルの預託の概要を整理した大渡によれば、預託制度
が破綻をきたすことが何回かあったことが報告されている。清末には養息牧牧

第2部　草原・森林への挑戦

表 4-9　満鉄沿線地域の綿羊改良事業における収支総括分析

場所	飼育者	飼育綿羊数	収入	支出	損益額	羊一頭當損益額
四平街	桑原忠義	118	1073.33	832.39	240.94	2.04
桓勾子	岸定吉	83	731.03	309.73	421.3	5.08
双庙子	加賀美庸三	46	434.71	251.88	182.83	3.97
平頂堡	川崎丈作	90	664.33	541.91	122.42	1.39
昌圖	岩村平七郎	25	246.43	289.24	△ 42.81	△ 1.71
双庙子	小野徳治	34	214.02	164.59	49.43	1.45
公主嶺	劉忠	31	329.03	161.39	167.64	5.41
公主嶺	藤井隆作	18	91.84	252.23	△ 160.39	△ 8.91
大楡樹	匹田實	54	262.76	208.17	54.59	1.01
合計		499	4047.48	3011.53	1035.95	2.07

出典：［河田 1936：144］ただし、元データは、井島重保（1933）『満蒙ニ於ける緬羊及羊毛ニ関スル踏査報告概要』による。

廠は清朝の崩壊によって事業運営が立ち行かなくなったことが指摘されている［大渡 1941：179］。また、日露戦争時にロシア軍に畜牛が徴発されて損害を被った事例も紹介されている［大渡 1941：182］。当然「満洲事変」によっても混乱が生じている。治安の悪化により預託者がいなくなれば、家畜は略奪されることになり預託が成立しなくなるのである［大渡 1941：180、182-183］。預託制度が実施されるには、一定の治安の安定が必須であった。

　さきにみたように、満洲国の成立後、混乱が収束しても、東部内モンゴル地域においては綿羊飼育数が減少した。しかし、満鉄による綿羊の預託は増加しつつあった。満鉄綿羊改良事業において、事業当事者は民族別にモンゴル人・満人・漢人・日本人の牧羊業者を対象とした。モンゴル人を中心とする満鉄預託制度の経済利益は、同制度の実施がない他民族牧羊業者のそれと比較すると、純益に大差はなかった。預託制度の導入はモンゴル人牧羊業者を経済的優遇したものではなく、伝統的モンゴルの家畜社会における自然環境や生活スタイルに適した預託制度を綿羊改良事業に導入したことにより、モンゴル人綿羊飼育者が満鉄綿羊改良事業を受け入れやすくする効果が重要であったと考えられる。

また、軍事的混乱により従来型の預託事業が荒らされたところに、満鉄の綿羊改良事業の一環としての預託によって綿羊が提供されたことで、伝統的な預託制度が満鉄預託制度へと移行した部分が少なからずあったと考えられる。

品種改良された綿羊それ自体は、決してモンゴル人にとって魅力的な家畜ではなかった。これを受容させたのが、預託制度というモンゴル人社会に従来からあった制度を介した点は、植民者による在地理解の一側面といえるだろう。では、この預託制度がいかにモンゴル社会にとって合理的なものであったのか、最後に新中国での預託制度の展開に言及しておきたい。

1947年に内モンゴル自治区が成立すると、ウランフは家畜業を営む地域に「三無両利」政策を実施していった。「三無」とは、農業を営む地域と違って、重大な罪を犯した牧主を除く一般牧主に対し階級を定めない、政治的闘争を行わない、財産を分け合わないとする方針である。「両利」とは、従来の預託制度における封建的経済搾取を行わないように改革をおこない、家畜業における労働者と家畜所有者（牧工牧主）両方にとって有利な政策方針を採ることをさす［内蒙古政協 2005：5］。この政策に基づいて行われたものが新預託制度である。これまでの預託制度における預託条件の不公平に対して、新預託制度では牧工と牧主が預託条件を話し合い、契約を結んだ。内モンゴル自治区全体において新預託制度は主に五つの種類があると指摘されている。①牧工と牧主が直接預託条件を自由に話し合う。東部内モンゴル地方においてはジョーオダ盟がここに当てはまる。②牧工と牧主に政府が担当者を派遣し預託条件を話し合わせる。その従事者がリーダーや仲裁人としての役割を果たす。東部内モンゴル地方においては興安盟烏蘭毛都牧区がここに当てはまる。③牧工と牧主の代表が集まり預託条件の標準を決める。地域によって生活水準に差異があるので、ルールが適用される範囲は小さかった。興安盟烏蘭毛都牧区が1950年以降これを導入する。④地方自治体で統一の預託条件の標準を決める。フルンボイル盟が1948年以降この方法をとった。⑤地方人民代表大会において預託条件の標準を取り決める。シリンゴル盟がここに当てはまる。新預託制度の五種類のうち、①②③は評価がもっとも高く、より広い地域に拡大されるべきだとされた［内蒙古政協 2005：363］。なお、地理、生業の違いによって、村（ガチャ）ごとに基準をきめてもよいとされた。

第2部　草原・森林への挑戦

新預託制度では、寄託側に牧主やラマが多く、受託側は主に中等牧戸となる。一般的なやり方として、元々の受託牧戸に変動がなく、牧工と牧主の間に結んだ契約に基づき、仔畜繁殖率、成畜保育率、畜産品獲得率に基づいて放牧費が出る。これで牧工が生活を維持することになる［内蒙古政協 2005：8］。但し、フルンボイル盟では政府から預託条例を発布し、牧工に放牧費を払うことなく、報酬として一年分の仔畜の 40-50％を分けた［内蒙古畜牧庁 1999：58］。

内モンゴル自治区において「三無両利」政策を実施する背景には、牧畜経済と農業経済の構造上の差異に配慮したためである。農業経済において土地は基本的生産材料であり、不動産である。しかし、牧業経済において家畜は生産材料でありながら生活材料でもあり、動的財産となる。なお、牧業経済は分散性、脆弱性、不安定性という特性を持ち、自然環境や人為的な破壊を受けやすい。農村地域で実施されている財産の分配としての土地改革は、牧畜経済構造を破壊し、群の分散による家畜の死亡や減産に繋がる恐れがあると考えられた［内蒙古政協 2006：8］。

「三無両利」政策方針を逸早く導入し新預託制度に転換した東部内モンゴル地方四盟（フルンボイル盟、ジョーオダ盟、ジリム盟、興安盟）では、1948年から 1952 年に至る家畜の増加率が 110％となり、牧民の生活条件が著しく改善され、草原では人間と家畜双方の増加現象が見られることになった［内蒙古政協 2006：9］。

伝統的封建的な預託においては、モンゴル社会における牧主やラマなどの支配層は、家畜の預託において身分関係を利用し、労役や富の搾取を行っていた。満鉄の綿羊事業である植民地政策下での預託は、伝統的モンゴルの家畜社会における自然環境や生活スタイルに適した預託制度を綿羊改良事業に導入したことで、モンゴル人綿羊飼育者に満鉄綿羊改良事業を受け入れさせることになった。これに対して、「三無両利」政策下の預託は、土地改革のように小規模に群を分けては災害・疫病で群が打撃を受けた際の復元力に限界があることに配慮し、数を集めて家畜を行う形をとった。その際、牧主・牧工の双方の利益を守り合意をとる対等な関係が形成された。その後、この新預託制度は 1957 年の合作化・集団化まで有効な制度として継続した［阿部 1988：1］。

【参考文献】

秋谷紀男（2013）『戦前期日豪通商問題と日豪貿易』日本経済評論社。

阿部治平（1988）「内モンゴルにおける牧畜家族経営の成立過程」『中国研究月報』484号。

板垣貴志（2015）「家畜預託慣行からみる近代日本の畜産史：畜産の生活保障機能と家畜所有観念の変容」『農業史研究』第49号。

伊東光太郎（1957）『日本羊毛工業論』東洋経済新報社。

大渡政能（1941）「東部内蒙古地帯における家畜預託の慣行に就て」『満鉄調査月報』第21巻第11号。

兼松株式会社（1950）『兼松回顧六十年』。

河田嗣郎（1936）『満洲の牧羊』学術部第二特別委員会報告（第6編）日本学術振興会。

靳巍（2017）「「満洲」綿羊改良事業再考——開始時期・事業主体に注目して」『中国研究月報』2017年6月号。

毛織物中央配給統制株式会社編（1943）『大東亜共栄圏繊維資源概観 第1部羊毛資源 第1輯本邦之部』博信社。

後藤冨男（1968）『内陸アジア遊牧民社会の研究』吉川弘文館。

實吉吉郎（1925）「綿羊飼育事業の採算的観察」『満蒙』第64冊。

曽我亨（1998）「ラクダの信託が生む絆——北ケニアの牧畜民カプラにおけるラクダの信託制」『アフリカ研究』第52号。

利光有紀（小長谷有紀）（1986）「モンゴルにおける家畜預託の慣行」『史林』69巻第5号。

鳴神忠男（1937）「預託緬羊一般調査報告」（1937年4月）『満鉄調査報告』第2輯（6）、広西師範大学出版社。

満鉄経済調査会（1935）『満洲畜産方策』。

満鉄産業部（1937a）「預託緬羊飼育経済調査」『満鉄調査報告』第2輯（6）、広西師範大学出版社。

満鉄産業部（1937b）『昭和十年度達爾漢種羊場業務報告』（未刊行史料）。

三浦彰夫（1943）「ホロンバイルの綿羊改良について」『畜産満洲』第3巻第8号。

村岡重夫（1939a）「阿魯科爾沁旗の「スルグ」慣行」（一）『産業部月報』第3巻第8号。

村岡重夫（1939b）「阿魯科爾沁旗の「スルグ」慣行」（二）『産業部月報』第3巻第10号。

内蒙古自治区畜牧庁修志編史委員会編（1999）『内蒙古自治区志（畜牧志）』内蒙古人民出版社。

内蒙古自治区政协史資料委員会編（2005）『"三不両利"与"稳宽长"文献与史料』（内蒙古文史資料 第56輯）（[内蒙古政协2005]と略す）。

内蒙古自治区政协史資料委員会編（2006）『"三不両利"与"稳宽长"回忆与思考』（内蒙古文史資料第59輯）（[内蒙古政协2006]と略す）。

哈斯图雅（2015）『苏鲁克制度的演变和当代价值』（内モンゴル大学修士論文）。

第 **5** 章

「満洲国」の畜産政策と獣疫

小都晶子

はじめに

　満洲国の畜産政策に対しては、当時の関係者によっても、「あの大陸に立派な満州人技術者を多く育成し、畜政の在り方を教え、膨大なる施設を残し良き家畜の種を播いて来た」とする肯定的な評価と［柳田・田浦 1965：500］、他方では、「新国家の寿命が短かかったので、畜政のどの分野においてもほとんど基礎造りのあわただしい段階で終末を迎えた」とする否定的な評価とがある［満洲国史編纂刊行会 1971：724］。概して「畜産資源が低品位であった」とみなされ、その要因の一つには獣疫の存在が指摘されている［満洲国史編纂刊行会 1971：719］。

　日本が中国東北地域で行った畜産政策に関しては、綿羊の改良を論じた丁（2009）、日本馬の移植を論じた大瀧（2013）など、個別の家畜に関する研究を中心に、多くの成果がある。他方、李・孫（2015）は満洲国の畜産政策を、孫（2014）はその「馬政」を分析し、東北の畜産業は日本の植民地略奪によって壊滅的打撃を受けたとしている。李、孫はともに「東北経済小叢書」の『畜産』（1948 年）を用い[1]、傀儡政権満洲国の政策を取り上げて、戦後の評価も視野に入れているが、略奪を重視して植民地権力を強くみている。これに対し、豚の品種改良を分析した吉田（2016）は、戦後の在来種の残存に着目し、こ

---

1)　「東北経済小叢書」については、井村（1997）を参照のこと。

第2部　草原・森林への挑戦

れを改良の不徹底とみるのではなく、在来種がもつ豚毛の価値や繁殖力などの積極的な特徴に目を向けている。

　こうした研究状況をふまえ、本章はまず、満洲国が実施した畜産政策の全体像を把握する。その際、李・孫（2015）やほかの多くの満洲国研究にならってこれを3期に分け、前後の時期も視野に入れる。できる限り当時の行政資料や関係者による記録によって整理したい。さらに、満洲国の畜産政策のなかでも、管見の限りこれまで取り上げられることの少なかった獣疫への対応を検討する[2]。従来の研究は日本の資源確保に直結する家畜の改良に注目しがちであった。しかし、満洲国史編纂刊行会（1971）の表現を借りるならば、「改良方策の遂行に当たり一大障壁となるのはこの地が各種獣疫の巣窟である」ことであった。本章では、「改良に先行させた」とされる「獣疫の防遏」を検討する［満洲国史編纂刊行会 1971：721］。それによって、日本の支配にともなった近代技術の導入が地域とどのように対峙しようとしたのかを考えたい。

　なお本来であれば、畜産には馬も含まれるが、馬は軍事と関わりが深く、満洲国では畜産一般と切り離されていた時期が長い［孫 2014］。また満洲国の馬疫研究は細菌戦に関係するという可能性も指摘されている［江田 1997］。これはきわめて重要な論点であるが、本章の守備範囲をこえるため、ここではひとまず馬を除く畜産政策を対象とする。

1　関東州・満鉄附属地時代

　中華民国期には、中国東北地域からの畜産物輸出も増加した。例えば、獣皮は奉天やハルビンの市場からヨーロッパや天津方面に、獣骨は肥料として香港や日本に移輸出された。日露戦争後に中国東北地域に進出した日本もこの地域の畜産資源に注目した［李・孫 2015：78-79；東北文化社年鑑編印処 1931：1389］。

　2）　満洲国の獣疫への対応については、丁（2009）がその概要に触れているほか、孫（2014）が馬疫、梁（2006）が研究機関を取り上げている。

138

第 5 章　「満洲国」の畜産政策と獣疫（小都晶子）

　日露戦争後、日本はポーツマス条約によって関東州の租借権をロシアから譲り受け、これを統治する機関として 1906 年 9 月、関東都督府を設置した。同年 11 月、関東都督府は大連に農事試験場を設置し、1911 年 5 月に金州に分場を設置した。金州分場は豚の改良増殖を扱った。関東都督府農事試験場は1919 年 4 月の関東庁官制にともなって関東庁農事試験場となり、1925 年に金州に移転した［山本 2013：146-152］。また 1906 年 11 月に設立された満鉄は、沿線の鉄道附属地の行政も担当した。満鉄は 1913 年 4 月、公主嶺附属地に産業試験場本場を設置し、畜産に関しては馬、豚、綿羊の改良に関する研究を行った。1918 年 1 月には、産業試験場から農事試験場公主嶺本場に名称が変更された［山本 2013：31-45］[3]。

　農事試験場の設立と前後して、1914 年に日本人の獣医畜産関係者によって南満獣医会（のちに南満獣医畜産学会に改称）が組織された。1920 年から1922 年まで学会幹事を務めた辻信次によれば、当時、遼陽で牛疫が大量発生し、旅順では炭疽、鼻疽が発生していた。学会は現地で血清・予防液を製造すべく、満鉄や関東庁に獣疫血清製造所の設置を請願した［奉天獣疫研究所回想誌刊行委員会 1993：108；相原 1934：55］。

　この血清製造所設置の計画は、「沿線の関係があり最初遼陽のが刺戟になっ」て、満鉄ですることになったという［奉天獣疫研究所回想誌刊行委員会1993：108］。1922 年に満鉄で最初の決裁を得、紆余曲折を経て、1925 年 10月、奉天に獣疫研究所が設立された［奉天獣疫研究所回想誌刊行委員会1993：81-82］。同年 11 月の「獣疫研究所規程」によれば、獣疫研究所は「興業部ノ管理ニ属シ家畜疾病ノ研究及獣疫血清類ノ製造ニ関スル事務ヲ管掌」するとし、事業科と研究科からなった。北海道帝国大学教授葛西勝彌に所長事務取扱を嘱託した[4]。以後、獣疫研究所は牛疫、豚コレラ、炭疽など各種の家畜伝染病について、事業科で血清や予防液の製造、研究科で調査研究を行った

---

　3)　東三省政府もそれぞれ農事・農林試験場や畜牧模範場を設置し［李・孫 2015：79-
　　　 80］、後述するように、満洲国は初期にその調査を行っている。李・孫（2015）は、「こ
　　　 の時期の畜産業は基本的に自然成長の状態にあり、東北当局に系統的な畜産政策はなかっ
　　　 た〔引用者訳〕」としている。
　4)　「獣疫研究所の設立」『南満獣医畜産学会報』第 6 号、1925 年、85-88 頁。

第 2 部　草原・森林への挑戦

図 5-1　奉天獣疫研究所
［南満洲鉄道株式会社 1937］

［奉天獣疫研究所回想誌刊行委員会 1993：87-102］（図 5-1）。

　もともと中国東北地域には多くの家畜伝染病があり、日本側は日露戦争のときからその被害を認識していたが、1919 年から 1920 年にかけての流行では、牛疫に 20 万頭、豚コレラに 130 万頭の罹病があったとされる。日本への畜産物輸出が増え、日本の獣疫予防上も脅威とされた［小原 1924：30-31］。次の記述は、関東州や附属地に住んでいた日本人の心情をあらわしている。

　　一境界を離るれば附属地外関東州外と云ふ広漠たる支那国土となるのであるがこの境界を離るれば満洲名物の牛疫炭疽鼻疽豚疫或は腺疫と有ゆる伝染病毒が常在してゐる
　　単に境界線はあるが始終動物は採食に或は荷馬車馬となりて通行して病毒を散布してゐるが支那側は之等伝染病に対して撲滅に勉める訳でもなく又獣医が診察しても予防に努める訳でもないから病毒の根絶するといふ事は到底望まれないので常に其処此処に発生を見るのである、それが為めに我が管内の家畜が斃さるゝことも少くない甚だ迷惑の極みである
　　一朝我が軍馬にでも伝染するやうのことありては由々敷ことである故に単に対岸の火災視することは出来ないのである［中井 1924：131］

いうまでもなく、この時期の防疫の重点は日本が進出した関東州と満鉄附属地にあったが、伝染病は境界を越えて入ってくる。同稿は「支那側の無関知にも驚かざるを得ない」としつつ、「我々満洲に居住する獣医は何等かの方法を講じ官庁乃至は満鉄より援助を仰ぎて支那側獣医と協力し獣疫の予防に務むるは彼我親善の基ともなり又我々の当然奮起すべき職務ではないか」と続け［中井 1924：132］、域内の衛生をまもるために境界を越えて対応することが正当化される。

以上のように、中国東北地域における日本側の畜産政策は、日本の満蒙進出にともなって畜産の改良に始まったが、同時に関東州や満鉄附属地では防疫の必要性も認識された。この時期、日本側は内モンゴル東部を含む中国東北全域の畜産資源を視野に入れつつ、実際の活動は関東州および満鉄沿線に制限されていた。

2 畜産政策の展開

(1) 初期の対応（1932 〜 1936 年）

満洲国が成立すると、日本側の活動領域や管掌事項は大きく広がった。満洲国全域の畜産を管理するため、満鉄、関東軍、そして満洲国政府が対応をとっていくことになる。

すでに満洲事変後の 1931 年 11 月、満鉄農務課は関東軍統治部の依頼を受けて、家畜伝染病の予防制遏や馬匹改良、綿羊改良など、畜産に関する計画を作成していた。翌年 1 月、満鉄に成立した経済調査会はさらに資料を収集し、あらためて満洲国の畜産に関する計画案を立案した。調査立案を担当したのは、農務課から第二部畜産班に加わった實吉吉郎、下山多次郎らであった[5]。これ

---

5)　實吉は 1890 年生まれ、1915 年東北帝国大学農学部畜産科を卒業し、農商務省種羊場などに勤務。1924 年満鉄入社、農務課畜産係主任。経済調査会調査員を兼任し、第二部第三班主任［中西 1937：1545；中西 1940：53；中西 1943：939］。1935 年 2 月から

第 2 部　草原・森林への挑戦

らの計画案は経済調査会委員会、次いで関東軍特務部第三委員会の審議を経て、その多くが 1933 年前後に満洲国の畜産方策として決定した。「満洲畜産方策」はこれらの立案調査書類を収録し、防疫に関する「満洲国屠場統制方策」、「満洲国家畜防疫方策」、改良に関する「満洲畜産改良計画案」、「満洲馬匹改良及競馬事業方策」、「満洲緬羊改良方策」、「満洲畜牛改良方策」、「満洲在来豚改良方策」、統制に関する「満洲国家畜市場方策」からなった［南満洲鉄道株式会社経済調査会 1935a］[6]。満洲国の畜産政策の目標は防疫、改良、そして統制に置かれた。

　上述の各方策の策定と前後し、1933 年 3 月、経済調査会と特務部による検討を経て、満洲国は「満洲国経済建設要綱」を発表した。畜産については、「我国ノ畜産ハ其ノ量豊富ナルニ拘ラズ資質劣等ナルモノ多ク資源トシテ価値低キ憾アリ仍テ其ノ資源ノ開発ハ家畜頭数ノ増加ト共ニ品種ノ改良ヲ行フヲ以テ主眼トス」とし、具体的施策として家畜の改良増殖、家畜衛生制度の確立、牧野の改良を挙げた［実業部農務司畜産科 1937：1-2］。

　同じ 3 月、南満獣医畜産学会も事態の変化に対応すべく、関東軍司令官、同特務部、関東長官、満鉄総裁に対し、「満洲に於ける畜産の改良増殖及獣医警察に対する施設並行政組織に関する件」と題する意見書を提出し、統轄機関の設置、家畜の改良・増殖、獣疫の予防制遏などの方策を示した[7]。同年、南満獣医畜産学会は満洲獣医畜産学会に改称された。

　関東軍や満鉄を中心に、以上のような畜産政策の枠組みが策定されるなか、

　　　　　1945 年 5 月まで獣疫研究所所長を務める［奉天獣疫研究所回想誌刊行委員会 1993：1］。下山は 1898 年生まれ、1919 年盛岡高等農林学校獣医科を卒業し、満鉄入社。公主嶺農事試験場、農務課などに勤務し、経済調査会調査員を兼任。のちに農務課畜産係主任。1942 年満鉄退社、満洲畜産株式会社監理役に就く［中西 1937：818；中西 1940：893；中西 1943：277］。

6)　　以上のうち「満洲畜牛改良方策」と「満洲在来豚改良方策」は、このときには軍の審議で決定とならなかった［南満洲鉄道株式会社経済調査会 1935a：343-344、393-394］。「満洲畜産方策」は、實吉、下山のほか、大野末松、福井春治らが担当している。また畜産に関しては、この「満洲畜産方策」のほかに、「満洲牛肉輸出事業方策」［南満洲鉄道株式会社経済調査会 1935b］がある。満洲国初期における経済調査会の政策立案については、原（1972）を参照のこと。

7)　　「会報」『満洲獣医畜産学会雑誌』第 15 巻第 1 号、1933 年、105-107 頁。

第5章　「満洲国」の畜産政策と獣疫（小都晶子）

満洲国で畜産に関する実際の業務は治安部、蒙政部、実業部が分担した。治安部は馬政局を置き、馬に関する行政を管掌したのに対し、馬以外の家畜に関する政策は、興安各省では蒙政部（勧業司畜産科）、そのほかの省では実業部が管掌した。しかし、「大同年間（昭和七－八年）の執政時代は、治安の確立に追われ、勧業行政はほとんど名目だけ」であったという［柳田・田浦 1965：498］。実業部では、当初は農鉱司漁牧科（畜産股）で「僅かに一、二名」の職員がこの事務を取り扱っていた［坪井 1965：495］。畜産に関しては、この時期、後述する奉天獣医養成所を設置したほか、吉林省内の種畜場・屠獣場・家禽市場や東北3省の省立・県立農事試験場など、在来の畜産関係施設の調査を行っている[8]。また地方では、「建国後二、三年は地方の小県旗における専門職員は皆無に等しかった」という［満洲国史編纂刊行会 1971：730］。

　実業部で畜産行政の基礎を築いたのは坪井清である［満洲国史編纂刊行会 1971：730］。坪井は 1895 年に生まれ、北海道帝国大学農学部で学び、同助手、満鉄勤務を経て、1933 年に満洲国に入り、実業部、産業部の畜産部門で技佐や技正を務めた。1939 年 12 月に公主嶺農事試験場に異動するまで、一貫して満洲国の畜産政策の中心にあった［岡 1934：126；中西 1940：1248］。

　1934 年には、実業部に農務司が新設されて畜産科が置かれ、職員も「日満系各数名」となった［坪井 1965：495］。畜産科は、家畜および畜産物の改良増殖に関する事項、綿羊改良場、地方種畜場および畜産試験場に関する事項、牧野に関する事項、家畜衛生に関する事項、獣医師に関する事項、家畜市場および家畜商に関する事項、畜産組合その他畜産業団体に関する事項を掌るとされた［実業部農務司畜産科 1937：2-3］（図 5-2）。

　以後、満洲国の畜産部門が管轄する業務も拡大した。

　第一に、技術者の養成・派遣である。これについては次節で詳述する。

　第二に、豚・綿羊の改良である。豚については、朝鮮などからバークシャー種の種豚を購買し、各省に配布貸与するとともに、奉天・吉林・龍江・錦州の

---

8)　「吉林永吉県実業局模範種畜場調査報告」、「吉林省会屠獣場調査報告」、「吉林省城家禽市場調査報告書」、「吉林省城家畜市場調査報告書」『実業部月刊』第 8 号、1933 年、132-138 頁、「奉吉黒三省立県立農事試験場及苗圃等之現状調査一覧表」『実業部月刊』第 2 期第 2 号、1934 年、110-137 頁。

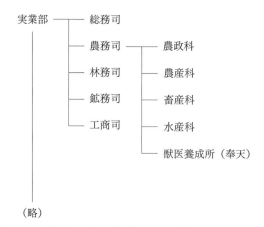

図 5-2　実業部の組織（抜粋）と畜産部門（1934 年 8 月）
出典：満洲国通信社（1935：213）および実業部農務司畜産科（1937：2-3）より作成。

各省に省種畜場を設置し、改良用種豚の生産配給にあたらせた[9]。羊については、アメリカからメリノー種、オーストラリアからコリデール種を購入し、在来種と交配した。実業部は錦州省朝陽、熱河省赤峰に綿羊改良場を設置している[10]。

　第三に、家畜の統制である。1935 年 7 月、勅令第 63 号「屠宰場法」が公布され、家畜（牛馬、ラバ、ロバ、綿羊、山羊、豚）を食用加工する「屠宰場」は、地方団体でなければ設立できないとした[11]。また同年 12 月、勅令第 161 号「家畜交易市場法」が施行され、家畜（馬、ラバ、ロバ、牛、綿羊、山羊、豚、ラクダ）を売買、交換する「交易市場」は、公共団体または命令をもって

---

9) 1936 年 3 月、実業部令第 5 号「養豚奨励規則」が公布された［実業部農務司畜産科 1937：71-73］。初年は配布後に多くの斃死豚を出したという［実業部農務司畜産科「康徳元年度及二年度養豚改良施設概要」］。

10) 実業部の綿羊改良場は、勅令第 38 号「綿羊改良場官制」（康徳 2 [1935] 年 5 月 24 日）、実業部令第 6 号「綿羊改良場に関する実業部令」（康徳 2 [1935] 年 5 月 24 日）による［実業部農務司畜産科 1937：61-63］。また蒙政部の綿羊改良場は、勅令第 39 号「興安綿羊改良場官制」（康徳 2 [1935] 年 5 月 24 日）（『実業部月刊』第 3 期第 1 号、1935 年、222-223 頁）による。

11) 勅令第 63 号「屠宰場法」（康徳 2 [1935] 年 7 月 6 日）『実業部月刊』第 3 期第 3 号、1935 年、57-59 頁。

定めた者でなければ開設することができないとし、「市場」外での取引を制限しようとした［実業部農務司畜産科 1937：12-15］。これらは家畜の取引、加工を行政の管理下に置き、検査体制をたてることをはかるものであった。

第四に、家畜の統計である。この時期、県別の家畜頭数統計がとられるようになった。ただし、統計について当時の漁牧科雇員は「訓令に依るものは、牲畜税を徴収される関係か、推定数が加味され、真実味が少ないこともわかってきた」とも指摘している［岡田 1972：135］。

上に述べたものも含め、この時期に畜産に関して出された法令、規則のうち、主なものを以下に挙げる（馬政を除く）。

民政部訓令第 40 号「農民牲畜売買取締辦法」（1932 年 5 月 16 日）

実業部令第 1 号「暫行国有畜種貸与規則」（1935 年 2 月 27 日）

勅令第 63 号「屠宰場法」（1935 年 7 月 6 日）

勅令第 161 号「家畜交易市場法」（1935 年 12 月 28 日）

実業部令第 5 号「養豚奨励規則」（1936 年 3 月 20 日）

実業部訓令第 191 号「家畜（除馬類）伝染病取扱に関する件」（1936 年 6 月 11 日）

畜産政策に関する各種の政策が進められるなか、満洲国で畜産業務に従事する者も増加した。1936 年 11 月現在、満洲獣医畜産学会の会員は関東州・満洲国をあわせて 300 人を超えた[12]。

以上のように、関東軍と満鉄を中心に畜産関係の各種方策がたてられたが、満洲国初期に実行に移すことができた政策は多くはなかった。とはいえ、1930 年代半ば以降、機構と人員が整えられるなかで、徐々に畜産行政が始まっていった。

---

12)　「会員名簿」『満洲畜産獣医学会雑誌』第 18 巻第 3・4 号、1936 年、620-630 頁。

第2部 草原・森林への挑戦

(2) 本格的展開（1937 〜 1941 年）

　1936 年 11 月に発表され、1937 年 1 月に修正された関東軍司令部「満洲産業開発五箇年計画要綱（農畜産部門）」は、畜産部門の開発目標と所要経費、資金を（表 5-1）のように設定した。すなわち 1937 年からの 5 年間で馬は 40 万頭、綿羊は 119 万頭、牛は 77 万頭、豚は 26 万頭を増殖させるとし、そのために満洲国は種馬所・種馬育成所・馬廠などの設置や馬疫防遏、交配奨励、メリノーおよびコリデール種の輸入、綿羊改良場の増設などを講じるとした。畜産部門の総経費は約 4375 万円とされた［南満洲鉄道株式会社調査部 1937：3-11］。

　1937 年 2 月、実業部農務司は「産業部五箇年計画要綱案（畜産之部）」を策定し、その実施計画をたてた。同要綱案は、馬、綿羊、牛、豚のそれぞれについて具体的な改良増殖計画を示し、防疫と遊牧民の定着についてもそれぞれ 5 か年計画をたてた[13]。

表 5-1　「満洲産業開発五箇年計画要綱」開発目標ならびに所要経費、資金（畜産部門）

種別	開発目標	現在能力	差引増産	同上経費	同上資金
馬	千頭 2,300	千頭 1,900	千頭 400	千円 5,000	千円 —
綿羊	4,200	3,010	1,190	12,720	7,500
牛	2,744	1,979	765	2,951	—
豚	5,259	5,000	259	1,183	—
獣肉	千トン 192	千トン 141	千トン 51	—	—
畜産開発基本施設	—	—	—	21,900	—
計	—	—	—	43,754	7,500

出典：関東軍司令部「満洲産業開発五箇年計画要綱（農畜産部門）」（1937 年 1 月）、南満洲鉄道株式
　　　会社調査部（1937：3-11）より作成。
注：日中戦争開始後に五ヵ年計画は修正され、畜産部門の開発目標は馬 2277 千頭、綿羊 4392 千頭、
　　牛 2503 千頭、豚 5773 千頭、獣肉 197 千トンになる［山本 2003：36-41］。

---

13)　要綱案は、改良に関する「馬匹改良増殖五年計画要綱」、「産馬五箇年計画に関する収

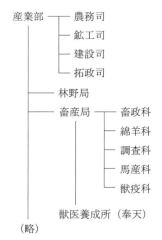

図 5-3 産業部の組織（抜粋）と畜産部門（1937 年 7 月）
出典：満洲国通信社（1938：94）および前掲「畜産局分科規程」より作成。

　同年 7 月、満洲国の行政機構改革にともなって実業部は産業部に改組され、その外局として畜産局が新設された。このとき治安部馬政局と蒙政部畜産科[14]も畜産局に統合された［坪井 1965：495］。畜産局は畜政科、綿羊科、調査科、馬産科、獣疫科と奉天獣医養成所からなった[15]（図 5-3）。さらに同年 12 月、満鉄附属地の行政権が満洲国に移譲されたのにともなって、1938 年 4 月には満鉄が経営する農事試験場や獣疫研究所も満洲国に移管された。「〔満洲──引用者注〕国内の畜産行政は完全に畜産局が一元的に掌握」することになった［満洲国史編纂刊行会 1971：730］。
　1939 年 1 月、軍事上の要請から馬、ロバ、ラバ、ラクダは再び治安部の管轄となり、同部外局として馬政局が設けられ[16]、畜産局は産業部内局の畜産司

入支出（経費）及資金概算書」、「緬羊改良増殖五年計画要綱」、「畜牛改良増殖五年計画要綱」、「養豚改良増殖五年計画要綱」、防疫に関する「家畜防疫五年計画要綱」、および「遊牧民定著促進による増産要綱」からなる［南満洲鉄道株式会社調査部 1937：47-62］。
14）　1937 年 7 月、蒙政部は廃止され、興安局に改組された。
15）　「畜産局分科規程」『政府公報』第 976 号、康徳 4（1937）年 7 月 1 日、81-83 頁。
16）　勅令第 321 号「馬政局官制」（康徳 5［1938］年 12 月 24 日）『産業部月報』第 3 巻第 1 号、1939 年、180-181 頁。

第 2 部　草原・森林への挑戦

に改められた[17]。畜産司は馬を除く畜産に関する事項および牧野に関する事項を掌るとされ、畜政科、畜産科、獣疫科の 3 科からなった［満洲事情案内所 1940：38-39］。

　地方における関係行政機関も徐々に整備され、1940 年の段階で、北安、三江、間島、牡丹江、東安、黒河、吉林、龍江、濱江の各省で開拓庁殖産科、奉天、錦州、熱河、安東の各省で実業庁殖産科、通化省で民生庁農林科、興安北省で開拓庁畜産科、興安西、南、東省で民生庁勧業科が畜産業務を担当していた［満洲事情案内所 1940：40］。

　そしてこの時期には改良に加え、畜産資源の統制が本格化した。1937 年 9 月には、満洲国の準特殊会社として満洲畜産株式会社が設立された。同社設立の背景には、五ヵ年計画の実施にともなって「組織的配給並加工処理機関設立の必要に迫られ」たことがあった。設立時の資本金は 500 万円で、ハイラル、ハルビンなどに出張所を置き、生畜および畜産物の買付、輸出入などを行った。系列会社に満洲畜産工業株式会社、蒙疆畜産股份有限公司、満洲豚毛工業株式会社、満洲羊毛同業会があった[18]。満洲畜産株式会社は「軍のせん撫工作に協力し」、また「関特演」に「必要な多数の役畜と大量の肉畜鶏卵の調達」にあたるなど、「国策会社的色彩が濃厚」であったという［佐藤 1965：502］。

　この第一次五ヵ年計画の時期に制定された主な法令、規則は以下である。

　　勅令第 444 号「獣医師法」（1937 年 12 月 6 日）
　　勅令第 462 号「家畜伝染病予防法」（1937 年 12 月 23 日）
　　産業部令第 30 号「国有種牡綿羊貸与規則」（1938 年 5 月 17 日）
　　勅令第 339 号「毛皮皮革類統制法」（1938 年 12 月 26 日）
　　産業部令第 9 号「種牝綿羊輸入奨励規則」（1939 年 4 月 6 日）
　　勅令第 295 号「家畜調整法」（1939 年 11 月）

---

17)　勅令第 319 号「国務院各部官制中改正の件」（康徳 5［1938］年 12 月 23 日）『産業部月報』第 3 巻第 1 号、1939 年、180 頁。

18)　設立当時の名称は満洲畜産股份有限公司で、のちに満洲畜産株式会社に改称された。1938 年 12 月末までに 1500 万円に増資されている［満洲畜産株式会社 1939］。

第 5 章　「満洲国」の畜産政策と獣疫（小都晶子）

　さらにこの時期には、畜産調査も体系的に実施されるようになった。産業部の資源調査の一環として畜産局が担当した畜産資源調査は、調査項目に（1）家畜家禽数ならびに飼養戸数、（2）家畜生産数、斃死数および屠宰数、（3）家畜交易頭数、入場頭数、売買状況および交換頭数（「家畜交易市場法」による）、（4）家畜伝染病発生および転帰（「家畜伝染病予防法施行規則」による）、（5）獣皮獣毛生産高、（6）獣皮獣毛出回高、（7）獣医数を挙げている［畜産局 1938：132-138］。行政機構や法令が整備されるにしたがって、国内畜産業の体系的な把握もはかられていった。

　以上のように、満洲国は第一次五ヵ年計画の時期に畜産政策を実施するための体制を整えていった。家畜の状況を把握し、改良、増産の目標をたてるとともに、さらに進んで畜産の統制を目指した。

（3）統制の強化（1942 ～ 1945 年）

　1941 年 12 月に太平洋戦争が始まると、家畜・畜産物の統制が強化され、「はじめて現地『生えぬきの司長』として」井上実が畜産司長に就任した[19]［柳田・田浦 1965：500］。1945 年 5 月には、興農部畜産司は再び馬政局[20]と統合し、興農部畜政司となった。畜政司は畜政科、畜産科、獣疫科からなり、家畜および畜産物に関する事項、牧野および飼料に関する事項、賽馬に関する事項を掌るとされ、馬政局は廃止された[21]。

　満洲国は 1941 年中ごろから第二次五ヵ年計画の立案を進め［山本 2003：42］、畜産部門でも第二次五ヵ年計画がたてられた。内容は第一次とほぼ同じで、第一次五ヵ年計画の未完成部分を第二次五ヵ年計画で継続して完成するとされ、（1）改良増殖、（2）家畜衛生、（3）牧野・飼料、（4）技術員の整備、（5）買付、配給、加工からなった［東北物資調節委員会研究組 1948：32][22]。

　19）　井上は 1905 年に生まれ、北海道帝国大学農学部卒業後、満鉄経済調査会勤務を経て満洲国に入り、実業部農務司技佐、牡丹江省開拓庁長などを務めた［中西 1940：234］。

　20）　治安部馬政局は 1941 年 1 月に興農部外局となっていた［満洲国通信社 1941：89］。

　21）　勅令第 139 号「国務院各部官制中改正の件」『政府公報』第 3257 号、康徳 12（1945）年 4 月 30 日、320-323 頁。

　22）　興農部大臣官房（1942）に「畜産増産第二次五ヶ年計画策定要綱」の項目があるが、

149

第2部　草原・森林への挑戦

　この時期には統制の強化がはかられ、買付、配給、輸出入などについて、家畜や毛皮・皮革は満洲畜産株式会社、羊毛は満洲羊毛株式会社が担当するとした。また指導機構の整備も計画された。さらに奨励品種には、羊毛のほか、牛、豚、鶏なども加えられた［東北物資調節委員会研究組 1948：36-40］。

　太平洋戦争が始まると、軍備充実をはかるため畜産物需要はさらに増加し、「戦時緊急畜産振興計画」がたてられた［東北物資調節委員会研究組 1948：40-42］。興農部は 1943 年 3 月から 8 月にかけて統制に関わる法規を立て続けに策定した[23]。

　さらに満洲畜産株式会社は 1944 年 5 月に改組され、満洲羊毛株式会社、毛皮革株式会社、食肉加工株式会社を吸収して満洲畜産公社が設立された。資本金は 3500 万円で、新京に本社、ハルビンとハイラルに支社を置き、生畜（牛、馬、ロバ、ラバ、羊、豚）、肉畜、肉加工品、酪農製品、鶏卵その他畜産物の集荷、輸送、保管、配給のほか、畜肉加工や酪農の一部生産にもあたった［満洲国史編纂刊行会 1971：729］。「短期間に集荷が強行され、そのため事業量も増大し、莫大な陣容をもっていた」という［佐藤 1965：503］。

　以上のように、満洲国の畜産政策実施の体制は徐々に整えられ、その管轄する業務も拡大した。満洲国は多くの人員と経費を投入してこの地域の畜産を管理しようとし、政策の重点は畜産の把握、改良から統制へ広がっていった。ただし、こうした体制をつくったことは、ただちにそれが地域にいきわたったことを意味するものではない。ここでは畜産政策全体について地域との関係を議論する余裕はないため、以下、家畜防疫を取り上げ、地域との関係にも目を配ってみていきたい。

....
　　別冊とされ、その内容は確認できていない。
23）制定されたのは、「家畜及畜産物統制要綱」、「羊毛類蒐荷増進に関する件」、「畜産振興要綱」、「畜産技術員整備要綱」、「畜産相談農家の設定及活用方策要綱」、「緊急家畜防疫対策要綱」、「家畜防疫地区実行班行動要領」、「緊急濃厚飼料供給方策要綱」、「濃厚飼料物動計画策定要領」、「養鶏飼料配給方策要領」、「鶏卵と飼料交換制に関する要領」、「種畜需給方策要綱」、「豚の緊急増殖方策要綱」、「酪農振興要綱」、「興安、熱河地帯畜産振興並に家畜及畜産物蒐荷増進対策要綱」、「食肉畜蒐荷対策要綱」、「肉畜蒐荷対策実施要領」、「原毛皮蒐荷方策要綱」、「靴生産配給統制要綱」、「人工牧野造成要綱」、「自給牧場設置要綱」である［興農部大臣官房 1944：157-215］。

150

3 獣疫への対応

(1) 関東軍・満鉄の獣疫防遏計画

　満洲国の畜産政策で「改良施策に先行」して重視されたのが、「域内の獣疫の防遏」であった［満洲国史編纂刊行会 1971：721］。この領域に関しても、まず関東軍と満鉄によって基本的な方針がたてられた。

　1931 年 11 月、満鉄農務課は家畜伝染病予防制遏計画を作成し、その後に成立した経済調査会の第二部畜産班がこれを引き継いで、1933 年 10 月に「満洲国家畜防疫計画案」と「満洲国防疫計画要綱案」を立案した。両案は経済調査会委員会の審議・決定を経て特務部第三委員会に送られ、第三委員会はこれらを審議して「満洲国家畜防疫方策」を立案作成した［南満洲鉄道株式会社経済調査会 1935a：29］。

　経済調査会で實吉吉郎が担当した「満洲国家畜防疫計画要綱案」（1933 年 10 月、第二部畜産班）は、家畜防疫に関する事業は主として満洲国政府が実施し、日本側は獣疫に関する試験研究、獣疫血清類の供給、防疫獣医の養成などで援助するとした。まず「家畜伝染病予防法」を制定し、当初の 10 年を第 1 期として奉天省、吉林省、黒龍江省の 3 省内主要地に施行し、第 2 期に国内全般に広げるとした。またこの実施のために、中央統制機関として実業部農鉱司下に 1 課（科）を置き、獣疫研究および血清製造機関には満鉄獣疫研究所をあてるとした。具体的な措置としては、(1) 家畜防疫管区の制定と防疫処の設置、(2) 家畜検疫所の設置、(3) 防疫獣医の配置、(4) 狂犬病予防注射・畜牛結核病検査・鼻疽検疫の実施、(5) 予防液応用の奨励、(6) 技術員の養成を挙げている［南満洲鉄道株式会社経済調査会 1935a：33-36］。實吉は 1935 年 2 月に獣疫研究所所長となり、要綱案のうち日本側の援助に関わることになる。

　下山多次郎が担当した「満洲国家畜防疫計画案」（1933 年 10 月、［経済調査会］第二部畜産班）はその具体的な計画、とくに第 1 期に実施する内容や経費などを省別、さらに防疫管区別に示している。同計画案は冒頭で「満洲国は

第2部　草原・森林への挑戦

土地広潤にして豊富なる畜産資源を有するも常時各種の家畜伝染病流行猖獗を
極め土着民の衛生思想の欠如は益其の流行を助長し、為に例年の被害甚大にし
て其の経済的損害は実に数千万円の巨額に上る」とし、「満洲国畜産資源の開
発は各種家畜の改良による資質の向上にありと雖、獣疫の防遏による資源の消
耗防止を先決要件とし之が実施は焦眉の急なり」としている［南満洲鉄道株式
会社経済調査会 1935a：37］。

　以上の2案をもとに作成された「満洲国家畜防疫方策」（特務部第三委員会、
1933年11月）は、その方針を「満洲国に於ける家畜防疫は家畜伝染病の発生
及流行を予防制遏し家畜改良増殖の実行を容易ならしむると共に、家畜伝染病
による損害を減少せしめ畜産資源の保護充実並農家経済の向上に資するものと
す」とし、家畜防疫に関する事業は主として満洲国政府が実施し、日本側は獣
疫に関する試験研究、獣疫血清類の供給、防疫獣医の養成などで援助すること、
家畜伝染病予防に関する法規を制定し、10年を第1期として、奉天省、吉林
省、黒龍江省の3省内主要地に施行し、第2期で国内全般に広げることなど、
おおむね経済調査会の案を継承した［南満洲鉄道株式会社経済調査会 1935a：
89-92］。以後、満洲国の家畜防疫は基本的にこの方策にしたがって実施される。

(2) 満洲国の家畜防疫

①初期の対応——技術者の養成と派遣

　畜産政策全体と同様に、家畜防疫についても、十分な人員、体制を整える前
にその対応に追われることになった。以下、満洲国がとった具体的な施策をみ
る。

　「満洲国家畜防疫方策」は日本側が獣疫に関する試験研究、獣疫血清類の供
給、防疫獣医の養成などで援助するとし、これにはさしあたり満鉄の獣疫研究
所をあてるとした［南満洲鉄道株式会社経済調査会 1935a：89-92］。研究につ
いては、満洲国以前からの蓄積が継承された。

　他方で、満洲国の成立によって広大な地域を統治することになり、畜産技術
者は圧倒的に不足していた。獣疫研究所は満洲国成立直後の1932年4月、こ
の地域で獣疫防遏事務に従事しようとする技術者を実習生として受け入れると

したが［奉天獣疫研究所回想誌刊行委員会 1993：82］、さらに 1933 年 3 月に
は実業部下に奉天獣医養成所が設立された。獣医養成所は「獣疫研究所の全面
的な協力を得ることによって」［中村 1972：59-60］、日本人 100 人あまり、中
国人 200 人あまりの修了生を出した[24]。技術者の養成に関しても、満洲国初期
には獣疫研究所の全面的な援助を受けていた。

　獣医養成所の修了生は実業部農務司畜産科に採用され［岡田 1972：136］、
また 1935 年には濱江、奉天、錦州、龍江の各省に家畜防疫職員として派遣さ
れ[25]、以後、各地に技術者が派遣されるようになった。彼らは「第一線の県旗
に配置」され、「後年、省市県旗の畜産機構整備にはその中軸となった」とい
う［柳田・田浦 1965：498］。

　獣疫に関して、満洲国初期には技術者の養成と配置がもっとも重要な取り組
みとなった。

②本格的展開——獣疫の管理と防疫の徹底

　次いで、第一次五ヵ年計画の時期には、各地の獣疫を把握し、防疫体制をた
てることが目指された。実業部農務司「産業部五箇年計画要綱案」（1937 年 2
月）にある「家畜防疫五年計画要綱」は、その方針を「産業開発五年計画に伴
ひ家畜伝染病予防制遏に関する制度、施設を整備し獣疫の撲滅を以て資源の増
殖に資す」とし、具体的な要領に（1）家畜伝染病予防に関する法規の制定、
（2）防疫施設の拡充整備、（3）防疫実施方法、（4）家畜衛生知識の普及向上
を挙げている［南満洲鉄道株式会社調査部 1937：60-61］。

　このうち家畜伝染病予防に関する法規については、1937 年 12 月、勅令第
462 号「家畜伝染病予防法」が制定された。「家畜伝染病予防法」は、法定伝
染病の種類を鼻疽、炭疽、牛疫、牛肺疫、口蹄疫、羊痘、豚疫、豚コレラ、牛

---

24)　日本人の獣医畜産技術者は 1 年間中国語と現地の獣疫事情を学び、現地の中国人は 2
　　年間防疫技能を学んだ［満洲国史編纂刊行会 1971：724］。
25)　実業部訓令第 12 号「家畜防疫職員派遣に関する件」（康徳 2［1935］年 1 月 30 日）。
　　濱江省、奉天省、錦州省に委任各 1 人、龍江省に嘱託 1 人、この 4 省を含む各省に雇員
　　12 人を派遣するとした［実業部農務司畜産科 1937：75-77］。なお坪井（1965）や満洲
　　国史編纂刊行会（1971）は、技術者の派遣を奉天、錦州、濱江、吉林の 4 省としている［坪
　　井 1965：495；満洲国史編纂刊行会 1971：721］。

第2部　草原・森林への挑戦

結核、狂犬病、馬および綿羊の疥癬の11種、家畜の種類を馬、ラバ、ロバ、牛、綿羊、山羊、豚、犬の8種とし、伝染病発生時に関係者は直ちにこれを届け出ること、予防上必要なときには検疫を行い、輸出入を停止することができることなどを定めた[26]。

家畜伝染病については、すでに実業部が1936年6月に訓令第191号「家畜（除馬類）伝染病取扱に関する件」を公布し、発生時に各省・市がとるべき対応を示していたが［実業部農務司畜産科1937：80-83］、「家畜伝染病予防法」はさらに進んで違反者に対する処罰を規定するなど、「可及的明確に関係者の権利義務を定めたこと」に特徴がある[27]。すなわち、各地の伝染病をいちはやく見つけ出そうとする制度がつくられた。

末端でその業務を担うのは、1935年以降、各地に派遣された技術者である。こうした技術者を養成してきた獣医養成所は、1939年5月には産業部大臣直轄の中央農事訓練所奉天分所となり［満洲事情案内所1940：53］、奉天農業大学、新京畜産獣医大学、ハルビン農業大学でも獣医・畜産教育が行われるようになった［中村1972：60］。

研究に関して、1937年2月、大陸科学院に馬疫研究処が設置された。すでにみたように、さらに1938年4月には獣疫研究所が満洲国に移管され、所在地は奉天のまま、同じく大陸科学院の下に置かれ、馬疫を除く事項を扱うことになった［奉天獣疫研究所回想誌刊行委員会1993：113-115、122-125］。

また移動家畜の検疫のため、1937年以降、移動経路の要点であった赤峰、林西、図們、安東に家畜検疫所が設置された。家畜検疫所の設置も「満洲国家畜防疫方策」で計画されたものである。家畜検疫所はのちに家畜防疫所と改められ、吉林、北安、ハルビン、チチハルにも増設された[28]。ハルビン家畜防疫所は「最も整備され」、「設備技術ともに各防疫所中の最大最精鋭のもの」であったという［満洲国史編纂刊行会1971：726］。

さらに1943年8月、興農部「緊急家畜防疫対策要綱」は、その方針を「家

---

26)　「家畜伝染病予防法制定に当り」『産業部月報』第2巻第1号、1938年、169頁。

27)　前掲「家畜伝染病予防法制定に当り」。

28)　東北物資調節委員会研究組（1948：172-173）によれば、家畜防疫所の所在地はハルビン、昂昂渓、牡丹江（琿春）、吉林、赤峰、図們、通遼、ハイラル、北安であった。

畜防疫の徹底を期する為家畜防疫組織を確立すると共にワクチン血清類の製造機関を新設し特に豚疫豚コレラの防遏に重点を指向し以て家畜の緊急増殖目的の達成を期せんとす」としている。同要綱の要領からは、各地の家畜防疫所を通して防疫体制の強化をはかったこと、この時期には豚疫、豚コレラの予防薬不足が深刻であったことなどがうかがえる。行政側は、家畜防疫所を中心に、地方団体、満鉄、満洲拓植公社、合作社などの技術員を地区防疫実行班に動員して防疫工作を進めようとしていた［興農部大臣官房 1944：164-165］。

　以上のように、満洲国で養成された畜産獣医の技術者は、1930 年代半ば以降、各地に派遣され、「家畜伝染病予防法」にしたがって各地の状況の把握につとめ、防疫業務にあたった。

（3）獣疫の発生状況

① 1933 〜 1934 年黒龍江省における炭疽病流行の事例
　満洲国史編纂刊行会（1971）は、家畜伝染病について「一九四一年（康徳八年）以後従来のような広範囲の流行は全く見られなくなった」としているが［満洲国史編纂刊行会 1971：721］、実際の防疫工作はどのようであったのか、満洲国における獣疫の発生状況と、断片的ではあるが、畜産獣医技術者からみた地域の反応をみていきたい。

　すでに第 1 節でみたように、この地域では満洲国成立前から家畜伝染病の存在が認識されていたが、1933 年には、遼河・嫩江の二大水系によって炭疽病が流行し、数千頭の家畜が斃れたという［満洲国史編纂刊行会 1971：719］。実業部によれば、同年、黒龍江省西部の訥河県、嫩江県、龍江県、奉天省復県で炭疽病によって牛馬 2000 頭あまりが斃死し、復県では豚コレラ、鶏コレラによる被害も確認された［実業部農務司畜産科「大同二年及康徳元年家畜（除馬類）防疫実施概況」］。ただし、これは実際の発生数というよりは、当時、実業部が把握することのできた数とみるべきであろう。

　このうち、1933 年 8 月に黒龍江省西部の防疫班に参加した興安総署の三浦四郎助によれば、炭疽病は嫩江、訥河、甘南、龍江の 4 県および東興安分省の一部で流行し、嫩江上流から下流に蔓延した。三浦は炭疽病がこの地域で毎

第2部　草原・森林への挑戦

年発生する地方病であるとみる一方で、今回の爆発的流行は前年に発生した嫩江の大洪水によるものと推測した。斃死獣肉を食べた住民に死者も出ていた。斃死数は牛馬あわせて 8000 頭以上と見積もられ、防疫班が実施した予防注射は「満洲国善政の一端として住民に非常なる好感を与へた」と振り返っている[三浦 1934]。

　1934 年春には、再びこれらの地域に炭疽防疫班が派遣されたが、これに参加したある獣疫研究所員は巴彦旗で聞き取ったことを次のように述べている。

　　更に吾々はこの北方、即ち、甘河や魁河の上流に人が住んでいるかと聞くと、部落は全くなくソロンやオロン〔オロチョンか──引用者注〕の少数民族がいると云う。そこでそれらの持っている家畜が炭疽に罹った事を聞かないかと尋ねたがよく分らない様だった。しかし前記の木材運搬の馬は多いときは七、八百頭もいたらしいので之について尋ねると、数年前…ドウモ北満第一次流行の二年前、即ち、満州事変の年に当る様だ…奥地の馬は不明の伝染病で三分の二以上失ったことが判った。その後は満州事変のために入っていないとのことだ。

　　次に、その死体はどうしたかと聞くと穴を掘って埋めたと答え、どうしても河へ流したり野晒しにはしないと頑張る。今度は戦法をかえて「何も罰しはしないから正直に言ってくれ、」と懇願した。それで村の長老達も漸く「吾々はほんとうは山で死ねばそのままにし、川の近くでは厄介だから川の中に投げるとすべて其のままきれいにしてくれるのだ」と語ってちょこんと頭を下げてくれた。

　　吾々はこうして流行の原因は分った様な気がした。更に上流に炭疽らしいものが流行したと言う翌年、この部落や更に下流に炭疽病らしいものが流行し…之は世上知られている第一次北満流行の前年に当る…それから年々つづけて流行して吾々の家畜まで奪われてしまった、と語り此の調子だと吾々の家畜は皆無になるんじゃないかと暗然として言葉を結んだ。[奉天獣疫研究所回想誌刊行委員会 1993：296]

　彼らは防疫工作のなかで、この地域に炭疽病が流行した経緯を理解した。そ

第5章 「満洲国」の畜産政策と獣疫（小都晶子）

の後、防疫班は嫩江から訥河に向かったが、途中の伊拉哈では、「この地方は昨年も接種を施しているので予防効果のあることはよく知っているらし」く、彼らの「到着をしきりに待っていた」という［奉天獣疫研究所回想誌刊行委員会 1993：300］。防疫工作に触れ、人々の意識が変わりつつあったと認識されている。

　この年、炭疽病は黒龍江省北部の龍鎮県、璦琿県や北満特別区などでも確認され、吉林省九台県、永吉県などでは豚疫が確認された［実業部農務司畜産科「大同二年及康徳元年家畜（除馬類）防疫実施概況」］。

　黒龍江省北部には、1934年8月に実業部・馬政局などによる防疫班が派遣された。関東軍獣医部（1935）によれば、このとき北黒線鉄道建設工事に従事する馬に炭疽病が流行し、斃馬の放置によって被害が拡大、1500頭以上が失われた。防疫班は2班に分かれ、予防接種や病馬の発見、死体の処理、消毒などにあたった。現地で炭疽病は「黄病」と呼ばれ、中国人獣医が浮腫を切開するなどして漿液を滲出させて治療したことが「病毒の伝播撒布を拡大」させたとし、その「治療法は頗る幼稚」と一蹴されている［関東軍獣医部 1935］。

　以上のように、1930年代前半には黒龍江省で炭疽病が爆発的に流行したが、このように満洲国初期には発見のたびに防疫工作が実施され、その過程で現地の状況が把握されることとなった。

②「家畜伝染病予防法」の制定と獣疫の発生状況

　前述のように1935年から各省、各県旗に技術者が派遣され始め、徐々に伝染病の定点的な把握が可能になる。同年12月、「家畜交易市場法」が、さらに1937年には「家畜伝染病予防法」と「獣医師法」が制定され、国内家畜の統制・防疫のためのおおよその体制が整えられて、以後、体系的に防疫工作が行われるようになった。

　獣疫発生数は統計により数値が異なり、正確な数をつかむことは困難であるが、ここでは興農部畜産司による（表5-2）「獣疫発生状況」によってみていきたい。

　この表には2つの注記がついている。第一に、表中の数は各地方機関が「家畜伝染病予防法」の規定にもとづいて報告したものであるが、「東北農民の防

第2部　草原・森林への挑戦

表5-2　獣疫発生状況（興農部畜産司）

（単位：頭）

	牛疫	炭疽	豚コレラ	豚疫	口蹄疫	牛肺疫	羊痘	狂犬病	疥癬	合計
1933年	452	8,645	340							9,437
1934年	4,282	2,049	419	165	50					6,965
1935年	5,189	3,643	3,476	72	1	601	5			12,987
1936年	4,270	2,077	3,265	120	228	30	515			10,505
1937年	1,087	482	3,952	1,442	15,988	514	2,015			25,480
1938年	1,089	1,257	16,637	3,525	3,683	560	1,261	212	444	29,389 *
1939年	22,862	654	15,521	5,674	863	286	2,858	253	4,799	58,770
1940年	10,550	438	13,042	2,331		827	6,093	176	4,846	33,457 *
1941年	2,805	1,696	11,089	3,804	51,265	1,279	1,331	217	2,540	76,026

出典：東北物資調節委員会研究組（1948：161-162）
注：項目の合計と合計欄の数値が一致しない場合（*）も、原資料のまま記載した。

疫思想はきわめて低いために〔引用者訳〕」報告された発生頭数は正確ではな
く、実際の数は上の数よりもかなり多かった。第二に、その発生頭数が年々増
加し、1937年以降にさらに増えたのは、同年から各県旗に獣医が駐在し、獣
疫を発見する回数が以前と比べて増えたためである〔東北物資調節委員会研究
組 1948：162〕。前述のように、「家畜伝染病予防法」は伝染病発生時の届出を
義務づけていた。

　この注にもあるように、統計上は1937年以降、獣疫発生数が増加した。さ
らに1939年には牛疫、1941年には口蹄疫の発生数が全体の発生数を引き上げ
ている。

　例えば、前者の牛疫については、1939年1月、「家畜伝染病予防法」の規定
にしたがって、吉林、通化、牡丹江、錦州、熱河、興安南の各省の一部、興安
西省の一円で牛および牛製品の搬出が禁止された[29]。この原因となった牛疫は、
1937年12月に吉林省、通化省の森林伐採地区の使役畜牛の間で爆発的に流行
し、全国に広まったものであった〔畜産司 1939〕。「家畜伝染病予防法」の制

29）「家畜伝染病予防法発動」『産業部月報』第3巻第2号、1939年、116-117頁。

第 5 章　「満洲国」の畜産政策と獣疫（小都晶子）

表 5-3　炭疽病の被害頭数と予防接種の実施状況

年度別	被害頭数（頭）	予防注射実施頭数（頭）
1933 年	8,609	2,904
1934 年	2,049	46,845
1935 年	3,643	134,815
1936 年	2,077	221,568
1937 年	1,262	1,008,753

出典：満洲国史編纂刊行会（1971：721）

定と獣医の駐在は、獣疫把握の質を高めた。

　（表 5-3）は炭疽病の事例を示したものである。ほかの統計と同様に必ずし
も正確な数が反映されているとはいえ、（表 5-2）と一致しない数値もあるが、
予防注射実施頭数に反比例して被害頭数には減少がみられることがわかる。

　他方で、獣医養成所のある修了生は、1940 年から 1942 年の 3 年間、熱河省
の国境地帯 3 県 4 旗で域内畜牛の 80 ～ 95％に牛疫血清を注射したが、「集合
地点までの距離や防疫に対する各種の流言ひ語等の条件より必ずしも満足すべ
きものではなかった」とし、防疫工作の難しさを吐露している［川村 1972：
121-123］。

　以上のように、家畜防疫の体制を整えることによって、家畜伝染病が発見さ
れ、これが克服されるべきものとして位置づけられた。他方で、1940 年代に
なっても、全域で人々にこうした防疫意識を浸透させることは容易ではなかっ
た。

4　満洲国の崩壊と畜産政策

　最後に、満洲国崩壊後の中国東北地域における畜産業について、李・孫
（2015）は各種の統計にもとづき、満洲国の統制と略奪によって東北の家畜頭
数は減少し、畜産品の輸出地域から輸入地域に転じたとしている。また東北物

第 2 部　草原・森林への挑戦

資調節委員会研究組（1948）のデータも、統計だけで実数を把握するのは難しいとしたうえで、1943 年の牛、綿羊・山羊、豚、馬の頭数がいずれも満洲事変前と比べて減少していることを示している[30]。

　他方で、防疫工作は戦後も部分的に継続された。奉天獣疫研究所などの多くの機関は機能を停止したが、満洲国のハルビン家畜検疫所は戦後も中国人職員によって維持された。1946 年 8 月、ハルビンを含む中国共産党（以下、中共）地区の日本人の引揚げが始まったが、日本人技術者 5 人が獣疫研究所再開要員として東北民主聯軍衛生部に留用された。彼らは国共内戦にともなってチチハル、白城子、ジャムスへ移動した後、1948 年 12 月にハルビンに戻り、かつての獣疫研究所の中国人職員らとともにハルビン獣医研究所の業務を再開した［富岡 1993：278-279］。

　また日本敗戦直後、東部国境では家畜をともなった人の移動が頻繁になり、人や家畜の伝染病が広がっていた。牛疫の拡大に対し、1946 年 2 月、もとの間島省勧農模範場の建物を利用して延辺家畜防疫所が設立され、血清・ワクチンの製造と防疫を実施した。この防疫所の業務は 1948 年 5 月にハルビン家畜防疫所に移された［相磯 1972：153-154］。

　このように満洲国の日本人、中国人技術者が戦後、中国東北地域の畜産獣医に関わったことをもって、日本側の関係者は「養成機関で養成された多数の技術者は、終戦後中共政府の中央省政府、県政府等に入ってそれぞれ活躍」したとしている［相磯 1972：153］。少なくとも満洲国が目指した防疫のありかたは、この地域を接収した中共に共有され、中華人民共和国に継承された。しかし、こうした技術が戦後、地域の人々にどのように受け止められたのかは、今後、中国側の施策からも検討する必要がある。

---

30)　ただし牛、馬は 1935 年と比べるとほぼ横ばいである。

第 5 章　「満洲国」の畜産政策と獣疫（小都晶子）

むすび

　満洲国成立前、日本側の活動範囲は関東州・満鉄附属地に限られていた。畜産資源の確保のために、畜産政策の実施は必須ととらえられた。さらに獣疫に関していえば、域内の衛生を維持するためには、関東州・満鉄附属地だけではなく、その外に広がる広大な領域に対しても対策をとる必要があると認識された。近代以降の鉄道の存在は、矛盾することにこれを導入、管理したのは多くが外来の植民者であったのだが、伝染病に対する都市の植民者の危機感をさらに強めた。

　満洲国が成立すると、ほかの多くの政策と同様に、その制限はなくなり、日本側は東北地域の広大な領域を管理することになった。畜産政策は当初は関東軍と満鉄を中心にその基本方針がたてられたが、人員不足などから初期には実質的な政策運営はほとんどできなかった。1935 年以降、徐々に畜産政策の基盤が整えられ、1930 年代は防疫と改良、1940 年代になると畜産資源に対する統制の強化がはかられた。

　畜産政策の展開にとって獣疫は最大の障害とみなされたが、当初はその発生状況も十分に把握できず、流行が報告されるたび、個別に防疫工作が実施された。1930 年代後半、とりわけ 1937 年 12 月の「家畜伝染病予防法」の制定以降、家畜防疫の体制が整えられていくなかで、各地の発生状況も次第に把握されるようになった。

　近代技術の導入はそれに対峙する地域の人々の意識の変革をはかるものであった。それまではいわば伝染病と共生していた東北地域に対し、日本人はこうした在来の慣習を遅れたものとみなした。そして伝染病は近代技術によって防遏されるべきとする意識がこの地域に持ち込まれ、その普及がはかられた。戦後内戦期、中共は現地で養成された中国人技術者とともに満洲国の家畜防疫の体制を継承したが、それはこうした近代的な防疫観念が、戦後にこの地域を接収した中共にも共有されていたことを意味する。20 世紀前半、中国は徐々に近代的な防疫観念を取り入れ[31]、東北地域は満洲国の下でそれを経験した。

　他方、現地における防疫工作のなかで、満洲国全域に防疫意識を浸透させる

161

第2部　草原・森林への挑戦

ことの難しさは断片的に言及されている。制度や技術の導入とその社会への浸
透とは別に議論されるべきものであり、地域の人々の意識の変化については、
今後、さらなる分析が必要である。それは本稿の前半で概観した畜産政策全体
の展開にも通じることであり、体制をたて統制の強化をはかったことは、必ず
しもそれが地域にいきわたったことを意味しない。近代技術に対する地域の側
の受容ないしは反発については、引き続き今後の課題としたい。

【参考文献】

相磯総平（1972）「留用者の記録——終戦後の畜産施設の利用状況（昭和二十八年頃まで）」
　　『私も参加した満洲畜産馬政史録』刊行事務局『私も参加した満洲畜産馬政史録』、
　　153-154頁。

相原伊三治（1934）「創立二十週年回顧録」『満洲獣医畜産学会雑誌』第16巻第1号、
　　55-98頁。

井村哲郎（1997）「東北経済小叢書」井村哲郎編『一九四〇年代の東アジア——文献解題』
　　アジア経済研究所、241-254頁。

江田いづみ（1997）「関東軍軍馬防疫廠——100部隊像の再構成」松村高夫ほか『戦争
　　と疫病——七三一部隊のもたらしたもの』本の友社、41-71頁。

大瀧真俊（2013）「日満間における馬資源移動——満洲移植馬事業一九三九～四四年」
　　野田公夫編『日本帝国圏の農林資源開発——「資源化」と総力戦体制の東アジア』
　　京都大学学術出版会、103-138頁。

岡一朗［編］（1934）『最新満洲国人名鑑』明文社（「日本人物情報大系」第11巻復刻）。

岡田五十男（1972）「実業部漁牧科」「私も参加した満洲畜産馬政史録」刊行事務局『私
　　も参加した満洲畜産馬政史録』134-137頁。

小原三吉（1924）「満洲に於ける炭疽予防と予防接種に就て」『南満獣医畜産学会報』第
　　5号、29-52頁。

川村輔正（1972）「防疫行」「私も参加した満洲畜産馬政史録」刊行事務局『私も参加し
　　た満洲畜産馬政史録』、121-123頁。

関東軍獣医部（1935）「黒龍江省北部炭疽流行状況記事」『満洲獣医畜産学会雑誌』第17
　　巻第1号、37-49頁。

---

31)　同時期に国民政府も畜種改良や獣医防疫など畜産獣医技術の近代化をはかっていた。
　　《当代中国》叢書編輯委員会（1991）などを参照。

靳巍（2017）「『満洲』綿羊改良事業再考——開始時期・事業主体に注目して」『中国研究月報』第71巻第6号、1-20頁。

興農部大臣官房［編］（1942）『興農部関係重要政策要綱集』興農部大臣官房。

興農部大臣官房［編］（1944）『興農部関係重要政策要綱集』（追録第2号）、興農部大臣官房。

佐藤三郎（1965）「満州畜産公社」満洲回顧集刊行会編集『あゝ満洲——国つくり産業開発者の手記』満洲回顧集刊行会、501-503頁。

実業部農務司畜産科（19--）「大同二年及康徳元年家畜（除馬類）防疫実施概況」。

実業部農務司畜産科（19--）「康徳元年度及二年度養豚改良施設概要」。

実業部農務司畜産科（1937）「実業部畜産例規集」。

畜産局（1938）「畜産資源調査に関する説明」『産業部月報』第2巻第6号、132-138頁。

畜産司（1939）「牛疫発生状況と其の対策案」『産業部月報』第3巻第3号、1-14頁。

坪井清（1965）「満州国初期の畜産行政」満洲回顧集刊行会編集『あゝ満洲』、495-497頁。

富岡秀義（1993）「中華人民共和国農業科学院哈爾濱獣医研究所について」奉天獣疫研究所回想誌刊行委員会［編］『回想・奉天獣疫研究所の20年』、278-279頁。

中井清（1924）「傍観する事の出来ぬ遼陽支那管内の獣疫」『南満獣医畜産学会報』第5号、131-132頁。

中西利八編（1937）『満洲紳士録』昭和十二年版、満蒙資料協会（「日本人物情報大系」第13巻復刻）。

中西利八編（1940）『満洲紳士録』第三版、満蒙資料協会（「日本人物情報大系」第14巻復刻）。

中西利八編（1943）『満洲紳士録』第四版、満蒙資料協会（「日本人物情報大系」第15巻復刻）。

中村良一（1972）「奉天獣医養成所の概要」「私も参加した満洲畜産馬政史録」刊行事務局『私も参加した満洲畜産馬政史録』、59-60頁。

原朗（1972）「一九三〇年代の満州経済統制政策」満州史研究会編『日本帝国主義下の満州』御茶の水書房、1-114頁。

奉天獣疫研究所回想誌刊行委員会［編］（1993）『回想・奉天獣疫研究所の20年——1925-1945』「回想・奉天獣疫研究所の20年」刊行委員会。

満洲国史編纂刊行会編（1971）『満洲国史』各論、満蒙同胞援護会。

満洲国通信社（1935）『満洲国現勢』康徳2年版。

満洲国通信社（1938）『満洲国現勢』康徳5年版。

満洲国通信社（1941）『満洲国現勢』康徳9年版。

満洲事情案内所編（1940）『満洲畜産概要』満洲事情案内所。

［満洲畜産株式会社編］（1939）『満洲畜産株式会社概要』満洲畜産株式会社。

三浦四郎助（1934）「大同二年黒龍江省に爆発的流行を見たる炭疽に就て」『満洲畜産獣医学会雑誌』第16巻第1号、13-21頁。

南満洲鉄道株式会社（1937）『南満洲鉄道株式会社三十年略史』。

第 2 部　草原・森林への挑戦

南満洲鉄道株式会社経済調査会編（1935a）『満洲畜産方策』（立案調査書類第 10 編第 1
　　巻第 1 号）南満洲鉄道株式会社。
南満洲鉄道株式会社経済調査会編（1935b）『満洲牛肉輸出事業方策』（立案調査書類第
　　10 編第 2 巻）南満洲鉄道株式会社。
南満洲鉄道株式会社調査部（1937）『農畜産部門関係資料』（満洲・五箇年計画立案書類
　　第 3 編第 1 巻）（龍渓書舎、1980 年復刻）。
柳田桃太郎・田浦至（1965）「畜政の歩みと畜産物の統制」満洲回顧集刊行会編集『あゝ
　　満洲』、498-500 頁。
山本晴彦（2013）『満洲の農業試験研究史』農林統計出版。
山本有造（2003）『「満洲国」経済史研究』名古屋大学出版会。
吉田建一郎（2016）「20 世紀中葉の中国東北地域における豚の品種改良について」村上
　　衛編『近現代中国における社会経済制度の再編』京都大学人文科学研究所附属現代
　　中国研究センター、83-99 頁。

国務院総務庁『政府公報』
実業部総務司『実業部月刊』
産業部大臣官房資料科『産業部月報』
満洲獣医畜産学会『満洲獣医畜産学会雑誌』
南満獣医畜産学会『南満獣医畜産学会報』

東北文化社年鑑編印処（1931）≪東北年鑑≫東北文化社。
東北物資調節委員會研究組編輯（1948）≪畜産≫（東北経済小叢書 5）東北物資調節委
　　員會。

《当代中国》丛书编辑委员会编辑（1991）《当代中国的畜牧业》当代中国出版社。
丁晓杰（2009）《战前日本的羊毛需求与伪满洲国绵羊改良关系析论》,《中国农业大学学
　　报（社会科学版）》第 26 卷第 1 期，161-170 页。
李淑娟、孙瑜（2015）《论伪满洲国的畜产政策及其危害》,《民国档案》2015 年第 2 期,
　　78-86 页。
梁波（2006）《技术与帝国主义研究——日本在中国的殖民科研机构》（中国近现代科学技
　　术史研究丛书）山东教育出版社。
孙瑜（2014）《伪满洲国的"马政"与马产业变迁》,《中国农史》2014 年第 4 期,86-94 页。

第 **6** 章

鴨緑江における日本式筏の導入と普及[1]

永井リサ

はじめに

　明治の終わりから大正年間（1912 ～ 1926）にかけて、鴨緑江を筏流しする和歌山県出身の筏師達が歌い始めたとされる「鴨緑江節」「筏節」、別名「惠山鎮節」が日本国内で流行した[2]。この鴨緑江節は当初流行歌として、やがて花柳界などのお座敷小唄として非常に好まれ多くの替え歌が作られた[3]。そのため、日本人客を相手とする朝鮮花柳界でも歌えるようにと、大正8年には日本コロムビアから朝鮮語バージョンの鴨緑江節レコードが発売されるなど、「満洲」[4]から始まり日本国内→朝鮮半島と逆輸入・逆輸出されるほど当時はポピュラーな流行歌であった。

　ここでその歌詞の一部を挙げてみる[5]。

---

1)　本章は［永井 2016：2-9］の講演報告を基調としてこれに加筆・修正を加えたものである。

2)　鴨緑江節に関する説明は［堀内 1931：261］を参照している。

3)　この歌詞の発祥に関しては、鴨緑江に日本式筏を導入した当時陸軍技師であった彼末徳雄が「安東が木都と呼ばれ、鴨緑江節又は筏節として一躍天下に其の名をなしているこの流行歌も、陸軍当時筆者（彼末）が作成したものである」としているが、満洲に巡業した女役者が日本国内に持ち帰って披露した等の諸説あり、真偽のほどは不明である［彼末 1942：6］。

4)　以下、括弧は省略する。

5)　歌詞は［堀内 1931：260-261］を参照している。

165

第2部　草原・森林への挑戦

「鴨緑江節」

一、

　　朝鮮と、ヨイショ

　　支那の境のアノ鴨緑江

　　流す筏は、アラよけれども、ヨイショ

　　雪や氷にヤッコラ、閉ざされてヨ

　　明日も又、新義州に（或は「安東縣」に）

　　着きかねる、チョイチョイ

二、

　　朝鮮と、ヨイショ

　　支那の境のアノ鴨緑江

　　架けし鐵橋はアラ東洋一、ヨイショ

　　十字に開けばヨ、アラ眞帆方帆ヨ

　　行き交ふ又戎克の

　　賑はしさ、チョイチョイ

三、

　　朝鮮で、ヨイショ

　　一番高いはアノ白頭山

　　峰の白雪　アラ　解くるとも、ヨイショ

　　解けはせぬぞへ、アラわしが胸ヨ

　　あけくれ又

　　あなたの夢ばかり、チョイチョイ

　　上記の歌詞から、当時における鴨緑江流域での筏流しの活況と日本人筏師達の活躍が見て取れる。つまり、鴨緑江流域で伐採された木材を筏に組み河川を使って搬出する業務に日本人が従事していたということである。しかし、中国と朝鮮半島の国境上を流れる国境河川である鴨緑江でなぜこれほど日本人筏師による日本式筏が普及し、流行歌となって人口に膾炙することになったのか。なぜ海外の河川で、日本人によって日本の筏が流されていることが当時の人々にとって普通の風景として受け止められていたのであろうか。

第 6 章　鴨緑江における日本式筏の導入と普及（永井リサ）

　実はこれらの歌に出てくる日本人筏師達は、満洲における最も早期の満洲林業移民であった。彼らは日露戦争後の 1907 年頃から鴨緑江で木材を流下させるため軍によって和歌山、奈良県出身者を中心に集められ、鴨緑江上流域に送られた人々であった。本章では、この鴨緑江節の背景となった戦前の鴨緑江流域における最も初期の満洲林業移民による日本式筏の導入とその普及過程について説明を行う。

　中国東北地域における日本式筏の導入に関する資料としては、戦前の林業関係者が唯一中国東北地域における木材水送についてまとめた文献として『満洲木材水運論』［彼末 1942］がある。研究史としては、中国東北民俗研究としての東北木把（きこり）の研究として『东北木帮史』［曹保明 1994］、日本林業外史として戦前の中国東北地域林業開発過程について論じた『朝鮮・満洲・台湾林業発達史論』［萩野 1965］らの研究があげられる。

　河川を利用した木材の移送は流送とよばれる。以下、20 世紀初頭における中国東北地域における日本式筏の導入経緯について説明した上で、日本式筏が鴨緑江流域で拡がるなか、中国東北地域で生まれた日中折衷式筏の普及過程についても述べていきたい。

１　鴨緑江森林開発の経緯

(1) 沿革

　鴨緑江は長白山中に水源を有し、中朝国境線上を中国方面に南西に流れ、黄海に注ぐまで全長 500km 以上ある国際河川である。この流域は長白山脈に連なり、20 世紀初頭まで温帯針葉広葉樹混交林からなる原生林が広がっていた。鴨緑江流域は長白植物区に属し、主要樹木は針葉樹で黄花松（カラマツ）、紅松（チョウセンゴヨウ）、杉松（エゾマツ・トウシラベ・チョウセンモミ等の総称）、ダフリカカラマツ、広葉樹はヤチダモ、マンシュウクルミ、イタヤカエデ、オオナラ、マンシュウシナノキ、センノキ、ハルニレ等であった。鴨緑

第2部　草原・森林への挑戦

江流域の森林面積は 20 世紀当初、両岸を合わせて約 230 余万町歩、その森林
備蓄量はおよそ 10 余億万尺〆と見積もられており、当時の日本の本州・四国・
九州の国有林総面積 426 万余町歩、国有林備蓄量 10 億 7890 余万尺〆と比較
して、鴨緑江森林面積は日本の国有林総面積の約五割にあたり、その森林備蓄
量は日本の国有林総備蓄量と同規模かそれ以上とみなされていた。鴨緑江流域
における年間の木材産額は約 150 万ないし 200 万尺〆の巨額に達し、1920 年
頃までは東洋一の木材生産力を誇っていた［鴨緑江採木公司 1919：2-3］。20
世紀初めの中国において、天津・北京における木材市場に出回る木材の約半数
が鴨緑江の松類であり、特に鴨緑江の黄花松は宮殿建造等に使われる高級建築
材として天津・北京市場において高額で取引されていた。鴨緑江森林は清朝の
封禁政策と中朝国境地帯である鴨緑江右岸 60 清里を無人緩衝地帯とする清朝
と李朝の取決めによって、19 世紀末まで手付かずに近い形で残されていた。
以下、その開発経緯について述べてゆきたい。

　鴨緑江流域は中朝国境にあたるため 1628 年に後金と李朝間で結ばれた「江
都会盟」により鴨緑江右岸 60 清里を緩衝地帯として両国人の立ち入りは一切
禁止された。また長白山を水源とする鴨緑江とその流域は満洲族発祥の地とさ
れ、清初より封禁政策（開発禁止政策）が取られ、四禁（農耕・森林伐採・漁
業・鉱山開発の全面禁止）の地として開発は厳禁とされていた。また上流域は
鴨緑江風水上長白山からの龍脈が永陵龍崗山脈を通じて奉天へ流れる経路とさ
れその観点からも森林が保護されていた。

　しかし一方でこの地域は朝鮮人参の産地のひとつであり、清朝は期間を設け
毎年採集許可地域が重複しないように配慮しながら票を発行して人参の採掘や
狩猟を許可しており、このように山貨の管理という形で森林の管理が行われて
いた［李 1991］。しかし清中期以降山東からこの地域への移民の流入が増大し、
この現状をふまえて 1875 年、鳳凰城へ派遣された陳本植はこの地の本格的な
開発を開始し、馬賊を鎮圧し流入して私墾していた移民達を認め、耕作権を与
えた。同時に通化、懐仁、寛甸、安東の四県を設置し、その上に興京庁と鳳凰
庁を設置した。この功により東辺道台に任命された陳本植は税務行政も改革し、
新たに木材伐採を認可することとし、大東溝に「東溝木税総局」を設置した。

　このように 1875 年以降鴨緑江木材生産に対する清朝の行政機関が整備され

第6章　鴨緑江における日本式筏の導入と普及（永井リサ）

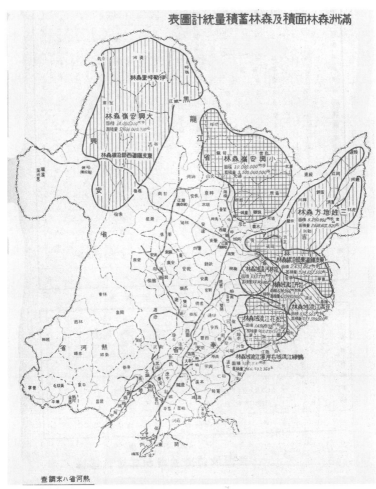

図 6-1　満洲森林面積及森林蓄積量統計図表［秋田編 1933：179］

た結果、19世紀末には鴨緑江流域は華北一帯の木材供給地として名を馳せ、日露戦争直前の 1903 年には中国全体の木材供給量の約3割を占め、福州と並び中国二大木材生産地へと急成長していた。そして日露戦争直前の大東溝における木材生産量は多い年で、年間筏数1万台近くに上り、山東から伐木業に従事する為来集する木把は2万から3万人とも言われた［鴨緑江採木公司

第2部　草原・森林への挑戦

1919：3]。このような伐木業の盛況に目をつけた日露が鴨緑江伐木業への投資・経営を開始しはじめたが、これに対抗して東辺道台袁大化は1903年「東溝木植公司」を設立し、木把の財産を守る為森林の警備や漂流木の整理、木把への資金貸付等を行った。このように20世紀初頭の鴨緑江流域では木税徴収機関や森林保護機構が設置され、鴨緑江伐木業に対してある一定の管理が始まりつつあった［王 1934：2692-2693]。

(2)　鴨緑江伐木業[6]

　鴨緑江伐木業は1875年より本格的に開始されたが、1902年頃には筏1万台を生産するほど成長し中国木材総生産の約3割を占めるほどになっていた。従事する労働者は木把（きこり）と呼ばれ、その多くは山東省登州府や來州府から来ている出稼ぎ労働者であり、定住せず山東に帰るものが多かった。これらの労働者は2-3万から多いときは7-8万人に上るとされ、この地域の経済に密接に関係していた。彼らのほとんどが無資本の労働者で伐木資金は木商から借り、伐木後の木材をその商人を通して売買し返済する慣しとなっていた。伐木した木材は洪水などで流出し紛失することも多いため、伐木資金の利息は60から80％の高率であった。

　木把が伐木に従事する期間は秋から冬であるが、秋に入山する以前の7月頃山把頭（現場監督者）、家把頭（経理担当者）は入山し伐木に従事するべき山を選定する。葉の茂るこの期間が樹種の選定が容易なためである。入山場所の選定は伐木・流筏の成功不成功に直接関係するため、慎重に場所の選定を行った後、自分の名前・号の入った札を樹木に打ち付ける。慣例上選定後の場所に別の木把が斧を入れることはない。入山前に木植公司に入山場所・氏名・号名・人数・樹種等を申請しておき、登録料として、人数×4円を（実際は人数×1円程度）を公司分局に支払う。このように登録しておけば洪水で筏を紛失しても、その筏が発見され次第またもとの持ち主に戻るようになってい

---
6)　「満洲国」成立以前の鴨緑江流域では、植林はほとんど実施されず、森林を伐採して木材として売買するだけの略奪的利用が中心で植林による持続経営が行われていなかったため林業ではなく「伐木業」とする。

第 6 章　鴨緑江における日本式筏の導入と普及（永井リサ）

た（公司設立以前は慣習で流出した筏や木材は拾得者のものとなっていた）。

　また 10 月入山の際はその山の所在の県役所に入山税である斧代（斧票）を収め伐木の許可証を受け取る。秋に入山して冬季に伐木を行うが、これは降雪を利用して牛に引かせて木材を運搬し河谷に投入し、春の出水を利用して河まで管流し、その後筏に編筏して春夏の増水期を利用して 3 カ月ほどかけて下流の安東や大東溝に流下させるためであった。筏主は安東もしくは大東溝で納税していた［大崎 1910：232-234］。

　この筏の徴税方法を述べると、鴨緑江流域の木税に関する徴税機関は安東県（沙河子）及び大東溝に設置され、安東県にあるものは弁理東辺税捐総局と称し東辺道台の管轄に属していた。この税局は一般の貨物に課税を行うと同時に木材に対する税をも徴収しており、安東県の上流約 20 清里の馬市台に分局を置き、これを検査木料総局と称して鴨緑江を流下する筏は悉くこの馬市台分局の検査を受ける必要があった。

　この木料総局では筏主即ち木把頭の姓名より行先地、筏の数量及び上積みの貨物に至るまで、最大漏らさず検査して、その後初めて執票と称する証拠書、即ち検査済証である「簿票」を交付する。筏主即ち木把頭はこの簿票交付後ようやく筏を流下して自分の目的地である安東県又は大東溝に到ることができるのであって、この簿表が無い時は筏で鴨緑江を通過することさえできない。そして税捐総局は馬市台分局に同じ検査書を作成させ、直ちにこの検査書を税捐総局に報告させる。税捐総局はこの報告書に基き筏の到着を待って、主任官吏を派遣し筏主の簿票と相対照して逐一検査を行い、これによって徴税の手続きを行う。そして徴税を終えた筏は領収書二葉が交付される。

　また税捐総局は沙河子の下流約 30 清里の三道浪頭と呼ばれる江岸の一高丘に分局を置き、そこから筏の通過を監視し、その下流である大東溝への許可証である馬市台分局の検査済を所持しているかどうかを監視している。そして納税済の者ならば税捐総局において、交付した二葉の領収書の内一葉を筏主からこの分局に納付させる。もし筏主の中で未だ納税していない者を発見したときは、この分局はその未納税者に厳命して一旦上流に戻後、必ず税捐総局に納税させるようにしていた［農商務省山林局 1905：54-55］。

　こうして徴収された木税は証票書類と共に毎月安東県を経て、その主管であ

第 2 部　草原・森林への挑戦

る奉天府に送致されており、1901 年の税額は 18 万両、収税した筏数は約 3000 余台で、1902 年清暦 8 月までの税収額は、銀 12 万両で来着筏数は約 3200 台であった。鴨緑江の木税収入はこの国境地域の各県の主な財源であり、中国東北地域における清末以降急激に膨張した軍事費を支えるものとなっていた［農商務省山林局 1905：54-55］。

2　戦前の中国東北地域における日本式筏導入経緯について

(1)　日本式筏導入経緯

　鴨緑江筏は清末、揚子江からの技術が伝えられて始まったと言われている。中国式筏は「本字号／本字排」と呼ばれ、図 6-2 の画像に見られるように巨大な組木作りで、筏床は木を組み、貫を通した堅牢な造りであった［彼末 1942：3］。

　筏にする木材は比重が軽く水に沈みにくい針葉樹を用いた。その為、洪水や鉄砲水にも比較的に強かったが、その一方で、従来からある中国式筏に編成すると、大型のため河川中の岩場などに衝突して大破しやすく、逆に江の水量が少ない時は全く動くことができなかった。またこれにより操作性も悪く、安東に到着するまで、順調でも 3-6 ヶ月かかり、渇水の年が続くと 2-3 年かかることも稀ではなかった。

　また長期間の流筏に備え、上に簡単な住居も設けるため、日本式筏に較べて巨大であり、500kg 〜 1t になるものもあった（日本式筏は 300kg 前後）。それでも清末の天津における居留地建設、鉄道敷設等の各種開発により、鴨緑江木材は華北唯一の木材産地として木材バブル状態であった為、日露戦争前後には中日露の木材会社により大量の筏が流下されていた。

　1905 年以降に日本式筏が鴨緑江に導入された背景には、日露戦争時に鴨緑江流域を占領下においた日本軍による鴨緑江木材押収作業が契機となっている。日本式筏が導入された背景としては、日露戦争時、安奉線建設等で軍需用木材

172

第6章　鴨緑江における日本式筏の導入と普及（永井リサ）

図6-2　中国式筏［彼末1942：口絵］

を至急集める必要のあった日本軍は、戦勝に乗じて鴨緑江木材を大量に押収するが、この大量の押収木材は国際紛争化し、また現地の木把による暴動を引き起こした。そのため軍の内部で鴨緑江木材統制機関の設立が要請され、1905年11月「軍用木材廠」が設立された［領事館記録 E-4-2-2-2-5「参考書ノ一」所収「鴨緑江木材記事」139］。

　この軍用木材廠は日本軍の木材押収を忌避する現地木把に代わり、自ら木材を収集するため、初年度には木材の伐採および搬出も行い、翌年には鴨緑江にて従来の1年に1回しか流下できない中国式筏に変わり日本式筏での流送を試みた。日本式筏の流送は途中馬賊の襲撃を受けながらも安東までたどり着き、従来早くても3ヶ月以上かかる流送を20日あまりで運ぶことに成功した。これが中国東北地域における日本式筏流送の端緒となった［彼末1942：25-41］。

　鴨緑江流域で最初に日本式筏の導入を行ったのは、日露戦争時陸軍中尉で築城団軍用木材廠付で、「筏夫移民制」の実質的導入者でもある彼末徳雄である。彼末は後に満洲国で「満洲国有林伐採事業協会会長」や「満洲国木材水送研究委員会長」を兼任し、康徳9年（1942年）に『満洲木材水送論』を著している。つまり彼末は中国東北地域における日本式筏の導入の中心人物と言えるが、

173

第2部　草原・森林への挑戦

その本人による「満洲における木材水送の沿革」を見てみよう。

　　そもそも満洲における木材水送は揚子江流域における水送を模倣して鴨
　緑江流域に之を行ったのを始めとする。管流作業に至っては何等の施設も
　しないで最終ついに弱体なる留堰を作っていたにすぎない。途中は単に自
　然の水力のみに依頼し、之が施設上何等人力の加味されたものはなかった。
　　編筏は揚子江の例に倣って、槇をもって木材を連結したもので、発筏地
　から着筏地へ到着するのは一年一回なら先ず好成績とされ、その流送が二
　年に亘るも敢えて意にしない状態であった。従って揚子江のように筏の上
　には野菜を栽培したり、鶏、豚を飼育しもっぱら筏夫の家族も筏の上の小
　屋に生活しているという風景も少なくなかったのである。
　　明治39年3月に至り、日本の築城団軍用木材廠は和歌山県から管流流
　筏夫625名を軍役夫として募集し、陸軍歩兵中尉彼末徳雄（筆者）指揮
　の下に朝鮮北青から長白府に入り、同年第一回先発筏八台（前年11月に
　長白山に入山軍用木材廠において伐採した木材）は彼末中尉之を指揮し、
　25名の選抜筏夫と共に長白府を発筏、露西亜の作製した軍用地図によっ
　て流送を開始したのが、満洲における日本人の木材水送の端緒となってい
　る。
　　（中略）
　　この木材水送は日本の陸軍として流送上の技術検討に重点を置き、主と
　して編筏材料、編筏方式、長距離流送善処が主目的であった。明治40年
　には陸軍が筏乗夫兼農業経営の移民を徳島県から募集し、これを鴨緑江中
　上流域に配置した。［彼末 1942：3-6］

　また軍用木材廠は1907年に、日本式筏技術を定着させる為、鴨緑江の朝鮮
側に日本から筏師を募集して移住させるという「筏夫移民制」を実施している。
これは鴨緑江流域において最も早い林業移民であった。この「筏夫移民制」は
どのような制度であったか、この制度を立案した彼末徳雄の説明によれば、次
のような制度であった。

第6章　鴨緑江における日本式筏の導入と普及（永井リサ）

農林業兼営移民制（筏夫移民制）

　築城団軍用木材廠は、明治四十年徳島県の吉野川流域より農林業経営の移民を募集し、鴨緑江左岸朝鮮側及恵山鎮、新加波鎮、中江鎮、高山鎮に之を移住せしめたが、移住民に対する条件は大約、

一、農地一戸宛約五町歩を無料貸付のこと。
二、移住民の旅費実費を支給すると共に、移住地住宅一戸約五百円を支給するか、又は木材廠にて建築無料貸付の事。
三、移住民の家族は、農業に従事することとし、戸主たる男子又は其の兄弟、男子二十才以上の身体健康のものを有し、此の者一戸一人は必ず鴨緑江の流筏夫たること。但し流筏以後木材の伐採搬出に従事するも差支えなきこと。

　等にして約三十戸分の移民を移殖したが、当時鴨緑江流域の木材伐出流送事業の盛大になり来たりたる一因にして、現在之等移民地たるこの地の繁栄し来たる最大要因とも称し得る。

　その後、明治42年日支条約により鴨緑江採木公司が安東県に創立され、軍用木材廠は解散された。筆者（彼末）も鴨緑江採木公司に入り、日人筏夫の外に鮮満系筏夫見習生を毎年300名ないし500名まで採用して、これが教養（ママ）訓練をなした事などが、すなわち後日鴨緑江流域における木材流送時代の盛大さを招来した根本原因とも言われる。安東が木都と呼ばれ、鴨緑江節又は筏節として一躍天下にその名をなしているこの流行歌も、陸軍当時筆者が作成したものである。［彼末 1944：44-45］

　以上が中国東北地域に日本式筏を導入し、後に満洲国木材水送研究委員会長となった彼末の日本式筏導入に関する回想である。
　これを見ると、鴨緑江流域における日本式筏普及のため、鴨緑江採木公司が中国人や朝鮮人筏夫を毎年300〜500人採用して操筏技術を訓練していたことが分かる。この日本式筏と日本式操筏技術普及は一定の成果を収め、これが

第 2 部　草原・森林への挑戦

中国東北地域における日本式筏や日中折衷筏普及の契機となっていく。以降この日本式筏について説明していきたい。

（2）日本式筏

　日本式筏は中国式とは連結方法が異なり、木材の端に目賀（穴）を打ち捻木（蔦かナラの若木を水に漬けたもの）で連結し、細く扇状に編成した木材を長く繋いだ。その実際の流筏方法は以下のようなものであった。

　　　流筏方法として鴨緑江に於て実行しているリレー式区間流筏がある。之の
　　方法は長距離流筏に適したやり方で、流域を数区間に分けて、中継所を設
　　定し此所には繋筏杭の植込み、筏夫宿泊所等の適当な施設をするものであ
　　る。繋筏地の選定には河川の状態をよく調査して、水勢の急激でない個所
　　にしなければならない。区間流筏は各区毎に請負人（直営の場合は区間事
　　業の担任者）に全責任を以って作業完遂に万全を期せしめるべきである。
　　鴨緑江の如き流路の長距離に亘る所では一旦中継所に繋留し、水勢、水量
　　を見ては流下し、各区間毎に暫次合筏を増結し、最終区間に於ては非常に
　　大きい筏として流下するものである。
　　　次に流筏に従事する筏夫は日本式筏ならば普通五六百本組み合わせ（四
　　米材）に二人乗りで充分であるが、折衷式や支那筏は六人乃至八人以上を
　　要し非常に不経済である。之は流筏技術の幼稚によるもので筏夫教養の不
　　十分な事を物語るものである。筏に乗り筏を操る流筏夫は、伐採現場から
　　筏に編成する前のバラバラな木材を川で流送する管流夫に比べて特別の技
　　術を要するもので、今後之が教養訓練を図り、在来の如き多人数を要する
　　不経済なる旧式流筏をやめて労働者を節用し以って流送作業改善に資すべ
　　きである。［彼末 1942：15-16］

　日本式筏は中国式筏と異なり軽量で、細い筏は操作に熟練を要するものの、水量が少ない時も水送でき、操作性に優れ、順調でも数ヶ月かかる鴨緑江上の流筏期間を数週間に短縮することができた。中国人木把はこの日本式筏を「洋

176

第6章　鴨緑江における日本式筏の導入と普及（永井リサ）

図6-3　日本式筏［彼末 1942：口絵］

排」と呼んでいた。
　また流筏期間の短さに関して、「鴨緑江流筏日誌」［寒川 1992］では、

　　夜流しは筏を夜通し流すことで、それは満浦鎮から下流は夜、無風状態に
　　なるので筏を流す最高の条件であった。筏師達は宿泊代は助かるし、請負
　　の仕事は早く終わるし、安全だし、三拍子そろってよいことばかりだと好
　　んでこの夜流しをやった［寒川 1992:97-98］

というように、日本式筏導入後は期間を短縮する為、筏の「夜流し」も行わ
れていた。従来、中国人木把や筏師は、木材伐採運搬時に必要な、食費・宿泊
費・経費等の費用は全て「貸付」で、木材到着時に清算していたが、鴨緑江採
木公司は経費や時間がかかりすぎる為、必要経費を筏師持ちにすることで、速
やかな流筏を促していた。
　また流下された日本式筏は、河口の安東で次のように水揚げ・運搬された。

　　着筏後の処理に関しては鴨緑江の例を見るに古くは江上に於て解筏し、直
　　ちに汽船又は戎克船に積載するのが慣例とされていたが、最近は他地方と

第2部　草原・森林への挑戦

同様一旦水切揚陸の上集積をなして居る。水切揚陸集積作業は貯木数量相當多大なる場合は、軽鉄引込みを可とするも、数量少いか、或いは永く貯木地を使用しない場合は、労働者の担ぎ揚げ又は馬及馬車に依って水切陸揚を可とす。集積方法として普通永く江岸に其の木材を存置する必要があり、且つ出水期に遭遇する事が予期される場合は機積によるも、其の他の場合は並列積によるを可とす。［彼末 1942：16-17］

　日本人筏師の多くは、激流で鍛えた紀州日高の川上村および船着村の男達や北山村、大和の十津川村、岐阜県の木曽川の筏師達であった［寒川 1992：90］。鴨緑江は内地の河川とは比較にならぬ大河であり、気候も日本に較べ厳しく、流筏をする上で非常に危険であったが、当時鴨緑江での日本人筏師は、内地での給料の 3、4 倍を貰え、1919 年当時で、日雇い賃 6 円（＝米にすると 2 斗 2 升 6 合、米 1 俵が 10 円）で非常に高給であった［寒川 1992：90-91］。
　内地からの筏師は基本的に流筏専門の者が多く、伐木などの他の作業はしないことになっていたが、1919 年当時の「鴨緑江流筏日記」を見ると「川作」と呼ばれる、河川改修作業を請け負う者に関する記述が多い。当時の公司はダイナマイトによる流送障害岩の爆破などの河川改修に重点を置いていたことが分かる［寒川 1992：90-91］。

3　鴨緑江流域における日本式筏導入後

（1）日中折衷式筏の普及について

　鴨緑江で日本式筏が普及した後、日本より川幅の広い鴨緑江に合わせ、日本式筏と中国式筏両方の利点を取り入れた「折衷筏」という筏が現れた。この折衷式筏は小桿子を横にして、上から猫鑷を打ち込み連結する筏で、1930-40 年代にはこの形式の筏がもっとも多く用いられていた。この折衷筏は小桿子代わりにワイヤロープを使うことも多かった［彼末 1942：12］。この方式は大河が

178

図6-4　日中折衷式筏［彼末1942：口絵］

多く、日本より急流の少ない中国東北全域に適しており全域に普及していった。
　当時の鴨緑江側の折衷筏による木材水送状況について述べていく[7]。
　1920-30年代、鴨緑江流域上流の森林地帯にて伐採された木材はすべて鴨緑江水運を利用し、筏に組まれて二十四道溝付近より流下するもので、これには日本式筏と折衷式筏の両方があり、日本式筏は流下速度に優り、普通惠山鎮より安東まで15日ないし25日を要するのに対し、折衷式筏は60日ないし80日を要した。
　これら筏は下流に行くにしたがって大形に編成され、二十四道溝では1ないし6筏（1筏は11連、1連8尺物1本）の小形の筏に編筏される。そして下るにつれ大型の筏に編成され、新乫坡鎮、十三道溝では10筏内外、帽児山付近では20ないし25筏、高山鎮からは30ないし35筏となって流下される。その後安東港内に入って曳舟より集められるが、その一部は安東、新義州で陸揚げされる。さらにその他の一部は海路で輸出されて、輸出木材の船積は筏のまま三道浪頭まで流下して本船に積込み、或いは一旦安東にて艀に積んで多獅島に運び、汽船に積み替えるものであった。

---

7)　以下、本節では特に断りがない場合、［彼末1942］を参照している。

第2部　草原・森林への挑戦

これら鴨緑江上流より流下する木材は、満洲国内にては鴨緑江採木公司、朝鮮側にては新義州営林廠により市場に出回るものであり、その出材高は両者合わせて年間100万石内外とされており、その8割は鴨緑江採木公司の手によるものであった。

(2) 鴨緑江流域における日本式筏導入後

鴨緑江流域の森林開発はそれをめぐる税制に変化をもたらした。本来、清朝期の中国東北における木材は「雑税」であったが、清末急速に成長した鴨緑江伐木業から上がる木税は、急激に膨脹した軍事費などにあてられていた。1906年当時、木税は奉天財政局下の奉天軍糧府の中にある木税総局に納められていた［農商務省山林局 1906：42］。

安東で徴収されていた木税には山価（木材を伐採するにあたって徴収される税金）、客税（市場で木材が売買されるに際して買主（客）が払う税金）、船捐（ジャンクにより木材を積み出す場合に課税される税金）の三種類があり、1908年の鴨緑江採木公司の設立後は、山価と客税の二割を減じた税金を鴨緑江採木公司の手により、清国木税局に納付することが定められていた［鴨緑江採木公司 1915：74］。

1899-1908年頃までは、臨江県などで「筏税」が課されていた。しかし各地域を通過する際の木材は筏ごとの課税から次第に1本単位の課税になってゆく。筏一台単位で徴税されていた時代にはなるべく大きな筏を流していたが、木材一本単位であれば筏の大きさは関係ないため、小型で流送に時間のかからない小型の日本式筏が大量に流されるようになっていく［鴨緑江採木公司 1915:74］。

日露戦争期における日本式筏の導入と普及によって、鴨緑江流域の従来の伐木システムが変化し、森林資源は減少しているにもかかわらず、伐採量は増加の一途をたどった。

鴨緑江の木材は清末から大型の中国式筏で水送されており、水量が豊富な年でも流筏には3ケ月以上を要するため、木材の流下はよくて1年に1度、水量が少なく条件が悪い時は2、3年かけて流筏する状態であった。

第 6 章　鴨緑江における日本式筏の導入と普及（永井リサ）

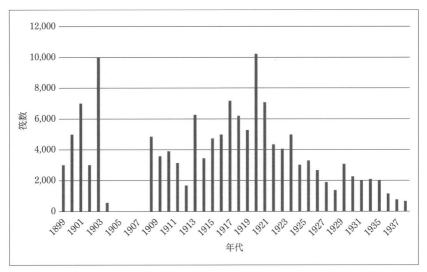

図 6-5　鴨緑江筏数（1899-1938）
［農商務省山林局 1905］、［鴨緑江採木公司 1915,1919］、［鴨緑江製材無限公司 1918］、［安東商工会議所 1930］、［鴨緑江採木公司統計表第 12 〜 30 年度］より作成。

　しかし日露戦争中、日本側が鉄道敷設などのためこの地の木材を押収し、木材掌握を目的として、軽量のため上流から流送可能で 3 週間ほどで下流域の安東まで到着し、しかも 1 年に何度でも流筏可能な日本式筏を導入した。
　さらに 1908 年に鴨緑江採木公司が設立されたことによって、それまでの木税システムが大幅に変わり、公司用の木材には清朝がかけていた各種通過税が基本的に不要になったため、実際に流筏は 1 年に数度繰り返され、木の大小にかかわらず伐採が行われるようになった。鴨緑江の森林生産量は第一次世界大戦期までは筏 1 万台以上を流筏し、中国東北地域で最も木材生産額が大きかったが、1920 年代以降は森林資源が枯掲し、建築用材（角材）の生産が極端に減少して、樹齢が低くても使える、電柱用 丸太、枕木、坑木といった小木の丸太生産や、比較的多く残っていた広葉樹を使用する家具材、枕木、坑木、馬車材の生産が主流となる。そのためこの流域では約 30 年弱で急速に森林資源が枯渇してしまうこととなった。（「図 6-5　鴨緑江筏数」を参照）

181

第 2 部　草原・森林への挑戦

(3) 各地における筏の展開

　鴨緑江の筏は 1921 年には 1 万台を超えるほど隆盛を極めたが、その理由と
して、一つは前述の「筏夫移民制（農林業兼営移民制）」の早期導入が挙げら
れる。彼末の説明によれば以下のとおりである。

　　従事員及労働者の選択と教養
　　　鴨緑江流域が全満に比類ない流送作業の発達を見ている事は原因多々あ
　　るとは言え、従業員及労働者の教養訓練に早くから意を用いた事も其の原
　　因の一要素と思われる。全満流送事業を見て痛感されるのは従業員及労働
　　者の選択と之が教養である。之は半年や一年の短期間に能く出来るもので
　　はなく少なくとも二年三年を必要とするもので、各流域毎に之が善処対策
　　を講じて教養を実施すべきである。[彼末 1942：28-29]

　さらに彼末は 1930 年代の中国東北地域の筏の状況について以下のように説
明している。

　　満洲国建国までに鴨緑江以外の流域における木材流筏は何れも支那式筏で
　　あったのが、現今では全満何れの流域においても、支那式と日本式の折衷
　　筏の流送が最も多く純日本式、あるいは純支那筏の様式は漸減している状
　　態にある。[彼末 1942：28-29]

　このような状況下で、各地における筏の状況は次のようなものであった。

① 　松花江
　松花江での流筏に関して、最も早いものは 1919 年より鴨緑江採木公司に
よって行われた［寒川 1992：146-147］。その後、1920 年代に松花江流域森林
開発が本格化すると、多くの鴨緑江筏師が松花江で流筏を行うようになる。
② 　第二松花江
　第二松花江（吉林）流域では、大正の初年頃から中国式筏の流下が多少あり、

第 6 章　鴨緑江における日本式筏の導入と普及（永井リサ）

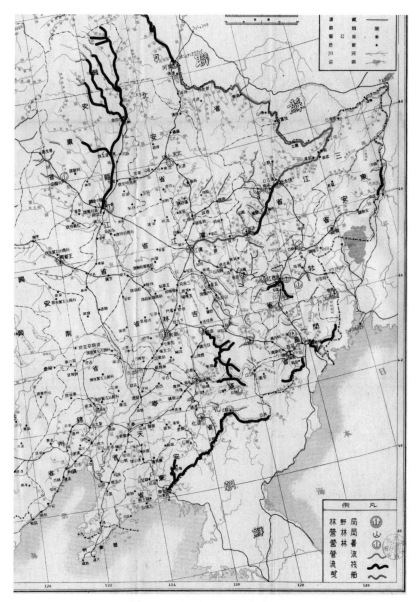

図 6-6　筏による満洲木材水送流域

［彼末 1942］折り込み図より筏水送部分を太線加工。
太線部分が筏による木材流送が行われていた河川。

第2部　草原・森林への挑戦

大正7年より日本式流筏を試みたが治安関係その他の事情のために、鴨緑江流域のようにその発展は見られなかった［寒川 1992：146-147］。

③　黒竜江

黒竜江流域では 1917 年設立の東洋拓殖株式会社により、黒竜江での流筏が行われるようになった。ここでも鴨緑江流域流筏経験者が多く事業に参加していた。また牡丹江でも 1919 年頃から流筏が行われており、嫩江でも 1938-39 年頃、日本人筏師により流筏が行われていた［寒川 1992：152-153］。

しかし、鴨緑江で流筏に従事していた筏師達も 1944 年の水豊ダム完成により、鴨緑江流域における筏流しが全面的に不可能となったことにより、中国東北全域に散らばっていくこととなる［寒川 1992：152］。

日本式筏から発展した日中折衷式筏は中国東北地域全域に普及し、現在でも鴨緑江左岸（北朝鮮側）では日中折衷式筏での流筏を見ることができる。ただし、2009 年から中国東北地域における木材水送は筏流しも含め、天然林伐採禁止に伴う密伐防止により全面禁止されているため、この方式の筏は現在では鴨緑江流域左岸である北朝鮮側か、夏季における観光客向けの観光筏でしか見ることはできない。

おわりに

本章では日露戦争末期に開始された中国東北地域における日本式筏の導入過程について見てきた。近代日本における木材流送の全盛期は、鉄道やトラックによる木材輸送、水力電気開発に伴うダム建設が本格化する前の明治元年～大正4年（1868 ～ 1915 年）であった［萩野 1975］。木材流送全盛期であった日本から中国東北地域へその優れた技術が導入されたことは、中国東北地域における林業開発や森林資源にとって大きなインパクトを持つことになった。

日本では近世から近現代にかけて 300 年ほどかけて推移した木材水送方法・技術変化が、中国東北地域では日本やロシア側による急速な林業開発により、

第6章　鴨緑江における日本式筏の導入と普及（永井リサ）

約30年弱で、木材水送（筏・ジャンク船・日本式筏・日本の高瀬舟）・鉄道敷設（森林鉄道）・トラック輸送と同時並行して一気に進み、森林開発・乱伐を加速させることとなった。開発を加速させた要因の一つが鴨緑江から始まる「日本式筏の導入を契機とした日中折衷式筏の誕生」であった。

日露戦争による日本の鴨緑江森林利権獲得を契機として鴨緑江木材は天津を中心とした華北一帯の木材供給地から、東アジア一帯の木材供給地へと転換してゆく。その用途も黄花松を中心とした高級建材から、日露戦争後から第一次世界大戦にかけての好景気に乗って、中国東北地域を始めとする東アジア一帯に枕木、坑木、電柱、パルプ、木炭、家具材等多種の用材を供給するようになってゆく。その背景には日露戦争時に始まる日本式筏の導入とともに、安奉線開設に伴う木材の鉄道輸送の開始や、1911年の鴨緑江架橋による安奉線と京義線の連結による鴨緑江木材の朝鮮半島への販路拡大があった。

1908年に日中合弁林業会社である鴨緑江採木公司が安東に設立されると、続けて鴨緑江製材無限公司、東洋木材安東支店、大二商店等の製材工場が同じく安東に設立され、最大時には40余りの邦人経営製材工場が営業し、また製紙業でも王子製紙系の鴨緑江製紙、六合製紙、安東造紙等が設立されて、安東は代表的な"木都"として成長していく。満洲国期において安東は最も製紙業が発達した都市となった。

一方このような森林の過利用によって、年を追って伐採地は鴨緑江岸から離れてゆき、また継続的な植林が行われなかった為、森林資源は劣化する一方であった。それでも安東が30年以上も木都で在り続けたのは、日本式筏導入により、たとえ小径木であっても木材の安定供給が行われていたからに他ならない。鴨緑江での伐採業が衰退した後、ここで技術を習得した中国人・朝鮮人技術者が中国東北各地で流筏を行い、民国期や満洲国期における林業開発を進めていったこと、また現在も北朝鮮や鴨緑江、松花江、黒竜江の一部では（中国側では観光筏が中心であるが）この方式で流筏を行っていることを考えるとき、鴨緑江における日本式筏の導入は中国東北林業に少なからぬ影響を与えたと言えよう。

185

第 2 部　草原・森林への挑戦

【参考文献】

秋田忠義編（1933）『図解満洲産業大系』第 2 巻、新知社。

安東商工会議所編（1930）『鴨緑江の木材と満洲に於ける木材事情』安東商工会議所。

大崎峰登（1910）『鴨緑江』丸善。

鴨緑江採木公司編（1915）『鴨緑江森林及び林業』鴨緑江採木公司。

鴨緑江採木公司編（1919）『鴨緑江林業誌』鴨緑江採木公司。

鴨緑江製材無限公司編（1918）『鴨緑江製材無限公司案内』鴨緑江製材無限公司。

外務省記録 E-4-2-1-2　「鴨緑江採木公司関係雑纂」6 巻「鴨緑江採木公司関係一件」28 巻、「業務関係報告書」7 巻、「会計報告書」11 巻、「人事関係」1 巻、「商弁関係」1 巻、「参考書」2 巻。

彼末徳雄（1942）『満州木材水送論』満州木材通信社。

彼末徳雄（1944）『満州林業外史』満州修文館。

寒川萬七（1992）『筏師──日高川から鴨緑江へ』創樹社美術出版。

永井リサ（2016）「海を渡った日本の筏──戦前鴨緑江における日本式筏の導入過程について」善隣協会『善隣』738 号、2-9。

農商務省山林局（1905）『鴨緑江流域森林作業調査復命書』農商務省山林局。

農商務省山林局（1906）『満洲森林調査書』農商務省山林局。

萩野敏雄（1965）『朝鮮・満洲・台湾林業発達史論』日本林業調査会。

萩野敏雄（1975）『内地材流送史論』林野弘済会。

堀内敬三・町田嘉章編（1931）『世界音楽全集』第 19 巻、春秋社。

王樹楠編（1934）《奉天通志》。

曹保明（1994）《東北木幇史》台灣祺衿出版社。

李樹田主編（1991）《清代東北参务》吉林文史出版社。

186

大興安嶺山中にてエヴェンキ族の
一家族が放牧している馴鹿の群れ
（坂部晶子撮影、2012年）

第 **3** 部 近代満洲経験の意味

第 **7** 章

戦後中国における工学知の継承と再編

佐藤量

はじめに

　本章では、満洲における工学技術が戦後中国にどのような影響を及ぼしたのかについて、日本が戦前に設置した工学教育機関で学んだ技術者とその人脈を事例に考察したい。

　1932 年に満洲国が成立して以降、満洲の工業化は急速に展開し、鞍山や撫順などの工業都市への開発投資が進んだ。しかし、日本による中国の工業都市開発は満洲国よりも前から開始されていた。その典型例が大連である。大連は日本の大陸進出のもっとも早い時期から開発が始められ、日露戦争後の 1906 年から南満洲鉄道株式会社（以後、満鉄）を中心に鉄道車両製造、精油、造船などを主力産業として発展し、以後大連は鉄道と港湾を基軸に日本と中国大陸をつなぐ商業都市としても機能した。大連の都市開発は満洲国よりも前から始まり、日本が敗戦するまでの 40 年間に及んだ。

　工業化を進めるために重視されたのが教育である。とりわけ、大連の都市建設を中心的に進めた満鉄は本社を大連に構え、初期の頃から自前の技術者養成所を複数設置したことからも、教育熱心であったことがうかがえる。他にも、旅順工科大学や大連工業学校、大連商業学校など、官立、大連市立、私立の工学商学を専門とする高等教育機関が多数設置された。これらの教育水準は高く、卒業後には満鉄関連企業や植民地行政機関に就職する者も多かった。大連の教育機関には、中国のみならず朝鮮や台湾、日本内地からも多数の進学者があり、

189

学生には日本人以外にも現地の中国人も含まれていた。そのため学校同窓会の
活動も活発であり、日本と中国双方で同窓会が組織されていた。同窓生の交流
は戦後にも継続し、まだ日中の国交がない時代にも日中同窓生による技術者交
流も行われていた[1]。

　満洲の工業化とその継承をめぐっては、これまでも松本（2000）、柳沢（2008、
2017）、鄭（2012）、飯塚（2017）など、中国経済史の分野を中心に探究され
てきた[2]。ただし、工場や学校などのインフラだけでなく、人脈や人的交流に
注目して知識や技術がどのように継承されたかについては十分に論じられてい
ない。そこで本章では、戦前大連の旅順工科大学における工学教育とその卒業
生たちの日中交流に注目し、戦前と戦後で工学知がどのように継承され、そし
て再編されていったのか考察する。

▌ 満洲の工学教育

(1) 満鉄による教育

　大連に本社を構えた満鉄は、1906年当初から教育活動に熱心であり、大連
の教育環境の拡充を牽引した。満鉄社内には古くから多数の養成機関が設置さ
れており、例えば「満鉄高等学院」「奉天鉄路学院」などの高等学校や、「満鉄
育成学校」「鉄道技術員養成所」「工場技術員養成所」「鉄道教習所」「鉄道錬修
所」などの鉄道運転技術の習得や鉄道車両建設の技術を学ぶ養成所があり、さ

---

1)　佐藤量『戦後日中関係と同窓会』（彩流社、2016年）参照。

2)　松本俊郎『「満洲国」から新中国へ　鞍山鉄工所からみた中国東北の再編過程』（名古
　　屋大学出版会、2000年）、柳沢遊「1930年代大連の工業化」（『三田学会雑誌』101-1：
　　149-179、2008年）、柳沢遊「戦時体制下の大連工業」（柳沢遊・倉沢愛子編著『日本帝
　　国の崩壊　人の移動と地域社会の変動』慶應義塾大学出版会、2017年）、鄭成『国共内
　　戦期の中共・ソ連関係　旅順・大連地区を中心に』（御茶の水書房、2012年）、飯塚靖「戦
　　後中国東北地区における日本人留用技術者の諸相——資料「中共事情」より探る」（『経
　　済史研究』第20号、2017年）

らには「看護婦養成所」「保健婦養成所」「栄養士養成所」なども設置されていた[3]。教育機関の設置数もさることながら多様な専門性からも満鉄が人材育成に積極的であったことがわかる。

なお、1944年9月発行の『南満州鉄道株式会社在籍社員統計』の「養成機関在学生徒数」によれば、満鉄の養成機関在籍者数は10,182名であり、日本人社員が5,128名、中国人が5,054名であった。中国人専用の養成機関も設置されており、中国人の教育にも熱心であったことがうかがえる。1944年時点での満鉄社員総数は398,301名であり、日本人は138,804名、中国人社員は259,497名であったことからも、多数を占める中国人社員の育成は満鉄経営において重要な課題であった。

満鉄の養成機関は社員専用の施設ではなく、外部から受験して入ることも可能であった。その際、養成機関に入所すると「社員」として採用されて日給が支払われ、下着以外の衣服や学生服の支給もあった。その代わりとして、一定期間、満鉄に就職することが義務づけられた。再教育のため入所する時には、給与が保証され、卒業後は昇格、昇進に有利となった[4]。奉天や新京などにも養成機関は設置されたが、大連の規模がもっとも大きかった。

満鉄の養成機関の一つに大連鉄道工場技術員養成所がある。ここでは、鉄道車両の設計や線路敷設に関わる機械・土木の専門教育を学ぶことができた。日本内地からの受験者も多く、おもに高等小学校卒業生が入所し、1909年に開設されてから1945年までに2,576名の卒業生を輩出した。授業は学科と実習に分けられ、学科は国語・数学・修身・冶金・機械製図・英語・北京語・ロシア語などがあり、実習はそれぞれが希望した技術の訓練を受けることができ、鍛冶、鋳物、模型、旋盤、仕上げ、製罐などが設けられていた[5]。

(2) 満洲の工業化と人材育成

1932年の満洲国成立以降、満洲全域で鉱工業開発が国策として推進された

---

3) 満鉄会編（2004）『満鉄会報』第215号、8頁。

4) 満鉄会編前掲書、8頁。

5) 満鉄会編前掲書、12頁。

第 3 部　近代満洲経験の意味

ことにより、工学人材の育成がより求められるようになっていった。満洲国で
は、第一次産業開発 5 ヵ年計画（1937 ～ 1942）が実施され、鉄鉱石や石炭、
ボーキサイトなどの鉱物資源の採掘と、それを加工精製する重工業開発は、日
本の満洲開発における最重要課題となった。そのため、鉱工業部門における労
働力の需要が急激に増大したが、元来満洲における労働力は、単純労働力の大
部分を現地の中国人に依存し、技術者の養成は日本内地に頼ってきた。しかし
1937 年の日中戦争の勃発により、日本内地での軍需生産力拡充のために多く
の技能者が必要になったため、日本政府は日本からの技術者の安易な移動を制
限し、企業側に規制を行った。例えば、1938 年 8 月の「学校卒業者使用制限
令」の制定により、工業学校を出た若い技術者の争奪戦が起こる事態となった。

　技術者の不足は、若手だけではなく熟練労働者も同様であった。その対策と
して、一定の工場に組織的な技能者養成を義務づけた「工場事業場技能者養成
令」（1939 年 3 月制定）や、機械工作、金属加工の労働者に検定を受けさせる
ことによって技術者とみなす「機械技術者検定規則」（1940 年 3 月制定）など
の規則が制定されていった[6]。

　技術者不足は、満洲の工業化にも影響を及ぼすことになった。そのため日本
政府は、1938 年 12 月 7 日に満洲鉱工技術員協会を設立し、満洲における技術
者養成と業務協力を優先させた対策をとった。これにより満洲で働く技術者の
養成と募集を目的として、秋田や福岡に「日満技術工養成所」を設置した。
1940 年には財団法人日満鉱工技術協会を設立し、技術者養成施設の経営、技
術者の招致、募集及び斡旋、工場鉱山における従業者技能検定、鉱工業の宣伝、
月刊『鉱工満洲』及び満洲鉱工年鑑の刊行などさまざまな事業を行った。事業
の拡張にともない、1941 年 8 月奉天に支部を置き、1942 年には仙台、名古屋、
大阪、門司、函館に、1943 年には鹿児島と高松にそれぞれ支部を置いた。満
洲で働くための技術者の養成体制が日本各地で強化されていった[7]。

　こうした国策による技術者養成体制は、小学校や中等学校卒の若者たちを対
象とした。日本政府は 1939 年 12 月 27 日に「鉱工開拓技術員及び技術生訓練
養成要綱」並びに「青少年技術生基本訓練実施暫定要領」を定め、1940 年に

6)　満洲国史編纂刊行会編（1970）『満洲国史』各論、566 頁。
7)　満洲国史編纂刊行会編前掲書、567 頁。

は茨城県の内原満蒙開拓青少年義勇軍訓練所に、日本内地で採用した青少年の基本訓練（2ヶ月）を委託した。1941年よりその隣接地鯉淵村に敷地30町歩を確保して、収容3,500名の満洲鉱工青少年技術訓練生訓練所を新設した。採用された者を渡満前ここで30日間訓練した[8]。

ここで注目すべきは、内原満蒙開拓青少年義勇軍訓練所は農業移民だけでなく、工業技術者の卵である子どもたちの訓練も行なっていたということである。内原満蒙開拓青少年義勇軍訓練所は、青少年の農業移民を満洲に送るべく、1938年に設置された農業移民訓練所として知られている。内原を経由して満洲に送出された青少年は86,530名に達し、多くはソ連との国境付近に送られ、敗戦直前のソ連参戦のなかで戦死している[9]。この訓練所で、農業移民だけでなく、工業技術者の子どもたちも訓練を受けていたことはあまり知られていない。この子どもたちもまた、国策移民であると言えるだろう。

技術者養成は満州国内でも積極的に推進された。満洲国政府は1941年3月31日に「鉱工技能者養成令」を公布し、機械、金属両工業に対して、普通技術員及び技能工の養成を義務付けた[10]。本令は当初常時労働者200名以上を雇用する業者を対象としたが、1944年より100名以上の業者に範囲を広げて、化学工業、鉱業に対しても養成命令が発せられ、その数は前年度に比べて2.8倍の約9,000名となった。しかし、満洲のさまざまな事業体で技術者の養成が義務付けられたものの、依然として不足を解消するまでには至らなかった。

(3) 旅順工科大学と卒業生

満洲における工学教育の最高学府が旅順工科大学である。旅順工科大学は、大正11（1922）年4月に旅順工科大学堂を基礎として設置された官立大学である。大正15（1926）年4月より授業が開始され、「本科」「予科」のほかに現地学生のための「予備科」が附設された。

当時、工学専門の官立大学は、東京工業大学と旅順工科大学の2校だけだっ

---

8) 満洲国史編纂刊行会編前掲書、569頁。
9) 内原町史編さん委員会（1996）『内原町史 通史編』、965頁。
10) 満洲国史編纂刊行会編前掲書、569頁。

第3部　近代満洲経験の意味

たため、入学を希望する学生は、日本内地をはじめ、満洲、中国、朝鮮、台湾などからも集まっていた。開学以降、満洲以外の地域から進学した「留学生」は増加傾向にあり、1935 年当時日本人学生が 6 割で、留学生が 4 割であった。旅順工科大学は全寮制であったが、学生寮「興亜寮」では一部屋 8 ～ 10 人が寮生活を送り、日本人も留学生も国籍混合であった。

　旅順工科大学の卒業生の多くは、満鉄関連企業に就職した。石田（2004）によれば、日本人卒業生の 82％が企業、9.9％が軍、5.5％が学校、1.5％が官公庁、1.2％がその他に就職している[11]。旅順工科大学と満鉄のつながりは、卒業生を輩出するたびに密接になり、次第に満鉄への技術者供給源となっていった。

　多くの旅順工科大学卒業生が、満鉄関連企業へ就職したが、例えば、満鉄が開発した特急アジア号の設計にも携わっていた。工作局課長の久保田正次（1914 年卒業）、機関車部門の吉野信太郎（1918 年卒業、後に大連工場長）、客車部門の小島博（1921 年卒業、後に牡丹江工場長）が、それぞれ設計主任であった。また、満鉄中央試験所の所長であった丸沢常哉は旅順工科大学の応用化学科教授であったように、学生、教員ともに満鉄との強い結びつきがあったことがわかる。

　終戦により、卒業生・在学生のほとんどは日本内地に引揚げたが、約 50 人の教員と卒業生は中国に残留し、中国東北部の工業開発、中国人技術者の養成にあたった[12]。前述の丸沢常哉は 1954 年まで中国に残留し、化学工業の開発に従事している。その他、引揚げ後の卒業生の多くは、技術者や大学教員として活動を続けた。

　一方で、中国人卒業生の就職先はどうだっただろうか。旅順工科大学を卒業した中国人は 173 名であったが、その多くが中国東北部に就職していた。企業に就職した卒業生が 45％でもっとも多く、なかでも満鉄およびその関連企業が大半を占めていた。官公庁に就職した卒業生も多く、満洲国国務院などに就職した。その他教員になる卒業生も多かった。

---

11)　石田文彦（2004）「旅順工科大学と南満洲鉄道株式会社」『技術史教育学会誌』第 5 巻第 1・2 号、12 頁。

12)　石田前掲論文、15 頁。

第 7 章　戦後中国における工学知の継承と再編（佐藤量）

　戦後は企業の技術者や大学教員として中国東北部の開発を指導していくことになる。一例をあげると、張有萱（1932 年卒業）は、北京国家委員会兼機械工業局局長、国家技術委員副主任、中国造船工程学会理事、中国造船工業総公司副董事長等の要職を歴任した。喬縛玉（1936 年卒業）は、1946 年に創設された関東工業専門学校の初代校長として就任し、これを母体とする大連大学の設立準備委員主任に任命された。また、張世鈞（1945 年卒業）は大連理工大学教授および同日本研究所所長を歴任した。

　彼らは戦後中国では数少ない科学技術で高等教育を受けた貴重な人材であった。ただし、反日を国是とする戦後中国社会において、次第に迫害を受ける対象となっていった。とりわけ大躍進、文化大革命の時期には下放を経験し、苦難の時期を過ごすことになる。1980 年代以降は名誉が回復され、大連に「大連市中日友好学友会」が創設されたことをきっかけに、喬伝玉は名誉会長、張有萱・張世鈞は副理事長に選出された。学友会は、旅順工科大学出身の中国人も中心的役割を担いながら、かつての同窓生である日本人とともに日中間の学術・経済・教育等の交流に尽力した[13]。

2　戦後に継承される工学技術

(1) 中国人卒業生による技術継承

　1945 年 8 月以降、日本の敗戦にともなって「満洲国」は解体され、ソ連軍による接収が始まる。満鉄の代わりにソ連と中国による合弁企業として「中国長春鉄路」（中長鉄路）が設立され、鉄道や工場、病院、学校など様々なインフラ整備を担った。旅順工科大学、南満工専、満鉄中央試験所などの高等教育研究機関もまた接収され、教育施設を再利用しながら引き続き工学教育機関として活用された。

---

13)　佐藤前掲書、参照。

第3部　近代満洲経験の意味

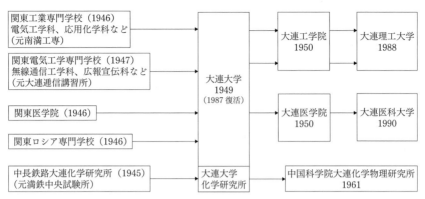

図7-1　大連の理工系専門教育機関の系譜概略
『関東工専建校60周年校史　回憶文集』(大連理工大学校史叢書、2007年)、范大因・孫懋徳『関東電気工程専門学校簡史　1946-1950』(大連理工大学出版社、1993年)、孫懋徳『大連理工大学校史』(大連理工大学出版社、1989年)より筆者作成。

1946年以降には、工業、電気、医療、語学(ロシア語)を学ぶ教育機関があらたに設置され、このうち工学部門の学校として設立されたのが「関東工業専門学校」(関東工専)と「関東電気工学専門学校」(関東電専)である。これら2校は、のちの大連理工大学の前身校でもある。

接収された学校では、多数の日本人が教師として任用された。旅順工科大学や南満工専、満鉄中央試験所の元教員や元学生が、「留用者」として戦後中国の教育再建と工学知の継承に携わることになった。しかし、あらたな学校で任用されたのは日本人だけではなく、旅順工科大学や南満工専の中国人卒業生も含まれていた。日本技術者が戦後中国で留用され、工場や学校で技術を教えるために戦後もしばらく中国に留まったことはよく知られているが、技術移転を担ったのは日本人だけではなかったのである。

以下では、戦後再編された技術専門学校における旅順工科大学の中国人卒業生の果たした役割について考察する。なお関係資料として、『関東工専建校60周年校史　回憶文集』(大連理工大学校史叢書、2007年)、范大因・孫懋徳『関東電気工程専門学校簡史　1946-1950』(大連理工大学出版社、1993年)、孫懋徳『大連理工大学校史』(大連理工大学出版社、1989年)などの校史を参照した。

(2) 関東工業専門学校

　関東工専の設立は、旅順工科大学の卒業生によって準備された。とりわけ中心的な役割を担ったのが張有萱である。張有萱は、喬伝鈺、方振宝、韓建国、盧士祥ら旅順工科大学出身の中国人同窓生と「遼東技術協会」を組織して、技術専門学校設立の準備を始めた。そして1946年10月に、ソ連軍に接収されていた南満工専の校舎を利用して関東工専を開校した。

　喬専鈺が初代校長を務め、電気工学科、応用化学科、鉱業冶金学科、土木工学科が設置され、設立に携わった旅順工科大学卒業生らが学科長を務めた。初年度は87名の入学があり、1949年までに362名が就学した。開校当時の教員数は34名で、そのうち日本人が14名であった。多和田寛、前田康博、松塚清人、島田吉英、岡俊平など、いずれも旅順工科大学や南満工専で教員をしていた人物である。張有萱ら旅順工科大学卒業生も教員として着任した。

　その後、1947年5月からは屈伯川が第二代校長に代わる。屈伯川は化学者、教育者として知られる人物であり、南京大学で学んだのちドイツに留学し、ドレスデン工科大学で化学工学の博士号を取得している。1940年からは延安新華化学工場の所長を務め、中国共産党が最初に設置した理工系大学である延安自然科学院の教育部長・副院長などを歴任した。戦後大連に移動し、1947年からは関東工業専門学校の校長を務め、その後は大連化学物理学研究所や大連理工大学の設置など、大連および中国の化学工学分野におけるキーパーソンとして活躍する。

　屈伯川が関東工専の第二代校長になった頃から国共内戦が激化し、関東工専に中国共産党支部が設置され、工学技術の教育に加えて政治思想教育も強化された。また、1948年になると、関東工専は東北民主連軍（中共が東北で編成した軍隊組織。のちに東北人民解放軍）の軍産部門に帰属するようになり、接収工場で火薬や弾薬の製造を開始した。大連で製造された武器や弾薬は国共内戦での戦闘で活用された。

　1949年には最初の卒業生68名が輩出された。3年の課程を終えた卒業生の就職・進学先は、中共が運営する軍事産業である建新公司に14名、大連化学物理研究所35名、関東事務所工業部が12名、大連造船所が1名などであった。

第3部　近代満洲経験の意味

　1949年10月に新中国が誕生したのち「大連大学」が創設され、関東工専および関東電専は「大連大学工学部」として所属することになった。ほどなくして、1950年8月に大連大学工学部は「大連工学院」として独立した教育機関となった。大連工学院は、1960年10月に全国直属重点大学に昇格して国立大学となり、1988年に大連理工大学に再編成された。

　このように関東工専は、旅順工科大学出身の中国人同窓生によって立案され、元南満工専の施設を活かしながら設立された学校であった。国共内戦期には武器製造で中共を支え、新中国誕生後は地方の教育機関から国立大学へと展開していったように、新中国において戦前の工学技術が継承されていく過程がよくわかる。

(3) 関東電気工学専門学校

　もう一つの工学系の専門学校が関東電専である。関東電専もまた中共の指導のもとで設置されたが、関東工専以上に明確な軍事目的で設立された専門学校であった。関東電専は東北民主連軍によって設立が準備され、特に国共内戦において重要な役割をになう無線工学や通信技術の専門家を養成することが目的とされた。1947年2月に無線技術の専門家養成機関として誕生し、初代校長にはモスクワ国立工科大学で無線工学を専攻した段子俊が就任した（大連時代は段玉明と表記）。

　関東電専は、沙河口区にあった日本時代の大連通信講習所の校舎と設備を再利用し、無線通信工学科や広報宣伝科が設置された。そして関東電専でもまた、教員の多くは日本人が占めており、山下敬治や永井種次郎など旅順工大の元教員や元学生の日本人17名が留用されて教員として任用された。教育期間は3年であった。主に軍隊の高度な無線通信工学および技術人材の育成を目的とし、1947年の第1期生は230名が入学し、1949年に卒業すると全員が国共内戦の最前線に赴き、無線通信事業の中核を担ったという。

　関東電専は関東工専と同様に、1949年に大連大学工学部に、1950年には大連工学院に変更された。関東電専は中共および東北民主連軍の指導のもとで教育が展開され、軍事学校として無線通信技術のエキスパートが養成された専門

学校であった。

　以上の２校の設立過程から、新中国への技術移転は日本人留用者によるものだけでなく、旅順工科大学に代表される工学の専門高等教育機関で学んだ中国人同窓生が果たした役割も極めて大きかったことがわかった。

3　旅順工科大学の人脈と交流

(1) 戦後中国の近代化

　脱植民地化をめざす 1950 年代の中国は、工業化を中心とした国家建設をはじめた。1953 年から 1957 年にかけて展開された第一次五カ年計画において、重工業分野での生産力、技術力の向上を目指すことになる。

　米ソ冷戦構造下において中国は西側諸国との国交が途絶えていたが、経済的な関係性の構築は急務であった。特に隣国の日本は高い技術力と経験を持ち、新中国にとってその重要性は高かった。終戦以来、日本とは正式な国交は断絶されたままであったが、中国の工業化達成のために日本は必要不可欠なパートナーであり、日本人技術者団の訪中は中国側の強い希望としてあった。このことから、民間の交流をもって政府間の接触を促す「以民促官」政策が進められた。

　1950 年代以降、日中双方に経済交流を促進する事務局が設けられ、民間貿易の素地が形成されていったが、しかし両者の関係は必ずしも対等ではなかった[14]。技術力と工業力に勝る日本は中国から原材料を輸入し、製品を製造して

---

14)　外国との経済交流を促進する事務局が設立されたのは、1952 年 5 月のことである。中華人民共和国国際貿易促進委員会が設立され、初代委員長には南漢宸が就任した。日本との貿易に特化した対日工作組織には、1952 年の民間貿易協定交渉の際に「対日工作弁公室」が形成され、1955 年 12 月には「対日工作委員会」が設けられた。主任には郭沫若、副主任には廖承志ら日本にゆかりのある人物が着任した。中国側の対日政策は、貿易の拡大、漁業問題の解決、文化・友好交流の強化、中国残留日本人問題と戦犯問題の解決などがあげられていた。1962 年には対日関係を専門とする組織として中日友好協会が設

第3部　近代満洲経験の意味

中国に輸出していた。この構造は戦前の帝国主義的関係と類似しており、このことは周恩来が以下の懸念を表明していることからもうかがえる。以下は、1953 年 9 月 28 日、日本平和擁護委員会会長大山郁夫との会談における周恩来の発言である[15]。

　　日中両国間の貿易関係、必ず平等互恵の基礎の上に樹立しなければなりません。一部の日本人は「中国が工業化したら、日中貿易は前途がなくなる」と考えていますが、これはまったく正しくないことを指摘しなければなりません。中国が工業化してのみ、過去のあの「工業日本、原料中国」といったような帝国主義と半植民地との経済関係を徹底的に改変して、真正な平等互恵、有無相通の貿易関係を樹立することができるのです。

　新中国にとっての工業化は脱植民地化の過程でもあった。そのためにも日本との技術者交流は必要であり、自国での技術者養成もまた不可欠であったのである。

　このように、専門技術を持った人材が必要とされる状況下にあって、工学の高い専門知識を持つ旅順工科大学出身の中国人は、極めて貴重な人材であった。さらに彼らは日本人同窓生との人脈も持っていた。多くの日本人同窓生が大手企業に就職していることもあり、この同窓会ネットワークは新中国の工業化において重要な「資源」であった。だが同時に、日本の学校で学んだ彼らはいつでも迫害の対象となる恐れがあり、実際に大躍進、文化大革命の時期には下放も経験するように、極めてアンビバレントな存在であった。

(2)　相田秀方と張有萱

　ここで旅順工科大学出身の日本人と中国人の戦後交流を紹介したい。日本人の相田秀方氏と、中国人の張有萱氏である。2 人はともに旅順工科大学出身であるが、10 才ほど歳が離れているため同時期に在籍していたわけではないが、

　　立された。この組織の名誉会長は郭沫若であり、会長は廖承志が就任した。
15)　霞山会編（1998）『日中関係基本資料集 1949 年 –1997 年』、50 頁。

第 7 章　戦後中国における工学知の継承と再編（佐藤量）

まだ国交のない 1950 年代に同窓会を通じて技術者交流を重ねていた。

　張有萱は、前節にて関東工専の設立に携わった人物として紹介しているが、日本人同窓生との関わりも深く、日中の技術者交流にも強い関心を示していた。相田秀方氏は、1943 年当時の大連商工会議所議員 22 名のなかに選出されており、戦前の大連日本人社会のなかでも有力人物であった。『第十四版　大衆人事録』には相田氏の略歴が記されている。それによると、1897 年長野県上田市に生まれ、1921 年に旅順工科大学の前身である旅順工科学堂機械工学学科を卒業する。1921 年 12 月に南満洲鉄道株式会社に入社し、1937 年に株式会社大連機械製作所に転職して販売主任となり、1942 年 11 月本社支配人、1943 年には常務取締役兼営業部長となる。1944 年に社長となって終戦をむかえた。

　旅順工科大学の同窓会誌『興亜』によると、相田氏は戦前から旅順工科大学の同窓会で「興亜技術同志会」の幹事長を務めており、同窓生の間では兄貴分的存在であった。1943 年当時、大連機械製作所は邦人 2,700 人、中国人 9,000 人の従業員を抱える大連有数の企業であり、おもに満鉄の鉄道車両を製造した。相田氏の人脈もあって、同社には旅順工科大学出身の日本人・中国人技術者が多数就職した。

　1947 年に引揚げた相田氏は、東京新橋で大連機械製作所の営業を再開する。同社は、終戦後しばらくは同窓生たちの引揚げ連絡場所として機能し、ほどなく同窓会事務所も兼ねることになった。旅順工科大学同窓生のつながりは、戦後引揚げてきた同窓生たちのつながりにも活用され、引揚げ後に就職した同窓生の企業間ネットワークに継承されていく。相田氏は 1976 年に亡くなるまで同窓生をつなぐキーマンであり、戦後も日本と中国を企業活動によってつなごうとしてきた。

　一方、張氏は、戦後中国の国家官僚になる人物であり、旅順工科大学の中国人同窓生のなかでもっとも影響力のあるひとりであった。1911 年に旅順に生まれた張氏は、日本が設立した中国人向けの旅順第二中学校を卒業し、1931 年旅順工科大学予科に進学した。予科から旅順工科大学機械科に進学した張氏は、1937 年に卒業したのち八路軍に参加し、129 師団の司令部参謀、冀南軍区政治部敵軍工作部部長を務めた。なお、八路軍では対日工作として八路軍兵士への日本語教育を行っていたが、張氏はその工作活動の中心人物として活動

201

第3部　近代満洲経験の意味

していた。張氏が属した129師団で政治委員を務めていたのは鄧小平であった。

　その後大連に戻り、大連市政府工商局局長、旅大行政公署工業庁長を歴任した。1950年には、中央政府の工業部門の責任者として、おもに重工業、船舶分野を管轄する役職を担い、1952年からは国家第六機械工業部常務副部長、国家科委副主任などを務めた。文化大革命の時代には下放を経験するが、改革開放以後はふたたびその技術力と人脈を活かして中国の工業化に貢献した。張氏は、2001年に亡くなるまで日本人同窓会が訪中する際の仲介役も務めていた。享年90歳であった。なお、張氏は八路軍在籍中「張茂林」という名前で活動していたため、故郷の旅順には張氏の功績を称えて「茂林街」という通りや「茂林橋」という橋が存在し、近年は「張有萱記念館」も設立されるなど、故郷の偉人として認知されている。

(3) 旅順工科大学の同窓会

　相田氏と張氏の技術者交流を支えたのが同窓会である。同窓会は、かつての思い出を懐かしんだり人間関係を深めたりすることが一般であるが、時としてその人的ネットワークは企業活動に影響を及ぼすような社会関係資本としても機能する。そのつながりは国内だけにとどまらず、旅順工科大学の同窓会も日本と中国をつなぐ技術者交流に活かされていた。

　相田氏は長く旅順工科大学同窓会の会長を務めていた。同窓会は終戦直後から活動し始め、同窓生の引揚げ連絡所や再就職のあっせん機関としても機能し、同窓会誌の刊行には積極的であった。まず彼らが着手したのは同窓会名簿の作成である。1947年には第1回同窓会名簿が作成され、関係者に配布された。おもな目的は同窓生の安否確認である。翌1948年には第1回旅順工科大学同窓会総会が新橋の相田氏事務所で開催された。同年には同窓会名簿が増補された。

　同窓会誌も長く発行されていた。戦前の旅順工科学堂時代から『同志会会報』が発行されているが、1955年からは同窓会誌名が『興亜』に変更されるも、1965年には『興亜』の名称について植民地主義的な名称をめぐって同窓会内部で論争が起こり、会員による投票が行われた結果『旅順』に変更された。

なお、相田氏は「興亜」の名称を支持する側であり、愛着を感じていた。投票の結果改称されたことで、相田氏は同窓会会長を辞任することとなった。以後、『旅順』は 1965 年から 2010 年まで発行され、第 136 号をもって終刊した。1920 年代から 2010 年にかけて、幾度の改称を重ねながら旅順工科大学の同窓会誌は刊行されて続けた[16]。

　旅順工科大学の卒業生の多くは、それぞれの専門分野を活かして、鉄鋼、自動車、メーカー、大学など日本の大手企業や研究機関に就職しているケースが多い。そのため、専門家集団としての人材の強みを活かすべく、相田氏はたびたび同窓会誌のなかで「旅順工科大学の人脈を中国の発展に役立てたい」と語っている。こうした発想は、戦前中国でビジネスを営んでいた経営者に共通するものであり、日中友好協会や日本国際貿易促進協会に参画する人々にも共有されるものであった。そのため相田氏は、日中友好協会や日本国際貿易促進協会のメンバーと連携をとり、相田氏自身の専門である機械工業系の企業とは密接な関係であった。とりわけつながりが深かったのは自動車業界であった。

(4) 日中間の往復書簡

　1956 年に刊行された同窓会誌『興亜』には相田氏と張氏の往復書簡が採録されている[17]。最初に手紙を送ったのは相田氏で、1956 年 1 月 15 日の日付である。相田氏は旅順工科大学の同窓会を日中交流に役立てたいと考えており、訪中して中国首脳と会談することを画策していた。以下は手紙の一部である。

　　兄へ。敗戦すでに 10 年たった今日、まだ中日両国の交流ができていないことは、中日両国のためにかつての戦争以上に大きな不幸だと思います。アジア民族の興隆を図るために沢山の問題がありますが、その根幹をなす

---

16)　2010 年 5 月には、旅順工科学堂から数えて「開学 100 周年」を記念した同窓会が開催され、東京・明治記念館で開かれた式典には国内外から 200 名を超える同窓生およびその関係者が参列し、筆者も参加した。

17)　相田氏と張氏の往復書簡の分析は、佐藤量『戦後日中関係と同窓会』（彩流社、2016 年）より引用。

第3部　近代満洲経験の意味

ものは中日両国の理解ある提携にあり、それを率直に語り合えるのはわれ
われ旅順同学の同志だと確信しています。私は貴兄の御尽力によってその
機会を得られることを心から熱望するものです[18]。

　相田氏は「同学の結合によって、中日両国関係の回復に役立たせねばならな
い」と考えており、「旅順同学の同志」の張氏の力をもって会談する「機会を
得る」ことを希望していた。その姿勢は、まさに自分たち旅順同学の日本人と
中国人こそが、両国関係の回復に役立つという使命感がにじみ出ており、旅順
工大同窓生の「固有性」が強調されていた。
　これに対して張氏は、慎重な姿勢を取りながらも共感し、1956年12月17
日に返信する。なお、張氏から相田氏への手紙は、関係者によって翻訳されて
『興亜』に採録されている。

　相田先生。あなたが今年の1月15日に出されたお手紙を、私は大変興味
深く拝見いたしました。私は両国人民の兄弟関係や旅順工大同窓の関係に
ついて、あなたと率直な意見の交換を行うような機会が持てればと、非常
に祈願いたしております。私は先生の一途な中日両国関係の正常化に対す
るご苦心に対し、非常に興味深く、同時に敬服いたしました。（中略）あ
なたがご存じのごとく、中国人民はかつて植民地としてうまい汁を吸われ
たことがあるので、被圧迫民族を完全に理解し、民族独立と和平共存を要
求する心情は切なるものがあります。中日両国旅順同窓の方々や、技術畑
の方々が進んで率直に会談するように提唱されたあなたのご意見に対して、
非常に理解もし、支持もするのであります[19]。

　張氏は、相田氏と同様に「旅順工大同窓」という固有性が重視されているこ
とがわかる。さらに、旅順工大同窓の会談に対しても「たいへん歓迎」してお
り、相田氏の訪中を受け入れる態度を表明している。
　だが同時に、「中国は植民地としてうまい汁を吸われた」という言葉や、「被

---

18)　旅順工科大学同窓会編（1956）『興亜』25号。
19)　旅順工科大学同窓会編（1957）『興亜』27号。

第7章　戦後中国における工学知の継承と再編（佐藤量）

圧迫民族」といった言葉が使われているように、中国の歴史認識が反映されている。国家官僚としての張氏の立場や検閲の厳しさを考えれば当然のことであるが、旅順工大同窓と国家官僚のバランスが考慮された文体となっている。1950年代の中国において、優秀な日本人技術者を訪中させることは国益に叶うことであり、張氏の人脈と経験が活きる役割でもあった。

　相田氏と張氏は以後数回にわたって手紙をやりとりして、1957年5月7日〜6月6日の日程での相田氏の訪中が決定した。なお、相田氏はさらに1958年3月18日〜1958年5月4日にも訪中しているため、1957年の訪中を第1回とし、1958年の訪中を第2回とする。

(5) 相田秀方の訪中

　相田氏による第1回・第2回の訪中内容については、1957年から1958年にかけての『興亜』で詳報されているため、本誌記事を参照する。加えて本章では、第2回訪中に同行した旅順工大同窓生松尾謙吉氏へのインタビューと、松尾氏から譲り受けた訪中日記も参照しながら分析する[20]。

　1957年の第1回の訪中は、相田氏単独での訪問だった。相田氏は出国前に行った日本国際貿易促進協会との会談のなかで、中国側の団体である中国国際貿易促進委員会と技術交流について折衝する依頼を受けていた。そのため第1回訪中の目的は、旧友張氏との再会と、今後の経済・技術交流に向けての中国側団体との会談の場を設けることであった。

　1957年5月7日〜6月6日の第1回の訪中は、中国国際貿易促進委員会の関係者によるコーディネートにより、香港、広州、漢口、北京、大連、鞍山、撫順、瀋陽をめぐる行程であった。それぞれの場所で工場や関連施設を見学し、関係者と懇談の場を持った。北京では張氏と再開し、その他の中国人同窓生と

---

20)　松尾謙吉氏へのインタビュー調査は、2009年10月に最初のインタビューを行ない、2014年までに3度実施した。松尾氏は第2回訪中の際に相田氏の秘書役を担い、訪中日記を記録していた。本章ではこれを『相田訪中団日記』（1958年）と呼ぶ。松尾氏には、日記をお借りして論文へ引用させてもらう許可を得た。また、当時の写真も多数保管されていたため、これらの掲載の許可も得ている。

第3部　近代満洲経験の意味

旧交を深めた。訪中の成果としては、今後も引き続き交流を深めていくことに対する合意が取れたことがあげられる。

　出国前に日本国際貿易促進協会から依頼された中国側団体との技術交流に向けた折衝も、取り付けることができ、近いうちに第2回訪中を実施する合意が得られたことは、最大の成果だったといえる。反省としては、視察先でも相田氏がすべての質問や疑問に答えられたわけではないため、次回の訪中では、機械工学以外の他の専門家も同行させる必要性が浮上した。

　日本に戻った相田氏は、さっそく第2回訪中を実現すべく、張氏との更なる連携と、中国国際貿易促進委員会との関係強化に向けて準備を開始する。第1回訪中の反省として、再訪の際には相田自身だけでなく、他の専門家も連れて行きたい旨をしたためて、中国国際貿易促進委員会に手紙を送ったところ、1957年12月31日付で、南漢宸と張氏から同時に返信が届いた。最初の手紙が南漢宸からの返信である。以下はその引用である[21]。

　　相田秀方先生
　　貴旅順工科大学同窓会視察団がわが国を訪問されることに関し、弊会において連絡を取った結果、わが国電気機関技術士学会がご歓迎申し上げることとなりました。これにつき、視察団員各位の使命、履歴、技術の専攻部門等とご来訪の期日を、正式に電気機関技術士会にご通報くださって、該会がご旅行の接待の準備をできるようにしてください。われらは貴会のご来訪を希望しております。これにより技術方面の相互の理解と友好協力を増進する一助となると信じ、特にこの手紙をお送りする次第です。

　次に張氏からの返信である[22]。

　　相田秀方先生
　　今までにお申し越しのお手紙の趣旨全部承知しました。（中略）貴方が技術者を引率して中国を訪問される件に関しては、中国国際貿易促進会に正

---

21)　旅順工科大学同窓会編（1958）『興亜』31号。
22)　旅順工科大学同窓会編（1958）『興亜』31号。

式に連絡し督促してありますから、遠からず承認されることと存じます。私は貴方が率いる技術者がまず中国を訪問されることを熱烈に希望しておりますし、また貴方方のご訪問が中日技術交流と協力に大きな貢献をするであろうことを確信しております。

　こうして相田氏は、複数の専門家を率いて中国を再訪することが可能になったが、その背景では、張氏による中国国際貿易促進会および中国共産党への根回しが功を奏したことが推察される。

(6) 日中技術交流の模索

　相田氏の第2回訪中は、1958年3月18日〜1958年5月3日の日程で実施された。先述のとおり、第1回訪中での反省を踏まえ、旅順工科大学同窓会のなかから選りすぐりの技術者を集めて精鋭部隊を形成し、相田訪中団を発足させた。松尾氏の『相田訪中団日記』および旅順工科大学同窓会誌『興亜』によれば、相田訪中団のメンバーはそれぞれ、機械（大連機械製作所）、電気、通信（いずれも富士通）、鋼管（日立製作所）、鍛造（住友金属）、自動車分野（後藤鍛工）の専門技術者であり、いずれも旅順工科大学の出身者で編成されていた。カッコ内の企業名は、メンバーの勤務する企業である。中国側の受け入れは、中国国際貿易促進委員会、電気機関技術士学会であり、仲介役は、中国科学技術委員会副主任に昇格していた張氏が担った。訪中団一行は4月30日に帰国したが、相田氏だけは5月1日のメーデーに北京で開かれる会談に周恩来、劉少奇らから招待を受けていたため5月3日に帰国した。

　1958年3月18日に羽田空港から香港、広州に渡り、北京、大連、旅順、鞍山、瀋陽、長春、ハルピン、上海にかけての約40日の視察行程であった。北京では、北京機器製造学校、石景山鋼鉄廠、官庁水庫（ロックフイルダム）、大連では、旧大連機械製作所の施設や人材を活用した大連軌車車両廠・大遮機床廠、長春では長春汽車廠、ハルピンでは火昌炉廠などを視察し、いずれも中国政府が5カ年計画のなかで重視する施設であった。相田氏が引率した訪中団には、各分野の専門家が同行しているため、それぞれの場所でメンバーが講

第3部　近代満洲経験の意味

演することもあった。

　第2回訪中の目的は、技術交流の実現に向けて、具体的な合意を取り付けることであった。そのため、連日各都市で開催された会談では、日本側と中国側の双方の利害がぶつかり、白熱した議論が展開されていた。とりわけ、4月21日に北京で開催された会談では、発電機、電気機関車、自動車の製造がテーマであり、日本の製造技術が中国の農村でも応用できるか否かという具体的な議論が展開し、技術交流を持つことが合意され、具体的な契約内容にまで話は及んだ。

　だが、その後の会談で、技術交流から貿易の話に展開したところで中国側が難色を示しはじめる。その背景には、岸政権の対中政策が大きく影響していた。本会談には、日本側の出席者は訪中団と通訳を含めた7名、中国側の出席者は中央政府幹部から譚偉第一核機械工業部対外連絡司長をはじめとする6名が出席した。以下はその会談の一部である[23]。

　　譚偉「私自身の考えはこういう交流合作をやれば、必ず貿易の関係がある。貿易協定の基準がなければやりにくい。皆の言う合作、貿易が入って居るから、今の岸政府は中日貿易を支持していない。先生の言う合作方式は今からやれば困難と思う。私自身の考えでは、実現しにくいと考えて居る。貴方達はどうゆう方法でやる積りか考えをお聞きしたい。」
　　相田「民間としてはやれると思う。もっと時間をかけて、あなたと話し合って行きたいと思う。」
　　譚偉「こういう話を続けてゆくと、必ず貿易と関係してくる。しかし今の岸政府は中日貿易を支持していない。相田先生のいうような合作方式は今からやれば困難である。実現しにくいだろう。」
　　相田「しかし政府はどうでも、民間としてはやれると思う。協定がなくてもやっていけぬかどうか、もっと時間をかけて話し合って行きたい。」
　　譚偉「なぜ時間をかけるのか？」
　　相田「日中は今後長く手を握って行かねばならないと思う。」

---

23)　松尾謙吉（1958）『相田訪中団日記』より抜粋。

第7章　戦後中国における工学知の継承と再編（佐藤量）

譚偉「相田先生は具体的な話し合いをしたいということか？」

相田「日本の自動車会社C社のことを例にとれば、この条件ならやれるとか、やらぬとか中国側の意見を聞きたい。」

譚偉「私個人の意見をいう。中国外交部長陳毅副総理は、日中両国は合作をやらねばならないといった。これは中国の意志を代表している。中国は貿易そのたの合作に対してたいへん注意している。しかし、両国が第4次民間貿易協定に署名するとき、岸は米国の圧力でこれを承認しなかった。たとえば今日の三輪車（引用者注・オート三輪車の意味）のこと、内容が貿易のことが入っており、打合せするにしても実現できない。将来協定ができればこの困難はなくなると思う。」

　1958年は日中関係にとって大きな転換であり、相田訪中団が中国に滞在していた時期は、日中関係が極めて悪化している時であった。それにもかからず、相田氏と中国側との会談が中止されることはなかった。相田氏たちの会談が予定通り実施されたのは、旅順工科大学同窓生という人的つながりによるところが大きかったと考えられ、中国側にとっても民間技術交流を進めていくことは望むところであっただろう。

おわりに──主体的な技術継承

　本章を通して、満洲由来の工学知が戦後中国に継承される過程を分析した結果、日本人と中国人の同窓生同士の人的ネットワークが重要な役割を担っていたことが明らかになった。本章で明らかになった人的ネットワークは、一つには中国人同士のものであり、一つには日本人と中国人の国境を越えたつながりであった。

　戦後中国で学校教育が再編される中で、新しい工学学校を立案したのは旅順工科大学の中国人卒業生たちであった。接収された学校では、多数の日本人技術者が教師として任用され、「留用者」として戦後中国の教育再建と工学知の

第3部　近代満洲経験の意味

継承に携わったことはよく知られている。しかし、あらたな学校で任用されたのは日本人だけではなく、旅順工科大学や南満工専の中国人卒業生も含まれており、中国人同窓生たちによる主体的で積極的な技術移転であったと言えるだろう。

　また、1950年代後半の相田氏と張氏による往復書簡と日中技術者交流は、旅順工科大学の同窓会ネットワークを介したことで実現したものであった。両国で異なる歴史認識を前提としながらも、経済発展と民間技術者交流を目指す双方の姿勢は、同窓生ならではの発想と行動であり、同時に親日反日といった単純な二元論では理解できない複雑な日中の戦後空間をよくあらわしている。

　本章で登場した旅順工科大学の学校同窓会は、単に過去を振り返って懐かしむためだけの集団ではなく、日本と中国にまたがる人的ネットワークを資源とする社会関係資本としての機能も合わせ持っていた。このことの重要性は、同窓会が戦後中国の社会形成において大きな役割を果たしたことというよりも、中国人同窓生が主体的に技術継承を担ったことに大きな意味があると考える。

【参考文献】

『興亜』興亜技術同志会編（1928～1943、1954～1966）。

『れいよう』興亜技術同志会編（1947～1954）。

『旅順』旅順工科大学同窓会編（1966～2010）。

『大陸』（1951-1965）第1巻1号—第16巻10号。

大連理工大学校史編纂委員会（2007）『関東工専建校60周年校史　回憶文集』大連理工大学校史叢書。

飯塚靖（2017）「戦後中国東北地区における日本人留用技術者の諸相——資料「中共事情」より探る」『経済史研究』第20号。

坂本善三郎（1939）「序」大連商工会議所編『東亜経済事情叢刊　第5編　関東州の工業事情』。

坂本善三郎（1944）「関東州工業界最近の動向」『大東亜経済』。

佐藤量（2016）『戦後日中関係と同窓会』彩流社。

佐藤量・菅野智博・湯川真樹江（2020）『戦後日本の満洲記憶』東方書店。

鄭成（2012）『国共内戦期の中共・ソ連関係 旅順・大連地区を中心に』御茶の水書房。

西澤正樹（2008）「大連市の基盤技術集積と地域産業政策」『アジア研究所紀要』34 号。

廣田鋼造（1990）『満鉄の終焉とその後 ある中央試験所員の報告』青玄社。

松村高夫・解学詩・江田憲治編著（2002）『満鉄労働史の研究』日本経済評論社。

松本俊郎（2000）『「満洲国」から新中国へ 鞍山鉄工所からみた中国東北の再編過程』名古屋大学出版会。

丸沢常哉（1979）『新中国建設と満鉄中央試験所』二月社。

柳沢遊（2008）「1930 年代大連の工業化」『三田学会雑誌』101-1：149-179。

───（2017）「戦時体制下の大連工業」柳沢遊・倉沢愛子編著『日本帝国の崩壊 人の移動と地域社会の変動』慶應義塾大学出版会。

劉功成（2013）『大連工人運動史稿 1880 ～ 2000』遼寧人民出版社。

第8章

帝国のはざまにおける少数民族地域の記憶の地層
——フルンボイルの近代再考

坂部晶子

はじめに

　現在の中国の内モンゴル自治区フルンボイル地域は、伝統的にモンゴル世界と中華世界の境界領域であり、また日露の帝国主義の境界線でもあった。ここではそれぞれの社会のなかで周縁的な小規模な諸民族が、帝国主義期・社会主義期をとおして現在までその生活圏を接触させたり重ね合わせたりしながら生を営んできている。こうした中国とロシアにまたがって生活してきた民族を、中国東北の近代史の枠組みでとらえることは困難である。オロチョン[1]やエヴェンキ[2]などの中国北方少数民族は、自己の文字もなく人口も少ないままマクロな社会変容のプロセスのなかに埋没し、直接的な研究対象となることは少ない。ここでは、この一世紀のあいだに狩猟採集社会からグローバル社会へと極端な社会変容を経験し、長期にわたって相互接触を行い中国東北地域の歴史を形成してきたこれらの少数民族の多元的な社会史を考えてみたい。

　少数民族の視点からみた中国東北地域の歴史にかかわる先行研究は、第一に、

---

1)　オロチョン族はツングース系の民族で、中国で公式に認定された民族の一つである。従来は森林のなかで移動しつつ狩猟採集を行う生活を送ってきたが、現在は定住化が進んでいる。人口はおよそ 8000 人ほどで、中国では主に内モンゴル自治区および黒龍江省に居住する。

2)　エヴェンキ族もツングース系の民族であり、中国で民族認定された民族の一つである。またロシア側にも居住者がいる。人口は中国国内では 3 万人余りで、主に内モンゴル自治区に居住している。

第 3 部　近代満洲経験の意味

中国国内で発展してきた独自の民族学・人類学である。中国の民族学、人類学
は、その研究の枠組みは国家の民族政策の枠内であるとはいえ、大規模な少数
民族から人口数千人の小規模な少数民族に至るまで、その伝統的生活形態や言
語、習俗、民族の起源などについて資料や調査を蓄積している。一方、1980
年代以降には世界的な学問潮流を意識したかたちで、多民族国家としての「民
族」理論の再検討も盛んに行われている[3]。代表的なのは費孝通の「中華民族
多元一体構造論」である。この議論は、個別の民族とは別に、中国を構成する
民族集合体として「中華民族」を想定し、それがさまざまな民族の長期間の相
互接触をとおして形成されてきたとする、民族の構築主義的枠組みに則った議
論となっている。またこの「中華民族」は、中国社会の民族統合の理論として
注目されてもいる［費 2008 = 1989；何 2009 等］。これらの民族理論や民族
誌は、まず第一に、社会主義中国成立以降の民族認定による枠組みと融和的な
諸民族間関係を前提としており、そこでは、新中国の成立前後における民族認
定に至るまでの経緯や、現在の中国独特の民族状況をもたらした半世紀あまり
の社会主義時代の経験そのものは対象化されにくい。さらに建国以前の段階で
は、各民族の言語や習慣、風習が中心的な対象であり、近代史におけるより長
期的な視点での民族間関係について考察されることは少ない。

　先行研究の二つ目は、本研究がフィールドとしている中国東北地域にかんす
る近現代史である。中国東北近現代史の主たる研究対象は、植民地「満洲国」
期の事象である。そこでは、中国内外の研究として、植民地化のプロセスを単
なる帝国主義侵略の過程としてのみ見るのではなく、一種の長期的な近代化の
視点から分析する研究も行われてきた［松本 2000；曲 2001］。ただこれらの
研究の焦点は、漢民族を中心とした中国東北社会全体の近代化プロセスであり、
多民族状況にたいする視点は希薄であった。一方近年、日本のモンゴル史研究
では、東北地域の近代化や社会主義化がモンゴル社会にもたらした政治的影響
が検討され始めている［楊 2009；ユ・ボルジギン 2009］。こうした研究の特
徴として、構造的な強者である為政者側の政策への批判が大きく、少数民族と

---

3)　西洋の学術領域において、1980 年代前後はベネディクト・アンダーソンのナショナリ
　ズム論等を嚆矢として、民族やナショナリズムの理論が大きく変換した時代である。中
　国での「民族」の議論もそうした潮流が前提にあると考えられる。

してのモンゴル族の近代化による社会変容や、多民族地域の諸民族間の内部の多様性まで言及されることは稀である。しかしながら、これらの研究では「制度化された多民族性」の背後にあるマジョリティと少数民族との構造的権力関係が対象化され、近代初期や社会主義時代の社会体制のなかで表面化されにくい現実（圧政や対立）がとらえられている点で注目に値する。さらに近年、東北史研究に関連して、清朝時代の資料に基盤をおく八旗制度の研究や満洲族やその他の少数民族研究でも、東アジア独自の民族統治の体制や交易活動、民族意識などについて研究が進められている［佐々木 1996；松浦 2006；柳沢 2008 等］。中国東北地域における満洲族や清朝期の軍事組織のメンバーである旗人について、その錯綜した関係性を概観した塚瀬進の研究では、「現在満族の民族籍を持つ人は同質的な人間集団ではなく、歴史的な経緯のなかで満族を選択したと形容できる」［塚瀬 2022：659］としている。ここでとりだされているのは、前近代としての清朝期からの少数民族王朝による東アジア特有の統治様式と、近代初期から植民地期における「満洲人」の意識についてであるが、そこで検討される「満族」のカテゴリーとは、現在主流の国民国家論の構成原理としての「国民としての民族」や、ある社会におけるマイノリティ集団としてのエスニシティという分析概念とは幾分異なっている。それは、自ら選びとるという側面のある、比較的可塑的な「民族」のあり方として提起されている。多民族国家としての中国は、民族識別工作によって中国社会を構成する「認定された民族」を決定してきた。中国の民族政策下での「認定された少数民族」は、それぞれの民族の規模や成り立ちについて同一レベルでは把握できない。また「民族」というカテゴリーの内実も、一律ではない。これらそれぞれの民族についての中国東北近現代史のなかで検討されつつあるのは、前近代から近代にかけての、東アジアの在来の社会のなかで生きられてきたいくつかの民族や集団の生活圏を再構成し、彼ら自身の視点からその歴史を再考する試みであるといえよう。本研究もこうした先行研究と方向性を同じくするが、ここでは、なかでも自らの文字をもたず記録を残すことのなかった、オロチョンやエヴェンキなどの小規模な民族の民族間関係を中心に扱っていく。

　三つ目の研究領域として考慮しておきたいのは、植民地期の研究をふりかえるポストコロニアル研究の蓄積である。日本における満洲や蒙古への関心は、

第3部　近代満洲経験の意味

その発端としては日清・日露戦争前後の地誌的調査にさかのぼることができるが、なかでも、大規模な調査機関であった満鉄調査部に関連して行われた「中国農村慣行調査」は、台湾旧慣調査、満洲旧慣調査の系列にあり、満鉄調査部北支経済調査所、東亜研究所、東京帝大、京都帝大のグループによる大規模な共同研究であった。しかしそれまでの旧慣調査が植民地統治の「立法や行政の参考資料を得る」ことに力点があったのと違い、研究の当事者からは「学術的調査」を目的とすると考えられていたという。調査項目には、土地所有権、水利、土地売買、小作、金融取引、家族制度、村落等が含まれていた（末廣2006：34-35）。満鉄調査部以外にも、「満洲」や蒙古といった地域へのフィールド調査は、人類学者を中心として戦時中に結成された「民族研究所」や、中国の張家口におかれた「西北研究所」（「蒙古善隣協会」に属する）等でも行われている。後にこの「西北研究所」の所長となる今西錦司（京都帝国大学講師）らのグループは、1942年に当時の「満洲国」領域内にある「大興安嶺」探検を試み、また1944年にも冬季のモンゴル調査を行っている［斎藤 2006］。このような戦前の満蒙におけるフィールド研究の系譜を再考する研究が2000年代以降かなり蓄積されてきている。代表的なものは、2006年に出版された『岩波講座「帝国」日本の学知』のシリーズである。ここでは、戦争によっていったん断たれたアジア研究の系譜が、人的なつながりや調査手法の連続性というかたちで、戦後の日本社会のアジア研究に流れ込んでいった側面があること、しかしながら、知的資源の継承性については断絶が見られることが示されている。植民地化の過程と人類学におけるエスノグラフィ発展の相互の連関が批判されてきたのと同様に、日本の植民地主義とフィールド調査の展開とのあいだにもそうした関係性があると考えられる。植民期における日本主体の個別の調査についても、それらの調査研究が用意される場合の研究者とフィールドとの関係について、その時代性と限界等が指摘されている［坂野 2005；中生2016］。本章では、戦前のロシアや日本による植民地期の調査研究における記載も資料として扱うが、こうしたポストコロニアル研究の視点と反省を受けたうえで、これらの記録を再読する必要がある。

　フルンボイル地域における近代は、19世紀末のロシアによる東清鉄道敷設から始まり、ソ連邦の成立、モンゴルの独立、「満洲国」というかたちでの日

第8章　帝国のはざまにおける少数民族地域の記憶の地層（坂部晶子）

本の植民地支配の時代、さらに社会主義国家中国による統治といった出来事で
彩られている。本章では、フルンボイル地域における近代化初期の時代が、当
該地域のそれぞれの民族集団の人びとにとってどのように経験され記憶されて
きているのかについて、現在跡づけられる資料とデータから考えてみたい。筆
者は、2009 年から 2016 年にかけて、内モンゴル自治区フルンボイル地域の複
数の地点、さらに黒龍江省でのいくつかの民族郷などにおいて、フィールド
ワークを行ってきた。毎年 2 〜 3 週間程度の短い滞在ではあるが、小さな猟
民村に散住しているオロチョンやエヴェンキの村は、可能な限り幅広く訪問さ
せてもらった[4]。またオロチョン自治旗の中心地である阿里河やエヴェンキ族
自治旗の中心地、巴彦図海（通称、南屯と呼ばれる）には、数年間通い続けた。
これらの調査では、植民地期から新中国建国初期、さらに社会主義的近代の建
設時期等々、それぞれの地域の社会変容について聞きとり調査を行ってきた。

　これらの地域で生活する小規模な民族の人びとからすると、この一世紀あま
りの巨大な歴史的展開のなかで、彼らの生活の様態がどのように変化したのか
ということの記録は、統治者側で記述されたものがほとんどである。それは彼
らがどのようなまなざしを向けられてきたかの記録でもあり、その記述のあり
方のなかから彼ら自身の意識や、他民族との関係性について抽出してみたい。
ここでは、ロシアと日本の帝国主義期の民族調査の記録、解放後の中国で行わ
れた民族識別のための調査資料、および上記のように 2010 年前後に数年間
行った現地のフィールドワークと聞きとり調査でのデータをもとに、フルンボ
イル地域における少数民族の人びとの関係性に主眼をおいた社会史を記述して
いく。フルンボイル地域に居住する民族も、また地域の状況も多様である。こ

---

4)　主な調査地は、オロチョンの集住地として黒龍江省内では、黒河市内、黒河市のオロチョ
　　ン集落である新生郷、それぞれ個別の集落である塔河県十八站、遜克県新鄂郷、遜克県
　　新興郷がある。さらに、内モンゴル自治区フルンボイル市では、鄂倫春自治旗の中心地
　　である阿里河、同自治旗内のいくつかの猟民村などがある。エヴェンキ族の集住地として、
　　内モンゴル自治区のフルンボイル市内の各地を巡った。鄂温克族自治旗の中心地である
　　南屯、自治旗内の輝蘇木、伊敏蘇木、錫尼河蘇木、陳巴爾虎旗の鄂温克族蘇木などがある。
　　また山間部では、根河市内と敖魯古郷猟民新居、さらに山中の馴鹿遊牧地点も訪れた。
　　さらに、ダウール族の拠点である莫力達瓦達斡爾族自治旗、さらに都市部としてさまざ
　　まな民族が集まる海拉爾（ハイラル）、およびモンゴル族を中心とした聞きとりに陳巴爾
　　虎旗、新巴爾虎左旗、新巴爾虎右旗にも足を運んだ。

217

第 3 部　近代満洲経験の意味

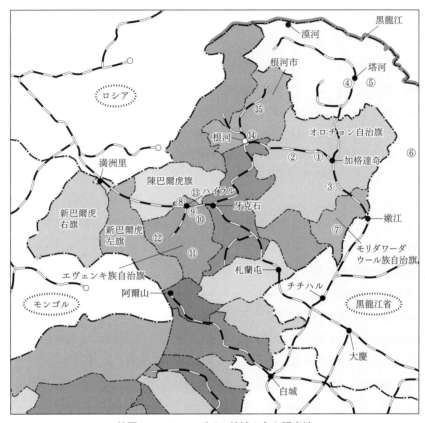

地図 8-1　フルンボイル地域の主な調査地
出典：フルンボイル市地図（内蒙古自治区地図制印院編制、2004、『内蒙古自治区地図冊』、中国地図出版社）より再構成。彩色部分は内蒙古自治区。
①鄂倫春自治旗阿里河、②鄂倫春自治旗托扎敏、③鄂倫春自治旗烏魯布鉄、④塔河県塔河、⑤塔河県十八站、⑥黒河市新生郷、⑦莫力達瓦達斡爾族自治旗、⑧海拉爾、⑨鄂温克族自治旗南屯、⑩鄂温克族自治旗錫尼河蘇木、⑪鄂温克族自治旗伊敏蘇木、⑫鄂温克族自治旗輝蘇木、⑬陳巴爾虎旗鄂温克族蘇木、⑭根河市、⑮根河市馴鹿遊牧地点

こで対象とした調査地については、地図 8-1「フルンボイル地域の主な調査地」を参照してほしい。

1 帝国主義期の調査報告——鉄道建設と民族調査

フルンボイル地域は、現在は、中国の最北端に近い内モンゴル自治区のなか
でも北東部にあり、黒龍江省と接し、ロシア、モンゴル国とも隣接する国境地
帯でもある。フルンボイル市全体で内モンゴル自治区の6分の1以上の面積
を占め、中核都市であるハイラルのほか、満洲里市や扎蘭屯市、牙克石市、根
河市、額爾古納市があり、さらに主に草原地帯の阿栄旗、新巴爾虎左旗、新巴
爾虎右旗、陳巴爾虎旗を擁している[5]。加えて、莫力達瓦達斡爾族（モリダ
ワー・ダウール族）自治旗、鄂倫春（オロチョン）自治旗、鄂温克族（エヴェ
ンキ族）自治旗という、中国北方の小規模な少数民族である、ダウール族、オ
ロチョン族、エヴェンキ族の民族自治旗も含まれる。フルンボイル地域の東側
は南北に大興安嶺の山脈が連なる森林地帯であるが、西側はモンゴル国へとつ
ながる草原地帯である。またフルンボイル地域西側の国境にある満洲里から東
へ抜ける鉄道が大慶、ハルビンへと接続しており、ヨーロッパと北京とをつな
ぐ鉄道の一部を成している。

このフルンボイル地域は国境地帯として、モンゴルや中国の境界でもあるが、
ロシアの帝国拡大の一端としての鉄道敷設の影響も大きい。19世紀末にシベ
リア鉄道の建設が決まり、日清戦争後の三国干渉によってロシアは遼東半島の
租借権を獲得した。その後20世紀初頭、1903年にはハルビン、大連を結ぶ東
清鉄道南満洲支線が完成している。フルンボイル地域の近代も、この鉄道敷設
によって幕を開けた。2000年代前後から、中国では近代以降の歴史や人びと
の記憶を書きとどめる記録や一般書が多数出版されるようになったが、フルン
ボイルにおけるそうした記録の一つである『呼倫貝爾往事・記憶海拉爾（フル
ンボイルの昔、ハイラルを記憶する）』のなかの一篇に、ハイラルの近代史に
ついて次のような表現がある。

　　長い年月の後、文史資料から得られた知識だが、中露蒙三か国の国境地帯

---

5)　本章の地名は、現在の中国における地名表記に準じている。

第3部　近代満洲経験の意味

にあるハイラルは、19世紀から20世紀中葉までの百年近い歴史のなかで、ひじょうに国際的な場所であったことがあるのだ。この地の少数民族は自らの土地を守ろうとし、「闖関東」[6]の山東人や北京城内の「旅蒙商」[7]、大商店を経営する山西人などが続々とやってくる。日本やロシア、ドイツのスパイが複雑に交錯し、「蒙古独立」、「中東路事件」[8]、「ノモンハン戦争」、「満洲国」などはすべて、この土地に刀で切りつけたような傷跡を幾つも残し、またたくさんの不運の続く居留民を残した[9]。［艾平 2013：241］

　これはハイラルの近代についての記録集の一節であるが、帝国主義の争いと民族運動の紛争、多くの移民の流入のなかで、この地域が揺れ動いていたとまとめられている。こうした歴史の状況のなかで、人びとがどのようにそうした変化や出来事を記憶しているのだろうか。フルンボイル地域の近代史についての語りは、必ずしもスムーズなものではなく、また一元的なものでもない。現在、このフルンボイルの近代は、どのように表象され、また人びとに語られているのかを考えるためにも、まず初めにこの地域での「民族」関係についての歴史的記録と研究を検討しておこう。

(1) ロシアの研究者による民族調査 (1910年代)

　帝政ロシア時代に、今でいうオロチョンやエヴェンキなどの北方ツングースについて、系統的に調査分析を行った第一人者は、セルゲイ・ミハイロヴィッチ・シロコゴロフである。シロコゴロフの『北方ツングースの社会構成』は、戦前1941年に東亜研究叢書（岩波書店）の一冊としてすでに邦訳が出されている。訳者の後書によれば、シロコゴロフは1889年にロシアで生まれ、1906年からフランスでパリ大学および人類学院に学んだ後帰国。セントペテルブ

---

6)　生活のつてを求めて人びとが東北へやってくる現象をさす。

7)　モンゴルの都市を拠点とした行商人をさす。

8)　中東鉄道をめぐる、1929年の中華民国とソ連とのあいだの軍事衝突のこと。

9)　筆者訳。以下日本語の翻訳がない中国語の書籍および会話データは、筆者による翻訳である。

ルク大学および帝室科学翰林院で研究を続ける。1915年ごろから帝室科学翰林院の人類学部員に選出され、前後数回にわたって、外バイカル、アムール川、ヤクーツク州、西北満洲において民族誌、考古学、言語学等調査を行った。1918年からウラジオストクの極東大学に籍を置いた後、革命後1922年には中国に亡命。1930年からは北京の輔仁大学、精華大学等で講座をもち、39年に北京で亡くなっている［シロコゴロフ 1933 = 1941［1982再刊］：713-714］。彼の『北方ツングースの社会構成』のなかで引かれている、1910年代ごろに採取された各民族間の関係についての伝承を、いくつか取り上げてみておく。

　現在内モンゴル自治区および黒龍江省などに分散して居住しているオロチョン族とエヴェンキ族は、帝国主義期の研究の中では、明確には区分されていない。1910年代のこのシロコゴロフの研究では、「北方ツングース」のいくつもの集団について、細かく区分けされた部族を取り上げている。そこでは満洲の北方ツングースとして、以下のような集団が紹介される。布特哈（現在の扎蘭屯市）から草原地帯にかけては「ソロン」の集団がおり、小興安嶺には「ビラルチェン」が、呼瑪爾地方には「クマルチェン」、嫩江から山中には「墨爾根（メルケン）ツングース」、興安嶺、根河から南には「興安ツングース」、ビストライヤ河地方には「馴鹿ツングース」がいるという（地図8-2「ツングース分布図」参照）。それぞれの民族の系譜がはっきりしているわけではないが、現在の中国国内でのオロチョン族、エヴェンキ族はその末裔であろうと思われる。またハイラル周辺の「ソロン」は現在エヴェンキの一部とされており、また「馴鹿ツングース」は、現在でも山中で一部馴鹿の遊牧を行っており、また根河市にある民族郷へと定住化をすすめられているエヴェンキの集団に当たるように思われる[10]。現在でも、オロチョンやエヴェンキの集団は、広いフルン

---

10)　現在の中国の民族区分において「エヴェンキ」と呼ばれる人びとは、三つのグループに分けられる。一つ目は、ソロン・エヴェンキ（索倫鄂温克）で、清とロシアとの対立の中で国境付近のフルンボイルに移住させられ、ソロン八旗に編入された人びとである。エヴェンキ族自治旗の中心民族である。二つ目は、ツングース・エヴェンキ（通古斯鄂温克）であり、陳巴爾虎旗に住む人びとで、革命のときにロシアから移住してきたグループだという。三つめは、ヤクート・エヴェンキ（雅庫特鄂温克）で、北の森林地帯で馴鹿遊牧を行う人びとである［佐々木 2015：84-85］。シベリアの民族の研究者である佐々木史郎は、中国のエヴェンキの調査も行っているが、この中国の三つの個別の集団が一

第 3 部　近代満洲経験の意味

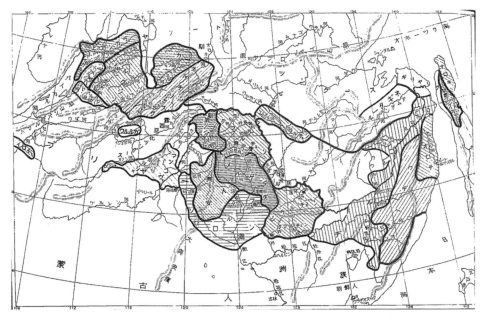

地図 8-2　ツングース分布図（「ツングース諸群圏の地理的分布」［シロコゴロフ 1982］より再掲）

ボイルのあちこちに小さな民族村を形成しているのだが、シロコゴロフの調査結果からはそうした状況のもとになるもともとの谷筋ごとの生活圏のまとまりが示されていると考えられる。

またこうした北方ツングースと（南方ツングースである）満洲族との関係について、以下のように記される。「満洲語の書籍、満洲族の流儀及び趣向は、北方ツングースにとって遵奉すべき規律となった。1915 年に於いて年齢 20 歳以上のクマルチェン及びビラルチェンは、殆どすべて満洲語を知ってゐて、多くはこれを読み書きした。しかし、それにもまして、19 世紀に支那人の観念

つの「エヴェンキ」にまとめられているのは、「「オウンキー」と聞こえる自称」を共有していたためであるとしている。またこれらの三つ集団は別の「民族」として扱うべきで、「もしまとめるのならば、中国で「オロチョン」（鄂倫春族）として行政的に別民族とされた人々もまとめてしまうのが、彼らの言語、文化、帰属意識の異同を基準とした場合に整合性のある分類である」［佐々木 2015：86-87］としている。

が強く満洲族の考へ方の中に注ぎ込まれた結果、満洲語は吉林、奉天、そして一部黒龍江に於いては消滅してしまったが、しかしツングースやダフールの間には保存された」[シロコゴロフ 1982：166]。さらにモンゴル人との関係については、以下のように指摘されている。「ブリヤートを含む蒙古人が北方ツングースに及ぼした影響は、特に両者が直接接触してゐる地方に於いては甚だ強いが、これは然らざるを得なかったのである。……ツングースの完全な蒙古人化は、こんな風にして行はれ来つたし、今なほ行はれつつある。吾吾は今や固有の民族的性質が完全に置き換へられてゐるやうな段階より、隣族からの直接的な借用、及び蒙古人化せるツングース群団の仲介的助力によって、言語上並びに民族誌上、蒙古人の要素が僅かに浸潤してゐるやうな程度に至るまでの蒙古人化のあらゆる段階を見出すのである」[シロコゴロフ 1982：166-167]。これらの記述から、エヴェンキやオロチョンに比べれば規模も大きく、また支配階層であったこともある満洲族やモンゴル人などの周辺の民族からの影響力が極めて大きいと判断されていたことがわかる。現在中国国内に居住するエヴェンキ族は、そのうちごく少数は馴鹿遊牧の生活であり、またほかの一部は農耕化した生活をする集団であり、残りの大半が草原での遊牧生活であるとされている。こうしたエヴェンキ族の生活形態の変容に影響力のあった民族間関係についての一つの観察であると考えられる。

　これらの生活圏を共にしてきた民族ではない、「支那人」[11]や、ロシア人との関係性については次のようにある。漢民族との関係はそれまでの満洲族やモンゴル族とは異なっていた。「今日支那人は以前専ら北方ツングースのみが居住してゐた僻陬の地方にまで這入り込んでゐる。支那人の前進運動は、いふまでもなく、諸河川の谷間に沿ひ、またむしろツングースが遺して行つた小径伝ひに進みつつある。そして彼等はその交易を続け、毛皮と引換へに自家の貨物を持ち込みつつある。探検家が先頭をきり、狩猟者、木材の伐採及び採金に従事する労働者、並びに凡ゆる種類の勤勉な人民と山師達とがこれに続き、それから農民が現はれる。例へば……彼等は満洲里駅で鉄路を離れ、小舟に乗じてアルグン河を遡るか、さもなければ、徒歩でこの河から一定距離、時とすると十

---

11)　ここでは原文そのままの表記とする。中国人、なかでも漢民族をさしている。

第 3 部　近代満洲経験の意味

哩以上も離れた小径沿ひに前進する。それからこの河の流域の採金地に赴くか、
或は続けて道を北方——そこで道は更に分岐し、一つは外バイカルの領域に至
り、他は黒龍江上流の鉱山地方へ通じてゐる——にとるか、その何れかであ
る」［シロコゴロフ 1982：173-174］。漢民族とはこれまで直接的な影響関係
になかったが、19 世紀後半には物量や人数ともに圧倒的な漢民族の辺境への
進出によって接触が始まっていく。漢民族は満洲のほとんど全土を開拓し、
「北方ツングースをして滔々として寄せ来る新移住民の前に全く孤立無援たら
しめた」［シロコゴロフ 1982：176］という。

　いっぽうでロシア人との関係や影響についての表現は微妙なところもある。
ロシア人との直接の接触は 17 世紀以降だが、「露西亜の移住民が毛皮貿易、
狩猟及び採金を目當てに僻陬の地へ這入り込んで行くに伴ひ、露西亜の強い影
響が及んだこと、そしてこの影響によつてツングースが少しづつ露西亜の政治
的並びに経済的組織の埒内へ引き込まれて行つたことは當然である」［シロコ
ゴロフ 1982：171］。ロシアは辺境開拓のためにこれらの民族の保護政策を
とったが、ただそうした政策の実施のありようは担当者によってもそれぞれで
あり、「ツングースは往々にしてこの政策に悩まされた」［シロコゴロフ
1982：171］という。これらの民族が置かれた状況について彼らの側の見解を
認めながらも、強力な文化や勢力との接触によって次第にツングース固有の文
化が消えていくことをある意味で当然であるとみているとも理解できる。

(2) 満鉄資料（1920 年代）

　こうしたロシアの民族調査にたいして、満洲国建国前後に日本側が行った調
査等の報告書としては、研究者の調査記と並んで満鉄の調査課による資料が存
在している。そのうちの一つに、満鉄哈爾濱事務所調査課『政治的方面より見
たる呼倫貝爾事情』（1927 年頃）がある。この資料は中華民国の時代、1927
年ごろのフルンボイルについて、民族的な構成なども含めて、比較的詳しく論
じている。まずこの資料の内容をみていこう。

　本書は、哈爾濱事務所調査課の資料（哈調資料）であり、「課員の濱岡福松
が資料と現地調査によって執筆」とある。この本自体の参考資料として「程延

恒氏編『呼倫貝爾志略』、徐世昌氏編『東三省政略』、矢野博士著『近代蒙古史研究』、満洲里特務機関編『呼倫貝爾事情』、一露人の記述『呼倫貝爾に於ける住民および道路』」が挙げられている。現地調査について具体的な方法や期間等は記載されていないので、どのような実地調査が行われたかはわからないが、調査地についての全体的な位置づけ等は、東洋史研究に立脚していると考えられる。たとえばフルンボイルの位置づけについては、冒頭に以下のように記される。「満洲里特務機関編纂の呼倫貝爾事情序文中にも『支那か支那に非ず、蒙古か然らず、露領にも属せず、独立の主権もなく、悠久幾千万山河依然として興安嶺外に横はれるもの之を呼倫貝爾と為す』と云へるが如く、呼倫貝爾は其所属頗る曖昧模稜たるの観あるも、之を歴史に徴すれば、其の行政上の区画は確然として黒龍江省に属し、決して内蒙古にあらず、亦外蒙古にも属せず、況んや露国とはアルグナ河を隔てて単に界を接すると云ふに過ぎない」［南満洲鉄道株式会社哈爾濱事務所調査課 1927：1］とはじまる。モンゴルによるフルンボイル独立の動きなどもあったが、古来よりのモンゴル人の居住地というよりは、ロシアと国境区分をした清朝政府によって蒙古八旗が派遣された駐防の地であるという位置づけをしている。

　当該地域の住民にかんするデータとして、遊牧民 30,972 人、定住民 40,114 人、狩猟民 1,145 人に区分し、総計で 72,032 人であるという[12]。遊牧民には、蒙古人 27,862 人とザバイカルのブリヤート及ツングース人 3,110 人が含まれる。定住民としては、支那人 17,187 人、露人 22,658 人、その他 269 人。狩猟民としては、オロチョン族 895 人、ヤクート族 250 人としている［南満洲鉄道株式会社哈爾濱事務所調査課 1927：28-30］。数としてもっとも多いのは遊牧するモンゴル人であるが、鉄道沿線にはロシア人が、また場所によっては中国人が多いところもあり、山中はオロチョン等の狩猟民であるという。満洲里、海拉爾、牙克石、興安等、鉄道沿線地帯 15 か所の住民の合計は、ロシア人 18,039 人、中国人 15,011 人、その他（日本人、蒙古人）269 人［南満洲鉄道株式会社哈爾濱事務所調査課 1927：35-36］であるという。「露人の主なるものは、鉄道従事員及東鉄敷設及日露戦争後の旧移民であるが、新来移民も加は

---

12)　ここでの統計は一桁台までの詳細な数が記されるが、本資料における各民族の人数がどのような調査や資料によっているのかについては不明である。

第 3 部　近代満洲経験の意味

つて居る。支那人の三分の二は商工業に従事し、残余の三分の一は警察関係の
者である。蒙古人は唯海拉爾地方に定住し、蒙古政庁の事務員職工小商人等で
ある」［南満洲鉄道株式会社哈爾濱事務所調査課 1927：36-37］としている。
鉄道建設や管理の関係者のロシア人が多く、漢民族は商売人や警察関係者が多
い。また鉄道より少し内陸の地域には、「内乱の勃発以来国境住民は使役人夫
に家畜を引具して国境を越へしめ……現在に於いては鉄道の北部には、約六十
の露人部落があって、戸数一千五十人口七千人を算する」［南満洲鉄道株式会
社哈爾濱事務所調査課 1927：38］というように、革命の余波によってロシア
人の移住民が急増しているとされている。

　またこの資料では、1912 年のフルンボイル独立の宣言にも言及している。
「宣統 3 年（1912 年）11 月 27 日黒龍江巡撫は北京政府に宛て電報を以て呼倫
貝爾の蒙旗は庫倫（ウランバートル）の勧誘に応じて遂に独立を宣言した旨を
報告した、之が呼倫貝爾独立の中央に知れた初めである」［南満洲鉄道株式会
社哈爾濱事務所調査課 1927：153］とし、「同月 29 日東三省総督よりも北京
政府に電報を以て呼倫貝爾の独立には露人が武器を供給し且つ軍隊をも派遣し
て援助して居るから之に対して如何なる手段を取るべきであるかと指示を請ふ
た」［南満洲鉄道株式会社哈爾濱事務所調査課 1927：153］という。フルンボ
イル独立宣言は、数年間の特別自治の末、民国の中央政府に服するという帰結
をまとめている。総じてみれば、国境地帯であり当時の大動脈である鉄道沿線
ということもあって、中露の住民が入植しており、また遊牧民や狩猟民などの
多数居住する地域でもあるが、基本的には清朝政府の管轄下という前提が維持
されている。

(3) 日本人の研究者による報告書（1930 ～ 40 年代）

　満洲国時代、とくに 1940 年代には、山中の狩猟民であるオロチョンやエ
ヴェンキにたいして、日本側の民族学者や探検隊などの調査も行われている。
その一つとして、京城帝国大学からの満蒙の民族調査が行われている。そこで
は、満洲国でのオロチョン工作を行った陸軍特務機関の吉岡義人の案内で、秋
葉隆が調査に訪れている。場所は、大興安嶺内で、博克図から北方へ行った畢

拉河上流のオロチョン族集落であるが、集落内にはオロチョン工作の事務所があり、おそらくは自然に形成された集落というより、大興安嶺のあちこちから集められたテントが建っていたようである［赤松・秋葉 1996〔初出は 1941〕：74］。この京城帝国大学の民族調査は、主として満洲地域の各民族の宗教に焦点が当たっており、それぞれの民族間関係については副次的な言辞とするべきであろうが、それなりの分量の記載もあるので、ここで少しみておく。本書で取りあげられる「オロチョン気質」については、見栄っ張りで猜疑心が強いなど、あまり好意的でない表現がなされているが、オロチョンの人びとの「日本人が何と云はうと俺は知らない」［赤松・秋葉 1996：94］というセリフのように、日本人にたいする「排日的言辞」も聞かれていたと記録される。それらの背景として、基本的にはまだ日本人にたいして信頼関係が結ばれていないといった事情が考えられる。日本人が統治者として入った満洲国の時代に、奥地に住むオロチョンたちにとっての支配者との関係は、「従来オロチョンに対して最も影響力のあつたのはダホール商人であつて、次にワランツォ事務所の露人、その次が漢商人及林区の苦力頭達であるのに対し、オロチョンの生活にとつて最も縁の遠いのが日本人である」［赤松・秋葉 1996：96］という現状分析がなされているのである。ただ、こうした状況ではあるものの、実際に軍部のオロチョン工作の統括者の斡旋による調査であるせいか、満洲国のオロチョン工作は一定の成果を上げていると判断しているように読みとれる［赤松・秋葉 1996：97］。

　日本による植民地統治時代には、人類学者たちによる調査の中では「オロチョン」民族と呼ばれていた。その下位区分として、主要な飼育動物の違いから「馬オロチョン」と「馴鹿オロチョン」に区分されていた。現在の中国の民族制度のもとでは、「馬オロチョン」が「オロチョン族」にあたり、「馴鹿オロチョン」が「エヴェンキ族」のうち根河より北部の山中で馴鹿遊牧をするグループにあたる。大興安嶺を縦断した今西錦司らの報告書では、当時の両者の生活形態は、山野での狩猟採集を主としており共通する部分が大きいが、馴鹿オロチョンのほうがロシアの影響を受けている比重が高かったと報告されている［今西 1991〔初版は 1952〕］。また今西らの研究では、中国領域内の最北端である漠河周辺の馴鹿オロチョンへの調査のなかで、彼らの消費と経済生活等

第3部　近代満洲経験の意味

についても言及されている。オロチョンは狩猟者として優秀であるということは、さまざまな文献や調査で言及されているが、彼らの生活手段としての狩猟の内容の変化やその位置づけにまで踏み込んで分析していることが注目される。「単にけものが足りないから主食を買うというのではなくて、むしろ、主食そのほかの購入を予定することによって、狩猟活動のほうを、その方向に調整させているのだとおもわれる。（中略）かれらの狩りは、単なる自給自足時代の延長ではなくて、かれらみずから意識しておこなうところの商品生産であり、新しく獲得した外来文化を、たとえ形式的にも維持しようとする努力のあらわれである」［今西 1991：413-414］。今西らの探検隊の主要なテーマは、地図上の空白地帯を埋めるという作業であり、また調査隊メンバーの多くは生物学や植物などを専門とし、生態学的な調査が中心であった。ここでの民族にかかわる調査は、戦死した学生の論考を戦後に今西が再編したものであるという。戦時期の一度限りの探検隊としての接触であり、ごく短時間の調査ではあるが、山中での狩猟採集生活を基盤としたオロチョンの人びとが、周囲のさまざまな環境変化のなかで、比較的長いスパンで商品経済に巻き込まれ、それに対応していく経済生活の解釈の視点は秀逸であり、巨大な近代化のベクトルのなかでの小規模な集団の生活手段の変化の一端が描き留められている。

　これらの日本人研究者たちの調査は、軍部のオロチョン工作と関連の上で実施されていることには注意が必要である。上述のように、秋葉らの調査自体がオロチョン工作を行っている吉岡義人の手引きにより実施されている。植民地における日本人の人類学的研究についてまとめた中生勝美の研究によると、秋葉の記述は、吉岡義人の報告書と同様の文面があるという［中生 2016：162］。軍部の調査データは、研究者の調査の導入および基礎資料となっており、中生は、「ここで重要なのは、日本軍の少数民族工作のための情報資料と、専門の人類学者の作成した民族誌とが、同じ資料を使っていることであり、また双方がお互いを引用しあいながら、自らの民族誌の精度を高めたところである」［中生 2016：162］と指摘している。これらの調査の背景に、満洲国の支配体制下におけるオロチョンの人びとへの宣撫工作やアヘン供与、ソ連に対するスパイとしての利用といった状況があったのである。

228

2 新中国成立以降のオロチョン族、エヴェンキ族の民族認定から現在

(1) 民族認定のための社会歴史調査（1950年代）

　新中国成立以降には、多民族国家として民族認定のための社会調査が行われている。このフルンボイル地域で行われた調査のうち、現在のエヴェンキ族の調査報告書から、ごく一部ではあるが、帝国主義期の民族の状況や他民族との関係について言及している部分を見ておきたい。

　阿栄旗はジャラントンとチチハルのあいだに位置し、比較的農業人口の多い地域である。阿栄旗のエヴェンキ族の調査（「阿栄旗査巴奇郷鄂温克族調査報告」）は、1956年11月から1957年1月にかけて、内蒙古自治区東北少数民族社会歴史調査チームのエヴェンキ族サブチームの3名によって2か月強の調査が行われた。メンバーは、郭布庫（エヴェンキ族）、呂光天、烏雲達賣（モンゴル族）とある。

　まず注目されるのは、エヴェンキ族と周囲の民族との歴史的関係性についての言及である。「エヴェンキ族の社会では、古くから奴隷がいた。清朝の時代、清朝にたいして功績のあった佐領、騎兵将校、素封家などは奴隷を所有していた。一代目の奴隷はみなエヴェンキ人ではなく、漢人である。これらの漢人は戦争のなかで俘虜とされたり、敗戦地域から連れてこられた孤児が奴隷とされた。またもう一つのルーツはエヴェンキ人が戦争で手柄を立てると、皇帝から奴隷を与えられ、また裕福な家が奴隷を買うという場合もあった。これらの奴隷は、甘粛一帯の漢人か他の民族であると言われている。いずれにしてもエヴェンキ人ではないのだが、後にはエヴェンキ人になったのである」［内蒙古自治区編輯組・『中国少数民族社会歴史調査資料叢刊』修訂編輯委員会 2009：18-19］。清朝の時期、エヴェンキ族の一部は八旗に編入されており、これらの組織は清朝の統治のための軍事体制であり、支配階層でもあった。フルンボイルの三小民族は周辺的な狩猟民族や遊牧民族として「原始的」なイメージをもたれることも多いが、清朝期の辺境管理の態勢のなかでは、中原の他民族を

第3部　近代満洲経験の意味

奴隷化する状況もあったことが指摘されている。

　また草原地帯である輝蘇木の調査（「鄂温克族自治旗輝蘇木調査報告」1958
年頃）では、フルンボイル独立事件について言及されている。以下に内容を抜
粋しながら訳出してみる。「1912 年初め、フルンボイル地区では道尹（道長官）
排除事件があった。この事件に自ら参加した宝傑老人によると、当時 100 名
あまりのエヴェンキ人が参加し、ハイラル占領の主力の一つであったという。
……フルンボイル地域のエヴェンキ人、ダウール人、バルガモンゴル人等は、
数百名の民衆武装部隊を秘密裏に組織し、勝福はロシア帝国領事館から銃と銃
弾を借り出してきた。……一発の銃弾も使用せずに、ハイラルを占領すると、
続いて満洲里に攻め入った。結果、政治的野心家であった勝福（元は道台衙門
の経堂）はロシア帝国の支持のもと「フルンボイル自治政府」を建設し、各民
族の人びとの新たな統治者となった。……このいわゆる「自治」政権は、純粋
に帝国主義の傀儡であり、当然ながら各民族に有利なものではない。……
1920 年に当時東北の奉系軍閥であった張作霖によって解消された」［内蒙古自
治区編輯組・『中国少数民族社会歴史調査資料叢刊』修訂編輯委員会 2009：
312］。ここでの記述は、独立宣言に至る武装蜂起を行った当該地域の諸民族
民衆の手際の良さを述べつつも、帝国主義の傀儡として利用されたのであり、
最終的には地方政権である張作霖に回収されたという位置づけとなっている。
この事件の概要については、統治者側からの解釈として、先にあげた満鉄資料
の位置づけとも呼応している。

　輝蘇木の人びとは、草原地帯に居住するエヴェンキ人であり、モンゴル人と
入り混じりながら、似たような遊牧生活を送っている。彼らの生業や生活形態
に関連して周辺民族との関係性についての記述をみておこう。当時の調査報告
の中では、以下のように記されている。「輝蘇木のエヴェンキ人は、この地に
移り住んで以来、モンゴル族と充分密接な関係を結んできた。……この二つの
民族の相互影響は、まず生産に関するところに現れる。旧中国の時代、40 戸
あまりのエヴェンキ人とモンゴル人はともに住み、モンゴル人に牧草を刈る技
術を学び、モンゴル人に牧草を売ったり、またモンゴル人に代わって放牧を
したりした。……文化関係はさらに密接であり、エヴェンキ人は自らの言葉はあ
るものの、文字がなく、生活上の必要から交流が密接であることから、ここの

エヴェンキ人はほとんどすべてモンゴル語を話すことができる。多くの子ども
たちも学齢前からモンゴル語を話せるのである。現在彼らは、モンゴル文字を
利用し、小学校ではモンゴル文字の教科書で学んでおり、モンゴル文字によっ
て非識字者をなくしている」[内蒙古自治区編輯組・『中国少数民族社会歴史調
査資料叢刊』修訂編輯委員会 2009：316]。ここで記述されているのは新中国
成立直後の状況であるが、輝蘇木のエヴェンキ人たちのモンゴル人との同様の
関係性は、その 70 年後の 21 世紀初頭にも確認できる[13]。シロコゴロフの記録
にもあるように、草原の遊牧生活を行うエヴェンキ人にとって、モンゴル人と
の関係性はひじょうに近しいものであることが分かる。エヴェンキ人は民族識
別に当たって、馴鹿飼育の集団や、遊牧民、農耕民など、生活形態が大きく分
かれたグループが集められているが、それぞれ個別のグループについてはその
実際の生活状況を映しとめる調査データであると考えられる。

(2) 社会主義国家の民族政策と現状

　中国共産党による新中国成立以降の民族政策は、国民党時代の極端な同化主
義政策にたいする批判にもとづいており、先行する社会主義政権であったソ連
の民族理論に影響されつつ成立してきた。上述の社会調査報告は、建国当初に
多民族国家を標榜し、その準備作業としての「民族識別工作」のために行われ
たものである。当初より多民族国家が標榜され、諸民族の基本的状況や人数を
把握するために、1950 年代初めより、各地に中央からの訪問団が送られ、民
族の名称や言語、歴史、人数などを調査する「民族識別工作」が行われた。こ
の民族識別によって、「制度的に保障された民族」が確定することになる［劉
2006]。
　現在の中国社会において、数億人もの人口を擁するマジョリティとしての漢
民族はおくとしても、それ以外の民族については、人口という指標だけに限っ
てみても、数千人規模のものから千数百万人規模のものまでさまざまな民族が
あるにもかかわらず、外面的には「少数民族」として一律に確定され、アイデ

---

13)　生業も似通っており、同じ地域で隣り合って生活している。エヴェンキ族自治旗は内
　　モンゴル自治区に所属するため、若者はモンゴル語も漢語もできる人も多い。

第3部　近代満洲経験の意味

ンティファイされている。

　ただし「認定された民族」の制度的な構築性やその基準の恣意性を指摘する
だけなら、これまでにも言及されていることである。筆者はオロチョン自治旗
の民族イベント分析をとおして、民族識別による諸「民族」の枠組みは、新中
国成立以降の60年間のなかで、あるいは民族認定以降の歳月において、当該
のそれぞれの民族の生活を規定している点、中国の少数民族の生活世界は、民
族認定を前提として生きられてきている点について明らかにしてきた［坂部
2015］。また前段までにも見てきたように、現在の中国のエヴェンキ族内部の
多様さやオロチョン族との近似などもすでに指摘されている[14]。

　民族自治地域とそれ以外に居住する少数民族では、民族支援の体制が異なり、
生活条件についても差異が感じられる。一概に自治地域のほうが生活レベルが
高いというわけではないが、一定の政策的支援が得られることが多い。たとえ
ばオロチョン族の主要な自治地域は現在、内モンゴル自治区フルンボイル市の
オロチョン自治旗にある。建国以降に定住化していったオロチョン族の集住村
は、オロチョン自治旗内に複数と、黒龍江省にも数ヶ所ある。かつてオロチョ
ンの主要な生業であった狩猟は、現在では厳しく管理されており、農業への転
換が図られている。しかし農業化が上手く進展することは稀であり、政府の補
助金やその他の産業などで生計を立てている場合が多い。オロチョン族の研究
者である何群は、ささやかではあるものの補助金に依存しがちな自治旗内部の
体制について記している［何 2006］。全般的な傾向を指摘することは難しいが、
いくつかのオロチョン族の集住村を回ってみると、民族自治地域ではないこと
から、集落ごとの農業生産に新たな試みを取り入れたり（黒龍江省塔河県十八
站におけるキノコ生産など）や、民族文化の観光化への取り組み（黒龍江省黒
河市新生郷など）を行ったりするなど、民族自治地域以外のほうが生活状況が
多様化していると考えられる。

　またもう一点、生活上の大きな格差は、市街地域へのアクセスの程度にも関
わっている。エヴェンキ族自治旗内のエヴェンキ族は羊や牛の放牧を主要な生
計としている人びとが現在でも比較的多い。定住村や学校などの施設は政府の

---

　14)　たとえば、注10に引用した佐々木の指摘など。

第8章　帝国のはざまにおける少数民族地域の記憶の地層（坂部晶子）

支援で作られているが、実際の生活は、市街地から遠く離れて放牧をする中で行われている。親族の一部が下級官吏や教員、商業などで市街地に居住できる場合はそちらとの行き来が可能となるが、資源がない人びとは、現在でも電気がないような移動住居での生活をおくっている。とくに改革開放以降は、生活自体は市場から切り離されているにもかかわらず、産業そのものが市場化されていき、困窮する家庭が多くなっている。

(3) 民族的伝統の復活、継承、消滅への危惧、伝統の再形成

　フルンボイル地域には、オロチョン、エヴェンキ、ダウールという北方に主たる生活領域がある三小民族、および満洲族やモンゴル族などの北方の中心的な少数民族、また中国社会では公定民族ではないが、モンゴル族の一部をなすブリヤート、またロシアからの移住者の子孫であるロシア族など、多様な民族が生活している（さらに近年では、漢民族や朝鮮族などの農耕を主たる生業としてきた民族も激増している）。これらの地域において、従来の社会主義的近代の時期には、民族的な祭事やイベント、信仰は一定の規制がかけられていた。民族的な祭事が復活してくるのは改革開放期が進展した 1990 年代くらいからであり、チベット仏教やシャーマニズムなどへの信仰は、文化大革命などの時期には大きなダメージを受けているが、草原上に点在するいくつかの寺院等は改革開放以降に修復され、信者を集めるようになりつつある。

　総じていえば、これまで鎮静化されてきた民族文化が、少しずつ復興し始めている。それは、オロチョン自治旗の篝火節やエヴェンキ族自治旗の民族祭などのように、政府主導の民族文化の祭典の復興のかたちをとるものと、モンゴル族やダウール族などのオボ崇拝の祭典や仏教寺院の再建などのように、民間主導で進展するものとがある。オロチョン自治旗建旗 60 周年記念大会は、オロチョンたち自身の地方政府として中国全体で最初にできた人民政府成立 60周年を記念して、2011 年 9 月に開催された。10 年前にも建旗 50 周年の大会が開かれており、地方政府としては 10 年に一度の大規模な記念イベントの開催となる。政府主催のイベントではあるものの、この企画には彼ら自身の民族の祭典という位置づけもある。このとき行われた主要な行事の一つである「か

第 3 部　近代満洲経験の意味

がり火祭（篝火節）」は、オロチョンの「伝統的」祭とされているもので、1990年代に復活して毎年続けられている。祭の形式は、現代的、また中国社会のイベントごとに共通するかたちにまとめられているが、当事者たちにとっては、「民族の式典」として意識されている［坂部 2015］。

　ただし、民族文化の復興とはいっても、数十年間のブランクがある事象も多く、昔のままに執り行われ、継承されているというよりは、現代的な新しい意匠をまとっている。民族文化の象徴的意味をもつものとして、政府系の指導と民間とのあいだに協力関係がみられるものもあることが確認できる。またオロチョン自治旗自体は、交通の便が悪く、これらの「民族の式典」はほとんど商業化されていないが、同じフルンボイル市でも、中心地に近いハイラルやエヴェンキ族自治旗では、民間で形成された音楽団体などいくつかの民族的な活動が活発となり、ごく一部では商業化もめざされている。

3　過去の語り

(1)　フルンボイル地域に対する過去の歴史記述、記念化

　地域社会の中で、過去の歴史がどのように記念化されているのかを見ていくために、ここでは地域の博物館、歴史資料館等を地域の集合的記憶のひとつの表象として考えておきたい。この点からすると、フルンボイル地域にある主要な博物館は、オロチョン、エヴェンキ、ダウールのそれぞれの自治旗に民族博物館がある。それぞれ鄂倫春族自治旗阿里河に鄂倫春自治旗博物館、莫力達瓦達斡爾族自治旗に達斡爾民族博物館、鄂温克族自治旗に鄂温克博物館である（地図8-1「フルンボイル地域の主な調査地」参照）。さらにハイラルの中心部には旧政府庁舎を再利用した呼倫貝爾民族博物館があり、北方民族の民族誌的展示が行われており、博物館展示からも民族地域であるということが読みとれる。さらにもう少し小規模なレベルでは、根河市に新しく作られた馴鹿エヴェンキたちの新しい定住村の中には敖魯古郷馴鹿文化博物館があり、（フルンボ

第 8 章　帝国のはざまにおける少数民族地域の記憶の地層（坂部晶子）

イルの隣接地域だが）黒龍江省黒河市新生郷（オロチョン自治郷）では嶺上人博物館等の小規模な展示館が作られている。これらの多くは、各民族の民具や衣装などの展示と森林や草原で生活してきた情景のジオラマがメイン展示となっている。その他、ハイラル市内の公園が「チンギスハン公園」と名づけられているものなどもあるが、積極的な展示施設等は今のところ存在していない。

　これら民族博物館以外の博物館としては、ハイラル郊外に「侵華日軍海拉爾要塞遺址博物館」がある。フルンボイルの中心地であるハイラルは、シベリア鉄道へと接続する旧東清鉄道、ハルビン―満洲里間にある交通の要衝であり、このハイラルの要塞は「満洲国」期には対ソ戦に備えて 1934 年から 37 年にかけて建設された要塞群のひとつである。ソ満国境にあった 14 か所の国境要塞の一つであり、「ハイラル要塞は日本の関東軍がもっと早く建設に入った 4地区の一つで、最も早く完成した。関東軍それぞれの要塞に投入した経費のもっとも大きいところであり、国境から若干離れた唯一の都市要塞である」［徐・李 2006：516］という。また「関東軍の国境守備隊の兵力として最大、武器装備も最強の要塞。兵力は最大時で 7000 余名、その他の要塞は最大時でも 5000 名余り」［徐・李 2006：516］とされている。この要塞遺跡は 1990 年代に、黒龍江省社会科学院および日本の研究者たちが共同で行った「満洲国」期の要塞遺跡調査の一環として発掘され、2002 年の調査時点では「侵華日軍呼倫貝爾戦争罪行展示」（1999 年建設、貝爾集団）として、より小規模の展示館が設置されたところであった。現在は「世界反ファシスト戦争ハイラル記念公園」と名づけられた公園内に、戦闘機などの模型が置かれ、射撃場も有するハイラルの主要な観光拠点のひとつである（愛国主義教育基地でもある）。

　こうした点からみれば、ハイラルの要塞記念館は中国東北地域の近現代史の主要な表現である「満洲国」期の施設の一環とみられる。研究史的にも日本軍の毒ガス、細菌戦の実験場となったエヴェンキ族自治旗輝蘇木にかんする展示も行われている。「ハイラルから 150 キロのソロン旗（現在のエヴェンキ族自治旗）はハイラルから近く、エヴェンキ族、モンゴル族、ブリヤートモンゴル族など多民族によって成り立っており、被害は大きく、ハイラル支隊の細菌戦実験場となった」［趙 2005：16］とされ、南輝蘇木の被害がいちばん大きく、南北輝蘇木で 320 人の死者が出た。これらの歴史調査は東北地域の歴史研究

235

第3部　近代満洲経験の意味

とも連動しており、1990年代に日本人の調査も行われたという。

(2) 個別の記憶の語り

　中国の博物館は基本的には公的施設であり、当該地域における過去についての代表的な解釈装置であるといえよう。そうした点からみるとフルンボイル地域の過去の記念化については、民族誌的展示を主とする博物館と中国東北地域との関連が強い「満洲国」期の歴史博物館に分かれていることが分かる。とくに近現代史にかかわる部分では、「満洲国」時代の要塞化された都市としての位置づけが中心であるが、そこではそれぞれの民族に強調点は置かれていない。いくつかの少数民族の自治地域として、個別の民族ごとに民族博物館が設置されているが、そこでは各民族の生態的な生活形態や伝統、民族風習の展示が主となっており、それぞれの民族間での関係性や活動について、直接的にとりあつかわれることはほとんどない。その意味で、ロシアによる鉄道建設や日本の「満洲国」での植民地支配は、民族地域への影響というより、国境地帯の歴史に包括されている。

　2010年前後から数年間、当該地で植民地期に関連した聞きとり調査を行った。結果としては、日本の歌を歌える老人がいたとか、自分の祖父は日本人を殺したのだといった断片的な証言はいくつかあったが、戦後65年を経ており系統だった語りの系譜をたどることは困難であった。時間的に、植民地期の記憶している当事者世代ではなくなっているということもあるが、これら地域での過去、とくに植民地期の出来事が被害の体験にせよ、それ以外のものにせよ、あまり積極的に表出されるものではないという印象を受ける。たとえば、先述したように日本の研究者の調査のうち、今西錦司らの調査では、馬オロチョンたちの集団の醸しだす空気が馴鹿オロチョン（エヴェンキ族）に比して陰鬱であることが記されている。その理由を、馬オロチョンたちが政府から特殊任務をあたえられ、その代償として最低限の生活は保障されるという状況によって、彼ら本来の狩猟生活からくる秩序や精神が破壊されているのではないかという点に求めている（今西1991）。植民地支配の構造が、その社会のマイノリティの社会生活だけでなく、意識や行動にも作用しているのだと考えられる。また、

第8章　帝国のはざまにおける少数民族地域の記憶の地層（坂部晶子）

満鉄資料の記録や中国建国当初の民族認定時の記録のなかの証言にもあるように、帝国主義勢力に利用された民族独立運動の経緯は、新中国建国以降に、植民地期の周辺民族の活動に積極的な意味あいを与えにくい要素ともなっている。「満洲国」当時の状況については、日本の支配下にあって、日本のロジックでの統治様式が押し付けられている。中国東北地域の中心部分では、1950年代に多く作られた植民地期のなかでの犠牲者を祭る霊園や墓といった記念施設が、解放以後の社会において、新しい中国社会への統合を促す装置として機能していることを指摘できる［坂部 2008］。それに対して、少数民族が多数居住するこのフルンボイル地域においては、そうした作業がさほど重視されておらず、過去の経験を植民地期の主体的活動として解釈しなおす契機は希薄なのである。さらにいえば、複雑に入り組んだ過去の支配—被支配関係に言及することは、現代社会の周縁で暮らす人びとにとってマイナスのサンクションを与える可能性すらあるだろう。

　フルンボイル地域にも近現代の聞きとり資料集の類は存在し、そのなかにはオロチョンたちの日本の統治者への抵抗について、断片的な記載はある。たとえば以下のような記述である。

　　8月15日、オロチョン族山林隊員は日本人将兵を熱心に昼食に誘った。日本人はとくに怪しむことなく、銃は近くに置き番犬は樹に繋いでいた。孟清太はあらかじめ樹のかげにかくれて、背後から発砲し鈴木喜一指導官を射殺した。その後、12名の山林隊員は同時に発砲し、一気に日本人たちを殲滅した。［関 2003］

　こうした記載が希少な存在であるという点で、植民地期の語りがあまり整序されないままである可能性がうかがえる。さらに少数民族としての過去の経験と植民地支配との連関が、解放後の社会のなかで問題化しているということもある。たとえばこの地域での聞きとり調査で、比較的長時間の語りの記録としては、エヴェンキ族幹部の一人からの以下のような聞きとりがある。

　　出身はソロン・エヴェンキ（八旗の末裔）。故郷はモリダワー。祖父の世

第3部　近代満洲経験の意味

代は狩猟をしていた。祖父が手に入れた銀の元宝（中国の貨幣）を元手に、父を学校へ行かせていた。太平洋戦争が始まる前、父親は日本へ送られ、専門学校に通った。太平洋戦争勃発以降、帰れなくなるのを心配して、10代の子どもだから帰れなくなるのを心配して帰国させたんだ。父はモリダワーに帰るとずっと教学に従事した。ずっと学校、小学校で、最後は校長をしていた。……そこから異動にしたがって、あちこち。その後、四十何年か、この旗ができるまで、この地方は呼納盟と呼ばれていた……。内モンゴルの盟の一つだ。そこで仕事をしてさらに、また牙克石林管局に異動になり、公安関係の仕事をした。そこからまた任命されて、57年にエヴェンキ旗に行った。58年8月1日にエヴェンキ旗が成立した。そのとき、・・任命されたのは書記兼第一代旗長だった。でも結局58年に旗成立のときには、別の人間が旗長になった。エヴェンキ族だ。

……

66年は、ここは、中国は、知っているだろう、中国の最も暗黒のときがきた。文化大革命。父親は68年に殺された。文化大革命に殺された。日本留学のためだ。ようするに日本のスパイ、あるときはソ連のスパイ、はは（笑）、68年に殺された。

……

当時わたしは小学6年生だったが……学校の先生たちも反革命ということで、わたしを処罰せざるを得なくなり、それでわたしは逃げた。（2013年のインタビューより）

　日本統治時代の留学経験と文化大革命下でのスパイ容疑とが結びつき、積極的な証言を阻止する要素となっている。当該地の少数民族の過去の語りは、複雑な地層のなかに織り込まれた記憶の中にあり、それらを丁寧に聞きとる作業が必要となると思われる。

おわりに——折り重ねられた歴史の地層と民族間関係

　当該地における民族の歴史を考えるときに重要なのは、前近代から近代に至る統治権力の諸相である。清朝期には統治者である満族の政権があり、モンゴル族やオロチョン、エヴェンキなどの少数民族もその体制に組み込まれていた。またオロチョンやエヴェンキなどはバイカル湖周辺から移動してきたとされているが、それはロシア帝国の東進政策が影響していると考えられる。さらにロシアの革命の成立や周辺のモンゴル国への介入等により、一部のモンゴル人やブリヤート人等も現在の居住地へ流入してきた。また鉄道敷設により人流が大きくなり、満洲国時代には国境警備も厳格になっていった。現在のフルンボイルの中心地であるハイラルは、鉄道沿線の要衝であり、満洲国期には対ソ戦用の巨大な要塞が築造された。

　新中国以降には、大興安嶺の豊富な森林資源に対して林業を主とする人びとの流入があり、また中国でも一、二を争う豊かな草原が残されていることから南方からのモンゴル人や農耕民族の流入も続いた。現在は地下資源の開発なども進められており、地域の人口は増加し続けている。多数の民族が雑居する周辺部において、新中国成立直後のハイラルでの主要言語はダウール語であったといい、その後内モンゴル自治区としてモンゴル語が主要言語となる。しかし現在では都市部においては漢語が中心となっており、これらの変遷が権力関係の実質的な移り変わりを映し出している。

　本章では、こうした統治権力の移り変わりとともに、現在のオロチョン族やエヴェンキ族などの人びとが、20世紀初頭から現在までの資料や研究のなかに記録されてきたのかについてみてきた。ロシアの研究者シロコゴロフの研究では、北方ツングースの人びとは、フルンボイル地方において、ロシアの東進と清朝政府、満州族やモンゴル人とのはざまにおかれていたことがわかる。さらに圧倒的多数の漢民族が押し寄せることによって、生活領域が限定されていくことにもなった。満洲国時代には、日本軍の統治機構に組み込まれ、いくらかの食料や嗜好品など、あるいはアヘンなどの供与とともに、一定の任務が与えられていたとされている。新中国成立以降は、現在のオロチョン族、エヴェ

第3部　近代満洲経験の意味

ンキ族という集団に整理され、その「認定された民族」としての位置づけが与えられたのである。

　ソ連崩壊以降のシベリア民族の研究者は、ソ連の民族政策によるシベリア少数民族への影響を以下のように述べている。

　　結論を簡単にいってしまえば、現在、先住民はナーナイ、ウリチ、ニヴヒといった行政的に規定されたいわば官製の民族を自己の民族的帰属意識の対象として実体化している。（略）つまり、ソ連は国民を民族という単位で整理、把握する政策を執ったが、それを行政的に規定し直して住民を再編成し、戸籍に登録したのである。そして、固有文化の保護と称して、この官製民族を単位とする文化を学校その他の教育の場で　人々の頭に刷り込んだ。さらに、コルホーズやソフホーズなどを結成して、人々を特定の村落に定着させるに際して、アムール川下流域では、この民族を単位に人々をまとめたのである。そして、それから三〇年以上たち、世代交代が進むとともに、官製民族は自らの帰属集団として人々の意識の中に定着した。[佐々木 2003：54-55]

　過去の経験は、複雑な民族間関係と歴史の地層のなかに織り込まれ、またその民族の枠組みは、中国においても新しい世代にとっては自らの帰属集団として意識されている。それぞれの民族集団自体が一律なものではないが、一定の枠組みとして作用している。

　フルンボイルの少数民族間の関係については、モンゴル族のあいだにエヴェンキ族の小集団が居住する場合があり、またモンゴル族同士といっても出身部族によっての差異が見られる場合もある。これら個別の民族間の関係は流入時期や土地取得等の関係などと絡まりあって、単なる協力関係だけでなく、葛藤や対立なども含む多元的な関係性があると考えられる。自分自身や家族の過去の歴史が、いくつもの帝国の支配関係やマジョリティとの関係性のなかで織り込まれている。より長期的な近代化プロセスが人びとの生活に与えた影響を見通すためには、幾重にも重なった記憶の地層を丁寧に解きほぐし、読み解いていく作業が必要であろう。

第 8 章　帝国のはざまにおける少数民族地域の記憶の地層（坂部晶子）

【参考文献】

赤松智城・秋葉隆（1996、初版は 1941）『満蒙の民族と宗教』大空社。

今西錦司編（1991、初版は 1952）『大興安嶺探検──1942 年探検隊報告』朝日新聞社。

川久保悌朗（1967）「書評　シロコゴロフ著、大間知篤三・戸田茂喜共訳『満洲族の社
　　会組織』」『民族学研究』32（2）、166-168 頁。

斎藤清明（2006）「今西錦司とフィールド科学」田中耕司編『「帝国」日本の学知第 7 巻
　　実学としての科学技術』岩波書店、303-343 頁。

坂野徹（2005）『帝国日本と人類学者 1884-1952 年』勁草書房。

坂部晶子（2008）『「満洲」経験の社会学──植民地の記憶のかたち』世界思想社。

坂部晶子（2011）「北方民族オロチョン社会における植民地秩序の崩壊と再編」蘭信三
　　編『帝国崩壊とひとの再移動──引揚げ、送還、そして残留（アジア遊学 145 号）』
　　勉誠出版、104-112 頁。

坂部晶子（2015）「中国北方民族オロチョンの民族イベントにおける「伝統」意識──
　　建旗 60 周年記念大会を事例に」『北東アジア研究』第 26 号、1-17 頁。

佐々木史郎（1996）『北方から来た交易民──絹と毛皮とサンタン人』日本放送出版協会。

佐々木史郎（2003）「ロシア極東地方の先住民のエスニシティと文化表象」瀬川昌久編『文
　　化のディスプレイ──東北アジア諸社会における博物館、観光、そして民族文化の
　　再編』風響社、49-68 頁。

佐々木史郎（2015）『フィールドワーク選書⑬シベリアで生命の暖かさを感じる』臨川
　　書店。

シロコゴロフ、川久保悌郎・田中克己訳（1941 = 1933）（日本語訳復刊 1982 年）『北方
　　ツングースの社会構成』岩波書店。

末廣昭（2006）「アジア調査の系譜──満鉄調査部からアジア経済研究所へ」末廣昭編『「帝
　　国」日本の学知第 6 巻　地域研究としてのアジア』岩波書店、21-66 頁。

高倉浩樹（2008）「序　ポスト社会主義人類学の射程と役割」高倉浩樹・佐々木史郎編『国
　　立民族学博物館調査報告 78　ポスト社会主義人類学の射程』国立民族学博物館、
　　1-28 頁。

塚瀬進（2022）「マンチュリアにおける満洲人、旗人、満族」蘭信三・松田利彦・李洪章・
　　原佑介・坂部晶子・八尾祥平編『帝国のはざまを生きる──交錯する国境、人の移
　　動、アイデンティティ』みずき書林、657-680 頁。

中生勝美（2016）『近代日本の人類学史──帝国と植民地の記憶』風響社。

費孝通編著、西澤治彦・塚田誠之・曽士才・菊池秀明・吉開将人共訳（2008 = 1989）『中
　　華民族の多元一体構造』風響社。

松浦茂（2006）『清朝のアムール政策と少数民族』京都大学学術出版会。

松本俊郎（2000）『「満洲国」から新中国へ──鞍山鉄鋼業からみた中国東北の再編過
　　1940 〜 1954』名古屋大学出版会。

南満洲鉄道株式会社哈爾濱事務所調査課（1927）『政治的方面より見たる呼倫貝爾事情』
　　南満洲鉄道株式会社。

第 3 部　近代満洲経験の意味

柳澤明（2008）「駐防城チチハルの風景——康熙五十年代を中心に」細谷良夫編『清朝
　　史研究の新たなる地平』山川出版社、52-73 頁。

ユ・ヒョヂョン、ボルジギン・ブレンサイン（2009）『境界に生きるモンゴル世界——
　　20 世紀における民族と国家』八月書館。

楊海英（2009）『墓標なき草原（上）（下）』、岩波書店。

劉正愛（2006）『民族生成の歴史人類学——満洲・旗人・満族』風響社。

艾平（2013）《老海拉尔的"日本大夫"》姚广主编《呼伦贝尔往事·记忆海拉尔》内蒙古
　　文化出版社，239-275 页。

孛·吉尔格勒，罗淳，谭昕编（2004）《鄂温克族：内蒙古鄂温克族旗乌兰宝力格嘎查调查》
　　云南大学出版社。

《鄂伦春族简史》编写组·《鄂伦春族简史》修订本编写组（2008）《鄂伦春族简史》民族
　　出版社。

《鄂伦春族自治旗概况》编写组·《鄂伦春族自治旗概况》修订本编写组（2009）《内蒙古·
　　鄂伦春自治旗概况》民族出版社。

鄂伦春自治旗史志编纂委员会（1991）《鄂伦春自治旗志》内蒙古人民出版社。

鄂伦春自治旗史志编纂委员会（2001）《鄂伦春自治旗志（1989-1999）》内蒙古人民出版社。

鄂伦春自治旗史志编纂委员会（2011）《鄂伦春自治旗志（2000-2009）》内蒙古文化出版社。

鄂温克族自治旗志编纂委员会（1997）《鄂温克族自治旗志》中国城市出版社。

鄂温克族自治旗史志编纂委员会（2008）《鄂温克族自治旗志（1991-2005 年）》内蒙古文
　　化出版社。

关小云（2003）《大兴安岭鄂伦春》哈尔滨出版社。

何群（2006）《环境与小民族生存：鄂伦春文化的变迁》社会科学出版社。

何群（2009）《民族社会学和人类学应用研究》中央民族大学出版社。

孟和（2010）《使用驯鹿的鄂温克人》内蒙古人民出版社。

内蒙古鄂伦春民族研究会（2008）《保护与传承：鄂伦春民族文化研讨会论文集》。

内蒙古自治区编辑组·《中国少数民族社会历史调查资料丛刊（一）（二）》修订编辑委员
　　会（2009）《鄂伦春族社会历史调查》民族出版社。

内蒙古自治区编辑组·《中国少数民族社会历史调查资料丛刊》修订编辑委员会（2009）《鄂
　　温克族社会历史调查》民族出版社。

祁惠君（2009）《传统与现代：鄂温克族牧民的生活》中央民族大学出版社。

曲晓范（2001）《近代东北城市的历史变迁》东北师范大学出版社。

徐占江·李茂杰主编（2006）《日本关东军要塞（上）》黑龙江人民出版社。

赵玉霞编（2005）《侵华日军在呼伦贝尔进行的细菌毒气战》黑龙江人民出版社。

終章　在地社会と植民者のその後

上田貴子

1　「満洲」における在地社会と植民者

(1)「満洲」とは

　ここでは、満洲について、本書でおこなわれた考察をもとに、在地と植民の問題を考えたい。序章にあげた図序-2 では、両者を同じサイズの円で表現した。これは植民地研究として満洲が取り上げられる際に、圧倒的に在地が後景に追いやられてしまうことへの批判から、分析概念としての在地と植民を対比的に考えるための配置である。

　その一方で、在地およびそこでの技術の普及の広がりにフォーカスをあてて、在地社会にとっての植民者を考えると、図終-1 のような図解が可能となる。本書で対象とした地域に存在した在地社会では、外来者との接触の経験は何度も繰り返され、複合的で多様な社会を形成していった。列強の入植以前に、この地域においては、漢人の流入があった。特に、清代乾隆期には華北の人口増加にともなって、清朝が抑制策を講じるほどであった。その量は一定ではないものの、列強の入植に先行し、また入植に重なるようにも流入した。これがこの図における幾重にも重なる灰色の矢印であり、墨色の矢印が列強の入植である。

　漢人は農耕・商工業という技術をもって入植するため、農村をめざして長工（長期雇）や短工（日雇）とよばれる農業労働者として仮住まいしながら働い

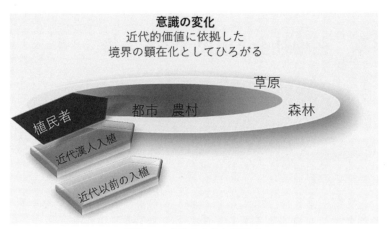

図終-1 在地の変化と植民者

た。また技能をもつものは、木幇（伐木者集団）のように特定の集団の中で活動する者もいれば、村々をまわる職人や、都市で手工業者として活動する者もいる。商業についても職人同様に行商人がいた。都市では、見習いとして店舗に入り、一人前をめざした。彼らの多くは、家庭は故郷につくり、引退後には故郷に帰るというライフサイクルだったが、土地など資産を得て定着するものもいた。

かれらのささやかな活動の蓄積は、列強の植民活動以前に在地社会を変えつつあった。農業についていえば、17世紀に新大陸由来の作物が普及したことで、寒冷地でも定住農業が可能になったことが、漢人の入植をそれ以前の時代より促進した。人口過密となった華北の農民は働く場を求めて、長城を越え、土地を借りて農業を行い農地を拡げた。土地を貸した非農耕民は小作料という現金収入を得て、商品経済に取り込まれ、商人を招き、商人のあつまるところはやがて都市化していった[1]。林業については、第6章で永井が指摘しているように、清末の木材需要の高まりのなかで、封禁地帯である鴨緑江の森林に揚子江流域の技術が入り、木材の搬出が始まっている。

漢人入植のこのプロセス（灰色矢印）に、19世紀末からのロシアや日本の

---

1) 石田（1964）第4章第5章では、漢人の東北における農業の展開を植民的展開として分析している。

入植活動が上乗せされている（墨色矢印）。漢人入植が華北農村部の人間による華北農村の生活空間の拡大を特徴としていたことに対して、こちらは西洋近代式に資本を投下し、機械産業化を主力とした入植であった。第2部の各章でみてきたように、近代産業文明の構築およびそこでの生産競争のなかで、植民者は資源を求め草原・森林地帯をも植民地活動の対象とした。

しかし、列強の入植は国家権力を行使しての入植であったことは留意しておく必要がある。軍事力と資本力を背景とし、在地社会の側に無理強いできる立場にあった。このために、国家間の競争に負けた段階で強制的に撤退させられた。この接触経験は、日本にとっては植民地経験として戦後にのこり、在地社会においては近代経験の一つとして現在にいたる。

（2）相互作用

植民者は先住民のいる地域に入植するにあたって、無理強いを重ね反発され続けるわけにはいかない。受け入れてもらうにあたり、そこにはなかったものを提供できることは効果的である。技術はそういう性格ももつ。全く新しい技術であった場合は、植民者が在地社会に対して圧倒的な優位を示すことも可能である。しかし本書でとりあげた技術のうち人口管理・医療・林業・牧畜をめぐる技術は治安管理、衛生、生業にかかわり、在地社会に経験の蓄積がある技術であった。このため、植民者は在地社会を圧倒できたわけではなく、在地から植民への作用も明確に確認できた。

人口管理は統治の技術として植民地権力が在地社会を統治する上で必須のものである。産業界でいえば、労働者への理解がなければ適切な動員はできない。中国人労働者を雇う現場の人々は、中国語を学び、労働者社会の特性を理解し、彼らのコミュニティーの階層のなかでリーダーシップをとる存在「苦力頭」「把頭」を仲介者として把握していた。現場における人の管理の技術は在地社会を理解しようとする努力の上になりたっていた。しかし、よい労働者を集めることに腐心する彼らの感覚と、労働者を効率的に管理しようとする国家の感覚のあいだには差が生じている。満洲国は労働者をその成員とは考えず、統制対象として、自分たちに都合のよい数を調節できる存在だと考えていた。だか

らこそ指紋と個人の紐づけによる個人情報を管理すれば人が管理できるはずであるという技術への執着が生まれた[2]。しかし、1940年代の労働者不足において満洲国が頼ったのは、結局は榊谷組のような把頭との関係性を維持した存在であった。

医療は生命にかかわり、植民者と在地社会の両方に必要とされる。在地社会も受益者とすることで導入する植民者の存在の受容を促すことが期待されるが、決して植民者が一方的に優位ではない。常に最先端の医療や組織的な医療が必要とされるわけではない。感染症防疫の水準においては、総合的な対策が必要であるが、人口密度の希薄な地域ではその網の目は粗くなる。また常在する疾病において大規模で最先端な医療対策は必要ない。衛生管理の基本的な知識が普及した段階で、これを理解して在地の状況にあわせた医療が行われ、場合によっては施術者の側が移動する医療が発生するのは当然といえる。

植民者が持ち込む技術は西洋近代由来でなくてもいいのである。林業において日本が持ち込んだ筏流しは、日本で行われていた技術であった。これが自然環境の違いから在地化していくこととなった。植民者と在地社会のハイブリッド技術の普及は近代の開発の波にのり、自然環境と社会環境に直接影響を与えることになった。

牧畜は林業とは逆に植民者である日本が欧米の技術を導入しながらも、その受容が未成熟ななか、従来から牧畜を生業とする草原地帯での導入を試みた技術といえる。その一方で、草原地帯を後背地にもつ満洲の都市においては、牧畜産業の成長は獣疫からの防衛という問題も生み出した。それまでの牧畜の規模であれば防疫という考え方は不要であったはずである。人間に対する感染症の防疫とのあいだに時間差をもってこの問題が顕在化している。

これらの相互作用をともなって技術の普及はなされていったが、その結果、意識の変化も生じている。経済効率、合理性、衛生観などさまざまな意識の変化があるが、ここでは、近代的価値に依拠した境界線の顕在化を挙げておきたい。そのひとつが、都市とそれ以外の間を区別する境界である。近代的都市化

---

2) 「労働統制と指紋管理」(『労務時報』61号、1934年、1頁)は満洲国に住む人間と外から来た出稼ぎ労働者を区別し管理するうえで指紋管理の必要性を強く主張している。また指紋を利用した移動する人間に対する管理については高野(2016)を参照のこと。

終章　在地社会と植民者のその後（上田貴子）

が否応なくなされた結果、城壁のあった都市には城壁の外側に新たな市街地が建設され、同時に植民者による新たな市街地建設も進んだ。このような新たな市街地にとって城壁は他の市街地との結びつきを阻む障壁でしかなく、結果として、新たな市街地に城壁は建設されなかった。そして、これらの都市は鉄道で結ばれ、移動の結節点となった。しかし、それは都市を栄えさせもしたが、都市を混乱させる物も運んできた。本書で扱った、ペストや獣疫などはその一例である。目で見える壁がない分、都市を「衛る」ために境界が制度によってつくられることになる。また満洲国という制度を作り、そこと華北との間に境界をひいた結果、主権と結びつける人間と、単なる労働力でしかない人間との間も線引きが試みられた。その一方で満洲国が傀儡でしかなく、朝鮮と同様に日本の植民地であるがゆえに、朝鮮との間の境界は形骸化した。このように考えると、植民者が在地社会から分け隔てようと試みつつも、分け隔てることのできない「空間」が存在していたともいえよう。

2　学知と現場

(1) 学知研究の到達点と残された課題

　ここでは、技術をとりあげた研究の到達点を参照しながら、本書でとりあげた技術をめぐる相互作用の経験を検討したい。

　植民者の持ち込む技術導入の経験は開発・学知をキーワードに研究者の関心を集めてきた。2006 年に『岩波講座 「帝国」日本の学知』によって、近代日本がその帝国の展開のなかで形成した学知をめぐる総合的な研究成果が世に問われた。その後も、野田公夫編『日本帝国圏の農林資源開発』（京都大学学術出版会、2013）、坂野徹編『帝国を調べる――植民地フィールドワークの科学史』（勁草書房、2016）、白木沢旭児編『北東アジアにおける帝国と地域社会』（北海道大学出版会、2017）、Moore, Aaron Stephen. *Constructing East Asia: Technology, Ideology, and Empire in Japan's Wartime Era, 1931-1945*, Stanford

University Press. 2013.（＝塚原東吾監訳『「大東亜」を建設する——帝国日本の技術とイデオロギー』人文書院、2019）をはじめとして、帝国「日本」が為したことそのものを客観的にとりあげようとする姿勢で研究が蓄積された。

　その一方で、蘭信三『「満洲移民」の歴史社会学』（行路社、1994）を嚆矢とし、満洲も含めた植民地経験が研究対象として取り上げられるようになった。2003年以降出版されてきた満蒙開拓を語りつぐ会編『下伊那のなかの満洲——聞きとり報告集』[3]（飯田市地域史研究事業準備室）のように聞き取り調査が歴史実践として行われ、オーラルヒストリーが残されるようになっていった。これらのオーラルヒストリーの分析は社会学を中心に行われてきたが、この動きに対して、残された回想録やオーラルヒストリーを歴史学でも使えないか、という試みから共同研究がなされるようになった[4]。現在も「満洲の記憶」研究会[5]が積極的に、回想録をはじめとした経験や記憶を掘り起こす作業を行っている。

　蘭をはじめとする社会学者が牽引した研究が個人の経験を扱う作業だとすれば、学知の研究は帝国日本という社会の経験を扱う作業といえるだろう。学知の研究においては、帝国日本での専門性の高い活動を戦後へ繋いだ研究者の存在をとりあげ、帝国期のアカデミズムの学知に戦後日本において継承されたものが存在することを指摘している。しかしこのプロセスを「社会の経験」ととらえ、経験を考察するという視点で学知をみると、そこにはまだ掘り下げる余地がある。

　個人の経験の研究と比較したとき、学知の研究は学知そのものやその継承は取り上げられてはいるが、学知をつないだ人間の経験と記憶は対象とはなっていない。学知の研究が歴史学の手法で行われているために当然のことともいえる。歴史学の手法では、記録として残ったものを分析対象とし、為されたことを論じる以外に言及することはできない。しかし、第8章で扱ったように、学

---

3)　2003年から2012年までで10冊が出版されている。飯田市地域史研究事業準備室は現在の飯田市歴史研究所。

4)　山本（2007）もこの流れに位置づけられるが、本書の共著者の半数がかかわり、社会学者・歴史学者が満洲経験を俎上にあげて、それぞれのディシプリンから半歩でるような共同研究であった。

5)　佐藤・菅野・湯川（2020）、佐藤・菅野・大石・湯川・森・甲賀（2022）など。

知の向けられた人々の経験が彼らの自認に影響を与えるように、学知を編むために在地社会とむきあった人々もその経験が自分のものの見方に返ってこないはずがない[6]。我々は学知だけではなく、現場の植民者のこのようなかたちになっていない植民地経験を経験知として継承していないのだろうか。ここではこの点を検証すべく、学知をつみあげる側であった現場の調査者・技術者・監督の経験知を俎上にあげてみたい。

(2) 周縁部の調査員の現場　徳武三朗

　ここでは出稼ぎ移民の出身地でフィールドワークを行った徳武三朗をとりあげる。彼の存在は学知研究のなかには出てこない。満鉄にかかわることや、日本国内での活動が極めて少なかった可能性がある。徳武が行った調査としては、大東公司の嘱託として1935年[7]から河北省・山東省での農村調査を行い、1938年までに複数の報告書を作成している[8]。ただし、前後の足跡については、記録がほとんどない。ここでは主に『支那問題研究所経済旬報』所載の「大東公司と髭の徳武」[9]という記事と、徳武自身の報告書の記述の前後にみられる述懐をもとに、検討していく。先の記事には徳武は「在支那人中の名物男」といい「ありのままの農村を随筆風に書く」とする。「支那に来てかれこれ二十年近くになるといふ。が、併し彼ほど日本人的な臭ひの強く感ぜられる男も尠い。ある人はあれは一時代前の支那浪人だよと云ふ」と個性的な人物として紹

---

6)　末廣は植民地での調査において、「調査のやり方と他者理解＝自己認識に関係する根源的な問題が存在しているように思える」と指摘する［末廣 2006：38］。

7)　長江流域での活動から10年ぶりに華北にもどっての、最初の調査として1935年3月の定県調査を行ったとしている。徳武（1937a）の扉および凡例。

8)　書名を以下に列記する『河北省農村経済調査書第二輯（定件及昌黎県）』（大東公司、1937）、『山東省農村経済調査書』（大東公司、1937）、『昌黎県及塩山県出身入満労働者の特殊事情調査報告書』（タイプ版、1937）、『昌黎県及塩山県出身入満労働者特殊事情調査報告書』（東亜研究所、1939）、『玉田県ニ於ケル農村事情調査報告書』（東亜研究所、1939）、『安次県白家務村慶安堂ノ家計調査報告書』（東亜研究所、1939）、『安次県白家務村九拾九戸ノ家計調査報告書』（東亜研究所、1939）。

9)　「黎明北支新人譜　（天津の巻）　大東公司と髭の徳武　合作社運動の是否」（『支那問題研究所経済旬報』36号、1938年、10-11頁）。

介するとともに、徳武に対する好感を示す。随筆風という徳武の筆致は報告書の「はしがき」にもみられる。

　　麗らかな小春の陽光を満身に浴び、視野の限り打ちつづく畑中の小径を心のままに歩きまはるということは、旅を好み、旅を生命とする筆者にとりてはこよなきたのしみであるが、すすきにも劣る高粱を見、一莢二粒しか入つてゐぬ小豆の如き大豆、そのほか不作の畑面を眺め、又農村に入つては僅かな収穫物の前に呆然と拱手してゐる無言の老百姓を見ては、朗らかなるべき旅も、陰鬱そのもののやうに心は暗く打湿つてしまふのである。破産に瀕した農村の調査は、同情がさきばしつてしまひ、あまり愉快なものではなはい。［徳武 1937b：1］

　先ほどの記事は、「純良さと無欲心さ」があると評したあと、この部分の後半を引用し「彼のフユウマニズム（著者注：ヒューマニズム）は少しでも余計に支那農村の実情を探求して、哀れな農民の言葉を其儘一般に知らせたいといふ心から念願し、彼をかへつて陰鬱な農村へ追ひやる」[10]と続ける。

　また大東公司で仕事をしているが、「彼はこの会社の仕事とは直接な関係をもつてゐない」として、大東公司の特徴を述べる。大川周明の国家社会主義の影響が強く労働者の満洲国への入境を統制するための機構であるとしたうえで、徳武が華北の農民にとっては満洲国での出稼ぎのほうが現金収入が多く、彼らの生活のためになると主張し、公司とは意見が違うことを紹介している。さらに出稼ぎによって解決されることを高く評価する徳武は「農民生活を改善するために流行りの農村合作社運動なぞは頭から否定」しているという。「直ちに徳武の云ひ分に賛成するわけには行かないような気がする」とはいひながら、「傾聴に値ひする内容を持てゐる。時代の流れから超然としてゐるように見えて、実は最も冷静にものをみる習慣が彼の意識に科学性を与へてゐるのではなかろうか。」とするのは、農村を対象とした調査の主流から外れはするものの、徳武の調査を評価をしているといえる。

10）　同上。

終章　在地社会と植民者のその後（上田貴子）

　徳武自身はかなり、個人の感性を強く表現した調査員だったと考えられる。本人自身「北支農村問題研究‼と云う題目を与へられたのであるが、筆者にはその経験なく且又机上に理論をこねまはす丈の学力もなし」と述べており、農村研究のエキスパートというわけではない。「旅を極度に愛好し、旅そのものを終生のつとめとして興味をもち、ことに支那内地の生活には馴れてゐる」ので「調査報告書は足で書くと云ふ念を以て、己に与えられたる題目の研究にあたらんと志ざした」として華北での最初の調査地である定県に赴いている［徳武 1937a：扉］。『「帝国」日本の学知』第 6 巻における末廣や田島の整理のなかでは、東大・京大・一橋大学系統の研究グループが満鉄調査部などを中心に活動するなかで、東亜同文書院出身の調査マンや「個人エクスパート主義の調査」が周縁化されていた状況がみられるが、おそらく徳武は周縁部に位置付けられる調査員であったと考えられる。他の人物が行ったデータと照らし合わせようと思うとデータにばらつきがあることも「個人エクスパート主義」的な部分といえる。しかし彼の報告書は、ルポのような筆致で、本人がどのように現地に入っていったか、そこで個人として何に関心をもったかが読み取れ、個人が調査に入る際のロールモデルになりうるものがある。

（3）方策作成メンバーの現場

　次に同じく人口移動の調査にかかわった人物の一人、武居郷一をとりあげる。彼も戦後には名前を聞かなくなるが、満鉄の調査員として労働問題に関する報告書や記事を執筆している。1920 年に満鉄に入社し、満洲事変後には満鉄経済調査会のメンバーとして『満洲労働統制方策』（1935）の作成にかかわっている［20 世紀満洲歴史事典：武居郷一］。

　武居は経済調査会で報告した調査報告を『労務時報』に掲載、各地で労働統制について講演を行うとともにその主たる内容を『満洲の労働と労働政策』（1941）にまとめて巖松堂より出版している。この時期の武居は、満洲国の安定のために入境する労働者を抑制することを指針とする見解を示し、その観点から出稼ぎ労働者の統制の根拠となる認識を広める役割を果たしている。

　興味深いのは、満洲国期以前の武居の主張は、出稼ぎ労働者を統制対象とは

みていない。1928年に『満蒙』に3回にわたって連載した「満洲に於ける支那労働者」における筆致と、『満洲労働統制方策』に掲載されている調査報告の筆致の違いである。前者は日中文化協会の会誌であるため、中国に関心のある会員にむけており、政策とは切り離されている。そのため出稼ぎ労働者についての概説として、漢人の入植史からひもとき近5年の統計、「苦力」の語源といった概要を説明するとともに、大連の労働者の集まる場所を実際に巡って観察したものを写真も添えて伝えている。「苦力」の真義について一般には①中国人労働者、②破衣をまとっている者、③不熟練労働を提供する者、の3つが流布しているなか③が合理的であると述べる。襤褸をまとっているだけで苦力だとすることに対して批判的な見解を述べている［武居1928a：48］。また「支那人は自己の力を信頼する、自己の力に依つて運命を開拓して行くと云う観念が強い、殊に無産者たる苦力に対しては如何に支那軍閥と雖も課税の策はなく、猫の目のやうに変動常なき政局や、新旧軍閥の一倒二起などは何處の国の出来事かと云つた様な顔をして専ら労働力を売る事に務めて居る」［武居1928b：60］として、労働者が国家によって統制しがたいものであるという理解を示している。

　大連を拠点とした武居は、満洲事変以前は、碧山荘のような施設だけでなく、スラム化している労働者の集住地区や労働市場となっている一角にも足を運び観察者としては動き回ってフィールドワーク調査を行っている。それが政策立案にかかわる段階になると、出稼ぎ労働者を数値化し、満洲国のニーズに合わせた線引きをするようになっている。同じ時期の徳武が出稼ぎ予備軍の農民の生活に接近する視点であるのと大きく違っているのである。

　このように、一人の人物にあっても、植民地機構のあり方とそこへの関わり方によってまなざしは変化する。植民者であっても現場のまなざしと、満洲国の構築に腐心する者のまなざしも明らかに違う。また、植民地経営のインフルエンサーとして満鉄に招かれた文化人たちのまなざしは、在地社会から遠く、そのようなしがらみのない旅行者はさらに遠い。文化人の書いたものについては文学研究のなかで拾い上げられることはある。しかし、戦後にアカデミズムに籍を置かなかった人々、政治や実業界の表舞台に立たなかった人々の名前は容易に忘れ去られる。彼等こそが現場での接触を経験している可能性が高いゆ

終章　在地社会と植民者のその後（上田貴子）

えに、彼らの残した同時代の記録も掬い上げていく必要がある。それを通じて、在地と植民者の姿はより鮮明に見えてくるはずである。

3　**おわりに**

　植民者はとりあげた事例のように、在地社会と向き合うためにさまざまな研究・調査を行い報告書・方策を作成してきた。これらの成果は後世の研究者が研究資源として使用するなかで学知として再評価されてきた。しかし研究資源とならなかったために学知と呼ぶには至らないままの現場の植民地経験も日本社会に沈潜している。

　戦後、日中国交回復前そして回復後もしばらくは日本から中国大陸に行くことが困難であった。この時期に中国を対象とする研究者は、戦前の経験をもつ人々の話をきき、かれらの経験を追体験することで中国を知ろうとした。また中国に行くことが可能となっても、歴史研究者は、対象とする時代に接近するために、その時代を知る人々の話に耳を傾けた。2015年6月上智大学で行われた公開研究会「オーラルヒストリーと歴史学」において、近代中国東北史研究者の松重充浩は、歴史学者にとってのオーラルヒストリーを以下のように説明した[11]。

　　文献史料だけでは再構成が極めて困難な政策の執行実態の空白を埋める重要な方法としてオーラルヒストリーがある。それは同時に、放置しておけば喪失してしまう様々な「記憶」を、オーラルヒストリーという方法が内包する様々な課題をさしあたりは括弧に入れてしまい、先ずは「記録」しておかねばならないという、歴史学研究者としてのもう一つの欠くことの出来ない課題である史料の収集と保存という役割にもかなったものだった。

---

11)　2015年6月22日上智大学、公開研究会「オーラルヒストリーと歴史学」蘭信三報告「オーラルヒストリーの展開と課題——記憶と歴史、個人と社会」への松重充浩「コメント　歴史学にとってのオーラルヒストリー」と題したレスポンスによる。

松重の言葉にあるように、歴史上のこととなった記録は研究において史料として使用されてきた。さらに、史料運用の正確さを期すためにそれにまつわる記憶されている経験を聞いてきた。満鉄の調査部メンバーの座談会の記録はその一つである[12]。その一方で「オーラルヒストリーという方法が内包する様々な課題をさしあたりは括弧に入れて」きたことで、実は学知未満の現場経験は戦後生まれの研究者に刷り込まれているのではないだろうか。むしろ括弧に入れてきたゆえに、その経験知を享受してきたかもしれないとさえ感じる。報告書にかかれる「いつ、どこで、だれが、なにをした」という情報の扱いには細心の注意を払う一方で、先にとりあげた徳武の報告書の前書きにあらわれる、フィールドワークへの姿勢や、他のフィールドワーカーに対する認識に素直に耳を傾けてしまう。ここではそれを批判したいわけではない。この経験知を享受してきたことで、本書の共著者の地を這うようなまなざしが担保されていると考えている。

　ただし括弧にいれてきた課題とそろそろ向き合うべき時期にきたのかもしれない。その一つとして、世代による自覚されている植民地経験の受容の違いをあげておく。戦後すぐには、植民地支配に対する強い悔悟があった。その世代から学び、学生時代に中国留学を経験し歩きまわる世代になると、植民地主義の存在を知りつつも、戦前のフィールドワーカーに共感を覚えるようになる。しかし、さらに下の世代、グローバル化と中国・韓国・台湾の躍進した東アジア世界しか知らない世代は、植民地制度そのものに内在する権力構造に疎い。おそらく植民地経験と現在が繋がっているという自覚はこののち益々薄れていく。我々は研究という他者を観察する行為の方法について、世代・ディシプリン・所属する社会を越えて語りあう機会をもっていいのではないだろうか。

　最後に、在地社会が元植民者との接触経験を今後どのようにとらえていくのか、見通しておきたい。戦後の日中交流へのチャネルは、第7章でとりあげたように、在地社会と元植民者の交流をきっかけに開いていった。戦後の円満な交流を根拠に、植民地開発が在地社会の近代化に貢献したことを重視する考

12）　アジア経済研究所において、1980年代からおこなわれた関係者から話をきく座談会がおこなわれている。雑誌『アジア経済』掲載後、井村哲郎編『満鉄調査部――関係者の証言』（アジア経済研究書、1996）、として出版された。

終章　在地社会と植民者のその後（上田貴子）

図終-2　大連の露西亜町旧址（左）、および観光客と土産物店（右）
(2014 年 8 月著者撮影)

えかたもあるが、それは楽天的といえよう。むしろ長期にわたる外来者との接触により地域社会が変化を重ねてきた流れのなかで、長い近代化過程の一プロセスとして日本植民者との出会いが相対化できることが見通されているからこそ可能だったといえるのではないだろうか。

　国際社会において大国となった中国は、2014 年から 8 月 15 日の光復節ではなく、9 月 3 日を抗日戦争勝利記念日として重視するようになった[13]。70 周年の世界的なメモリアルを前にした変更で、2015 年 9 月 3 日には中国でも大規模なパレードが行われた。つまり植民地からの解放よりも国際的な連帯のなかでの勝利のほうが強調されているのである。植民地経験もグローバルな近代経験の一つとされていると言える。また、旅行産業の発達の下、増加した国内旅行者は大連ではロシアや日本の植民地期の建築物を観光資源としてめぐる。植民地経験はツーリズムによって消費できる近代経験に転化しているのである。

　その一方で、在地社会出身の若手研究者たちが、中国をはなれた場所で植民地時代の記録に出会い、植民者の末裔である研究者と出会う機会が増えている。この新たな接触が生み出す次の相互作用に期待して本書をしめたい。それが人類史上のコロニアリズムとして客観的にそして真摯に直視し、そのうえで叙述される歴史を共有できる段階であってほしいと望んでいる。

---

13)　2014 年 2 月 27 日の第 12 期全国人民代表会議常務委員会第 7 回会議にて決定されている。

【参考文献】

蘭信三（1994）『「満洲移民」の歴史社会学』行路社。

石田興平（1964）『満洲における植民地経済の史的展開』ミネルヴァ書房。

貴志俊彦・松重充浩・松村史紀編（2012）『二〇世紀満洲歴史事典』吉川弘文館。

酒井哲哉、杉山伸也、岸本美緒、山本武利、藤井省三、末廣昭、田中耕司、山室信一編（2006）『岩波講座　「帝国」日本の学知』全8巻。

坂野徹編（2016）『帝国を調べる：植民地フィールドワークの科学史』勁草書房。

佐藤仁史・菅野智博・大石茜・湯川真樹江・森巧・甲賀真広編（2022）『崩壊と復興の時代——戦後満洲日本人日記集』東方書店。

佐藤量・菅野智博・湯川真樹江編（2020）『戦後日本の満洲記憶』東方書店。

白木沢旭児編（2017）『北東アジアにおける帝国と地域社会』北海道大学出版会。

末廣昭（2006）「アジア調査の系譜——満鉄調査部からアジア経済研究所へ」『岩波講座「帝国」日本の学知』第6巻、岩波書店、21-66頁。

武居郷一（1928a）「満洲に於ける支那労働者（1）」『満蒙』102号、39-48頁。

武居郷一（1928b）「満洲に於ける支那労働者（2）」『満蒙』103号、51-60頁。

高野麻子（2016）『指紋と近代：移動する身体の管理と統治の技法』みすず書房。

徳武三郎（1937a）『河北省農村経済調査書第二輯（定県及昌黎県）』大東公司。

徳武三郎（1937b）『山東省農村経済調査書（鄒平県、附魯西水災状況）』大東公司。

徳武三郎（1937c）『昌黎県及塩山県出身入満労働者の特殊事情調査報告書』タイプ版。

徳武三郎（1939a）『昌黎県及塩山県出身入満労働者特殊事情調査報告書』東亜研究所。

徳武三郎（1939b）『玉田県ニ於ケル農村事情調査書』東亜研究所。

徳武三郎（1939c）『安次県白家務村慶安堂ノ家計調査報告書』東亜研究所。

徳武三郎（1939d）『安次県白家務村九拾九戸ノ家計調査報告書』東亜研究所。

野田公夫（2013）『日本帝国圏の農林資源開発』京都大学学術出版会。

山本有造編（2007）『「満洲」　記憶と歴史』京都大学学術出版会。

「黎明北支新人譜（天津の巻）大東公司と髭の徳武　合作社運動の是否」『支那問題研究所経済旬報』36号、1938年、10-11頁。

Moore, Aaron Stephen（2013）*Constructing East Asia: Technology, Ideology, and Empire in Japan's Wartime Era, 1931-1945*, Stanford University Press.（＝塚原東吾監訳（2019）『「大東亜」を建設する——帝国日本の技術とイデオロギー』人文書院）

あとがき

　本書は、今でも多くの日本人が満洲と呼ぶ中国東北地方をフィールドに持つ異分野の研究者が概ね 20 世紀という時期を設定して、植民社会と在地社会を見渡しながら、都市と農村、都市と自然、人間と家畜、日本人技術者と中国人技術者、などさまざま対比を考え、20 世紀のこの地域の特徴を把握しようと試みた成果である。編者の一人となった私こと西澤は、気がついたら執筆者の中で最年長となっていたので、ここで、最年長者としての役割をはたすべく、あとがきを記すこととなった。

　本書の源泉は、山本有造編『「満洲国」の研究』（京都大学人文科学研究所から 1993 年刊行、緑蔭書房から 1995 年刊行）である。同書は、満洲国を多面的な視点で見直すことを目標に、京大人文研に組織された「満洲国」研究班による報告書である。経済史、政治史、比較法政思想史、日本近代史、中国近代史、建築史、文学、さらに資料収集の専門家を加えた総勢 13 名がそれぞれの視点と専門領域から「満洲国」をいわば解剖した論集である。その後、山本有造編『「満洲」記憶と歴史』（京都大学学術出版会、2007 年）、安冨歩・深尾葉子編『「満洲」の成立──森林の消尽と近代空間の形成』（名古屋大学出版会、2009 年）という具合に異分野の研究者が「満洲」について論考を並べる書籍が続いた。

　『「満洲国」の研究』は、編者である山本有造先生が 1987 年に始められた「満洲国」研究班での活動成果を書籍にしたものであった。この研究班が主催した研究会では、学際的な研究に世間の注目が集まっていなかった時期にあって、京大人文研特有の「風土と土壌」に「気質」が重なり、異分野の研究者、特に教員に限らず大学院生も班員として加わり、自由に議論する場が設けられた。当時、博士課程の学生だった私には、「満洲国」研究班での議論がたいへんに新鮮で刺激的だったことを今でも覚えている。研究会に参加するため、東京・京都間を夜行バスで往復し、また、京都駅から京大人文研まで 3 時間、京

都の街を堪能しながら歩いたことも、ひとえに刺激を求めるための単純な行動だったと、今、思い起こしている。それと同時に、この研究班では、「満洲国」を解剖するため、さまざまな手法を用いて、「満洲国の実態」の解明に力を注いだ。つくりあげられた政治制度と行政の実態、生産活動を示す数値とその実態、金融活動の実態、インフラ整備の実態、など、文献に現れた数値や表現のみに頼ることなく、複眼的視点で「満洲国の実態」を解き明かした。私自身の研究に照らし合わせれば、貨車の車両数や枕木生産本数から鉄道輸送の輸送量を相対的に推計し、道路舗装率から満洲国の国道整備状況の実態を推計したが、これは、その後自分自身が展開した「モノが示す歴史と事象」の手法確立に大いに役立った。ここで改めて、異分野の私を受け入れてくれた山本有造先生をはじめとした「満洲国」研究班のみなさまにお礼を記しておきたい。

『「満洲」記憶と歴史』では、この時期、話題になっていた歴史記述の方法、すなわち文献史学と呼ばれる文献を重視する従来の歴史記述に対し、人々の記憶を使ったオーラルヒストリーと呼ばれる手法が脚光を浴びていたこともあり、「満洲」をさまざまな手法で語る試みがなされた。編者の山本有造先生は、さまざまな統計（数値）を示して、「満洲」の終焉を語り、社会学が専門の蘭信三先生は「記憶の語り」と題して、記憶を語ることとそれを聞き取ることの重要性、語り手と聞き手の相互作用の重要性を示した。そして、『「満洲」記憶と歴史』には、当時まだ三十代だった若手研究者が執筆に参加していた。

さて、『「満洲国」の研究』の発行から 30 年以上が過ぎ、気が付いてみたら、私の周りに、中国東北地方をフィールドとして調査に明け暮れている若い世代の研究者が集まって来た。例えば、本書の編者である上田貴子さんや執筆者である坂部晶子さんと小都晶子さんは、学生時代に拙著『図説「満洲」都市物語』（1996 年、河出書房新社）を持って長春や瀋陽のまち歩きをした経験を経て、『「満洲」記憶と歴史』の執筆に参加していた。彼女ら三名に加えて『「満州」の成立——森林の消尽と近代空間の形成』の執筆に参加した永井リサさんを加えた四名は、その後、さまざまな場で専門分野の枠組みにとらわれず、意見を交わしてきた。そして、これがもとになって、蘭信三先生をいわばお目付け役として、さらに若手研究者として佐藤量さんなどを誘って、2016 年、上田さんが研究班を組織して科研の基盤研究（B）に応募、2017 年から 4 年間

のプロジェクト「近代満洲における技術導入と社会変容：在地社会と植民社会
の相互作用に着目して」（17H02010）が始まった。

　このプロジェクトでは、植民地支配を「支配―被支配」という構図だけにと
らわれることなく、既存の在地社会と後発の植民社会が相互に影響を与えてい
るのではないか、という疑問の下に研究が進められた。その根底には、支配の
実態のみならず、被支配の実態を解き明かすという意識があり、また、多民族
が共存する「満洲」において植民社会の出現によってもたらされた変化を解き
明かしたいという意識が存在し、さらに、植民社会の崩壊がもたらした変化を
見るという意識も存在していた。同時に、このプロジェクトの最終年度であっ
た 2020 年度には、国境を越えた新型コロナウィルス感染症の拡大を体験し、
1 世紀前に「満洲」で起きていた感染症拡大の恐怖を皆が実感したが、オンラ
イン会議の普及によって打ち合わせが容易になったことは思わぬ副産物であっ
た。そして、在地社会をよく知る財吉拉胡さん、靳巍さんに加わっていただい
て、本書執筆の陣容が固まった。在地社会と植民社会の相互作用、さらに多様
な在地社会の存在を意識していただいたうえで、改めて、本書の各章を読んで
いただければ幸いである。

　『「満洲国」の研究』では若手執筆者であった私も間もなく所属の大学を定年
退職する時期を迎える。この間、私自身は、建築史分野の研究者との連携だけ
でなく、過去の地震における建築被害の研究で防災・減災分野の方々と共同し、
日本の地方都市や地域の近代化を考える一環として経済史や教育史、歴史地理
の方々と共同し、そして、このあとがきに記した通り「満洲」のことを考える
ために多くの異分野の方々と連携してきた。最近は、所属の大学でカーボン
ニュートラル担当にもなり、文部科学省と国立研究開発法人科学技術振興機構
が進める共創の場拠点事業（COI-NEXT）のプロジェクトに参加して「未利
用資源」を考えている。そして、2024 年度トヨタ財団国際助成プログラムに
採択された「文化遺産としての近現代建築物の保存活用にむけた学びあいと人
的ネットワーク構築」（代表・荒木慶一京都大学教授）に建築構造、都市計画、
建築設計の専門化と共に参加し、今、台北に来ている。このような異分野のみ
なさんとの連携が私自身の教育研究活動の糧となってきたことは言うまでもな
い。連携させていただいた方々に改めて、お礼を記したい。そして、本書の共

同編者になって、実質的に本書の編集を主導した上田さんをはじめ、執筆者の
みなさん、そして、刊行を引き受けてくれた京都大学学術出版会と本書の編集
担当である大橋裕和さんに本書刊行の謝意を記すとともに、上田さんをはじめ
とした執筆者のみなさんが引き続き「満洲」に向き合っていく姿を想像して、
筆を置くこととする。

　なお、本書は、独立行政法人日本学術振興会令和6（2024）年度科学研究費
補助金（研究成果公開促進費、24HP5164）の交付を受けて刊行するものであ
る。

　2024年師走

西澤 泰彦

索引

※項目は章ごとに、重要と思われる個所から抽出している。

【あ】

相生由太郎　25
相田秀方　201
青木菊治郎　73
秋葉隆　226
阿栄旗　229
安東　171, 179
安奉線　172, 185
筏　166, 171
　——師　177, 178
　——流し　165, 246
　——夫移民制　173, 174, 182
　折衷式——　167, 178, 179
　中国式——　11, 172, 176
　日本式——　11, 166, 172, 176, 177,
　　179, 181, 184
医事衛生　87
一式請負　69
移動放牧　114
今西錦司　227, 236
医ラマ　81
医療
　——衛生事業　90
　——衛生体制　97
　——統制　97
請負制度　111
営口港　6
衛生行政　103
エヴェンキ　213, 229, 237

——族自治旗　217
エレベーター　57, 59
鴨緑江　11, 165, 167, 244
　——筏　181
　——採木公司　175, 180, 181, 182,
　　185
　——製材無限公司　185
　——製紙　185
　——節　165, 166
岡大路　72
小野木孝治　48, 49, 57, 58
オロチョン　213
　——工作　226, 227, 228
　——自治旗　217
　——自治旗建旗 60 周年記念大会
　　233
　馬——　227, 236
　馴鹿——　227, 236

【か】

開拓医学　100
戒能通孝　18
学知　247, 253
隔離所　48, 51, 58
華工　20
家畜
　——交易市場法　144, 145, 157
　——伝染病予防法　148, 151, 153,
　　154, 155, 157, 158, 161

花柳病　　85

彼末徳雄　　173, 174

慣習法　　112

漢人　　3, 243, 244

感染症　　6, 41, 44, 46, 47

関東軍特務部　　142, 151, 152

関東工業専門学校　　197

関東州　　42, 138

関東電気工学専門学校　　198

関東都督府　　23, 50,139

漢方医　　92

漢民族　　223

技術継承　　195

輝蘇木　　230

共同建築事務所　　73

「共匪」　　35

教養工廠　　35

協和医院　　61

寄留　　37

苦力　　52, 53, 252

　　──頭　　245

　　──収容所　　53, 54

クリスティ　　51, 52, 72

軍用木材廠　　173, 174,175

京奉鉄路　　6, 51

健康保全　　101

健民保険　　97

工学　　2

　　──技術　　189

　　──教育　　190

　　──教育機関　　189

五箇年計画　　28, 146

国際ペスト会議　　22

国籍法　　29

黒竜江　　184

五畜　　107

後藤新平　　74

コリデール種　　109

伍連徳　　21

【さ】

實吉吉郎　　118,141

山貨　　168

三無両利　　133

寺児溝　　20, 53, 54

糸状菌病　　95

実費精算方式　　68, 69

社会主義現代化　　3

社会主義的近代　　233

獣医養成所　　143, 147, 153, 154, 159

獣疫研究所　　139, 140, 147, 151, 152,
　　　　153, 154, 156, 160

集合的記憶　　234

種痘　　87

主農従牧経営　　118

主牧従農経営　　114

巡回診療　　10, 81

松花江　　182

小崗子　　53, 54

少数民族　　213, 215, 231

商埠地　　6

植民地　　2

　　──医学　　84, 103

　　──医療衛生事業　　96

　　──近代　　2

　　──建築　　41

　　──主義　　104

シロコゴロフ　　220

錫良　21
侵華日軍海拉爾要塞遺址博物館　235
新義州　179, 180
水豊ダム　184
スパイ容疑　238
清郷　34
西崗館　55
制度化された多民族性　215
性病感染　94
西洋医学　92
西洋帝国主義列強　102
ソロン　221

【た】

第1回巡廻診療　89
　——報告書　89
大興安嶺　227
「大興安嶺」探検　216
大東溝　169, 171
大東公司　27, 249, 250
第二松花江　182
大連　12, 19, 42, 55, 139, 189, 255
　——港　6
　——埠頭　53
大連医院　41, 42, 43, 55, 57
　——本館　41
大連病院　42, 55
大連民政署　52
武居郷一　251
脱植民地化　199
短工　243
畜産開発　107
畜産局　147, 149
地方病　95

——性甲状腺腫　99
　——調査研究　101
中央医院　62
中華民族多元一体構造論　214
中国医学　100
中国人労働者　20
中国伝統医学　92
長工　243
張氏政権　31, 36, 38
長春　6
　——駅　48
　——道台　50
朝鮮人　9, 28
張有萱　195, 201
勅令352号　17
賃金労働　116
ツングース　213
　馴鹿——　221
　北方——　221, 222
出稼ぎ労働者　9
鉄筋コンクリート　7
鉄道附属地　48, 50
伝染病　82
東溝木植公司　170
東溝木税総局　168
東三省総督　50
　——衙門　51, 52
東清鉄道　6, 21, 22, 48, 50, 216, 219
同窓会　190, 202
　——誌　203
「東北経済小叢書」　137
東洋拓殖株式会社　184
徳武三朗　249
土地改革　134

嫩江　184

【な】

南満獣医会　139

南満獣医畜産学会　139, 142

日満緬羊協会　122

日中技術交流　207

熱河作戦　98

濃厚飼料　129

農事試験場

　──公主嶺本場　139

　関東庁──　139

　関東都督府──　139

　公主嶺──　108, 143

農村慣行調査　18, 216

農林業兼営移民制　175, 182

【は】

梅毒　82

ハイラル　219

　──の要塞　235

裸足の医者制度　82

伐木業　169, 170

把頭　170, 245, 246

ハルビン（哈爾濱）　6, 21, 47, 138, 160

費孝通　214

病気治療　85

平野義太郎　18

フィルショウ病院　58

封禁政策　168

風土病　94

福昌公司（福昌華工公司）　19, 25, 38

フラー・オリエント社　9, 65, 74

フラー社　65, 74

フルンボイル　12, 217, 219

　──独立　226, 230

呼倫貝爾民族博物館　234

プロパガンダ　103

文化開発　88

碧山荘　20, 25, 26, 54, 55

ペスト　6, 9, 21, 41, 44, 47, 48, 51, 52, 247

防疫　11

奉天　7, 42, 50, 51, 138, 139, 154

保衛団　32, 33

保甲　31, 38

ポストコロニアル　215

牡丹江　184

牧工　133

【ま】

満洲医科大学　83

満洲国　1, 91, 96, 245

　──経済建設要綱　142

満洲事変　104

満洲獣医畜産学会　142, 145

満洲族　222

満洲畜産株式会社　148, 150

満洲畜産公社　150

満洲畜産方策　142

満洲労工協会　28

満鉄（南満洲鉄道株式会社）　41, 46, 47, 48, 49, 50

　──沿線地域　130

　──経済調査会　141, 142, 151, 152, 251

　──公医　92

【左列】

——資料　224
——大連医院　9
——調査部　84
——鉄道附属地　42, 98
——本社建築課　65
——本社建築係　48, 58
——本社建築課長　61, 73
——本線　48
——綿羊改良事業　110
民族
——識別工作　215, 231
——自治地域　232
——認定　214, 229
——博物館　234
木把（きこり）［ムゥバ］　167, 170, 177
メリノー種　109
綿羊改良事業　10
綿羊組合　124
木税　180
門戸開放　74
モンゴル人　81, 107, 223, 230

【や】

游民　33, 34, 35
与謝野鉄幹　19
預託　109
——制度　10
階級的——　113
集団的——　113
新——制度　110

【ら】

ラマ医療　81
ラマ廟　10
流筏　176, 178
留学経験　238
遼河　95
旅順工科大学　189, 200
林業移民　167
労働統制委員会　26, 27
ロシア人　224

執筆者一覧（掲載順）

上田　貴子（うえだ　たかこ）
近畿大学文芸学部・教授
博士（学術）
『奉天の近代──移民社会における商会・企業・善堂』京都大学学術出版会、2017
「戦後大阪神戸における山東帮の生存戦略──山東系中華料理店のビジネスモデルを中心に」『冷戦アジアと華僑華人』（編）陳來幸、風響社、2023

西澤　泰彦（にしざわ　やすひこ）
名古屋大学環境学研究科・教授
博士（工学）
『日本植民地建築論』名古屋大学出版会、2008
『植民地建築紀行──満洲・朝鮮・台湾を歩く』吉川弘文館、2011
『東アジアの建築家──世紀末から日中戦争』柏書房、2011

財吉拉胡（さいじらほ、Saijirahu Buyanchugla）
内蒙古民族大学モンゴル医薬学院・教授
博士（学術）
「植民地支配における感染症対策」『想像する身体イメージの変容』（上）（編）安井真奈美、ローレンス・マルソー、臨川書店、2022
The Device of the Spirit Medium for Connecting Humans to the Supernatural: A Case Study of Shamanic Healing in the Qorcin Region of China's Inner Mongolia, *The Palgrave Handbook of Anthropological Ritual Studies*, Edited by Pamela J. Stewart & Andrew J. Strathern, Palgrave Macmillan, 2021

靳　巍（きんうぃ、Jin Wei）
赤峰学院歴史文化学院・講師
博士（文学）
《試解解放战争时期中共赤峰县委革命活动》（共著）、《赤峰学院学报》（蒙文哲学科学版）2024 年 2 辑
《从巴林左旗辽上京博物馆馆藏文物看中华民族多元一体格局》（共著）、《赤峰学院学报》（汉文哲学社会科学版）2024 年 2 辑

小都　晶子（おづ　あきこ）
摂南大学国際学部・講師
博士（学術）
『「満洲国」の日本人移民政策』汲古書院、2019
「ソ連軍進攻前後の中国東北地域──賓県を事例に」『日ソ戦争史の研究』（編）日ソ戦争史研究会、勉誠出版、2023

永井　リサ（ながい　りさ）
帝京大学経済学部・講師
修士（比較社会）
「タイガの喪失」「凍土を駆ける馬車」（共著）『満洲の成立』（編）安冨歩・深尾葉子、名古屋大学出版会、2009
「満洲国における帝国林業について」『帝国日本と森林』（編）中島弘二、勁草書房、2023

佐藤　量（さとう　りょう）
立命館大学生存学研究所・客員研究員
博士（学術）
『戦後日中関係と同窓会』彩流社、2016
『戦後日本の満洲記憶』（編）佐藤量・菅野智博・湯川真樹江、東方書店、2020

坂部　晶子（さかべ　しょうこ）
名古屋大学人文学研究科・教授
博士（文学）
『「満洲」経験の社会学──植民地の記憶のかたち』世界思想社、2008
『中国の家族とジェンダー──社会主義的近代から転形期における女性のライフコース』（編著）坂部
晶子、明石書店、2021

「満洲」在地社会と植民者 © Takako UEDA, Yasuhiko NISHIZAWA 2025

2025 年 2 月 28 日　初版第一刷発行

編　者　　上　田　貴　子

　　　　　西　澤　泰　彦

発行人　　黒　澤　隆　文

京都大学学術出版会

京都市左京区吉田近衛町 69 番地
京都大学吉田南構内（〒606-8315）
電　話（075）761-6182
FAX（075）761-6190
Home page http://www.kyoto-up.or.jp
振　替　01000-8-64677

ISBN978-4-8140-0575-8　　　　印刷・製本　亜細亜印刷株式会社
Printed in Japan　　　　　　　定価はカバーに表示してあります

本書のコピー，スキャン，デジタル化等の無断複製は著作権法上での例外を除
き禁じられています。本書を代行業者等の第三者に依頼してスキャンやデジタ
ル化することは，たとえ個人や家庭内での利用でも著作権法違反です。